VOYAGE AU LEVANT.

PARIS. — IMPRIMERIE DE MARC DUCLOUX ET COMP.,
RUE DE L'ÉCOLE-DE-MÉDECINE, 80.

JOURNAL

D'UN

VOYAGE AU LEVANT

par

L'Auteur du Mariage au point de vue Chrétien.

TOME I.

LA GRÈCE.

PARIS,

MARC DUCLOUX ET Cie., ÉDITEURS.

EN VENTE : A LA LIBRAIRIE, RUE TRONCHET, 2.

1848.

PRÉFACE.

L'auteur, en écrivant ces trois gros volumes, avait un but..... il en avait même deux : faire partager à ses amis les vives jouissances qu'il éprouvait lui-même; désennuyer *honnêtement* son prochain.

Ce dernier but est plus sérieux qu'il ne semble : l'ennui est profondément immoral ; il est le *père* de *beaucoup* de vices..... qui sait si nous ne lui devons pas les commotions qui bouleversent l'Europe.

Grande ambition, que celle de désennuyer! aussi, l'auteur ne s'adresse pas aux esprits difficiles ; ceux-là s'ennuient souvent il est vrai..... mais sont-ils amusables? — L'auteur s'adresse aux esprits simples ; par malheur, ceux-là ne s'ennuient presque jamais... De sorte que les trois gros volumes en question courent grand risque de faire leur chemin dans le monde, sous les auspices de l'épicier du coin.

Autre chance ! —Il s'agit bien d'ennui, maintenant ! Les secousses politiques, les révolutions sociales nous laissent-elles le temps de respirer? Notre âme travaillée, a-t-elle une pensée pour ce qui n'est pas *événement?* Est-ce quand des questions de vie et de mort s'agitent tous les jours dans nos rues; est-ce quand le présent nous attriste, quand l'avenir nous épouvante, qu'il faut venir nous parler de Pyramides, et de chameaux, et de bédouins, et d'indépendante existence par le désert?

— Peut-être. — Ce qui fait le charme de la pâle primevère de Mars... n'est-ce pas la neige de Février? — Qui sait si l'espoir de rencontrer quelques scènes paisibles, quelque reflet de la sérénité des lieux où se lève le soleil; un monde, des hommes, des mœurs, des impressions très différentes de notre vieux monde et de nos vieilles impressions, n'attirera pas un... deux... trois lecteurs, vers ces pages qui osent s'épanouir presqu'au milieu de l'émeute!

Ce journal... est un journal. C'est-à-dire qu'il a tous les inconvénients du genre. Il manque de vues d'ensemble, souvent de perspective; il ressemble un peu à un tableau qui n'aurait que le premier plan... encore plus peut-être à un paravent chinois. Il est subjectif. L'auteur y succombe, sans le vouloir, à la tentation de parler de lui; et, sans le vouloir encore, à celle de se peindre en beau. Malgré ses bonnes intentions, et il en avait beaucoup, l'auteur sent bien qu'il s'est cogné contre tous les écueils.

Pourquoi publier, alors?

Hélas, parce que ce journal est un projet chéri, qui a coûté quelques peines, quelques fatigues; il fallait du courage, pour s'armer d'une écritoire après dix heures de chameau, pour écrire au vent, au soleil, *au sable!*.. Et puis, faut-il le dire?.. lorsqu'on pense beaucoup de mal de soi, ou de ses œuvres...... on espère toujours se tromper un peu.

— Mais *trois volumes!* TROIS VOLUMES!

Eh bien oui! trois volumes! — Voici la raison de l'auteur. Il aurait bien voulu ne donner à ses amis que des fragments choisis, empreints d'un cachet d'originalité, que des pages *coulées en bronze!*..... malheureusement, ne coule pas en bronze qui veut; et, en relisant son journal, le pauvre auteur n'a pas trouvé un seul de ces morceaux-là. Ne pouvant choisir... il donne tout. — D'ailleurs, choses et gens, gagnent plus qu'on ne pense à rester dans leur caractère; ils ne valent même, qu'autant qu'ils y restent. Un journal il est vrai, n'est pas dramatique, n'est pas lyrique, n'est pas politique... ou rarement, n'est pas philosophique... et c'est grand dommage; mais c'est *un journal,* il faut en revenir là. C'est une page de la vie; c'est vous, c'est moi, et d'autres encore; c'est cet horizon lointain, et c'est ce détail ici tout près;... et si ce n'est pas cela, cela ne vaut rien. — Cet endroit vous ennuie, vous le trouvez languissant, il vous fait bailler... eh! c'est justement cet endroit-là qui est le plus *vrai;* c'est celui-là peut-être, qui vous fait le mieux comprendre ce que vous éprouveriez en face de ces aspects désolés, au milieu de cette pente rocailleuse, dans ce méchant taudis;... de façon que, le genre admis, vous devez une égale reconnaissance à l'auteur, quand il vous assomme et quand il vous amuse. Voilà pourquoi l'auteur s'est arrêté au mode *journal.* — Il avait bien encore un motif : sa parfaite incapacité à en prendre un autre.

Un *voyage*, proprement dit, demande du savoir, de la profondeur, des idées, du style ; un journal peut, à la rigueur, se passer de tout cela. Il ne s'inquiète guères que d'une condition : la sincérité. Oui, être soi ; refléter ce qu'on voit, penser ce qu'on dit, et ne dire que ce que l'on pense ! L'auteur espère que dans ce sens il a été vrai.

L'auteur, dans ces *trois gros volumes*, ne parle pas des ouvrages distingués qui ont été publiés sur l'Orient. C'est qu'il aurait fallu pour cela *trois gros volumes de plus ;* ces ouvrages, l'auteur les a lus, il les admire, quelques-uns lui ont procuré de nobles émotions, tous lui ont fait sentir son infériorité ; il éprouve le besoin de le dire.

Ces *trois gros volumes* paraissent sans cartes, sans gravures..... la faute en est au temps. La folie d'une publication, par ces jours d'orage, est bien assez grande comme cela. Si ces trois gros volumes n'avaient rencontré sur leur chemin un éditeur comme il n'y en a guères : un homme de cœur, de courage, pénétré du plus profond mépris pour les intérêts matériels ; ils seraient, hélas ! restés dans les limbes.

Ces *trois gros volumes* se présentent sans épigraphe !... L'auteur en a vainement cherché. Quelques-unes, admirables de vérité : *Pierre qui roule n'amasse pas de mousse.... Rarement à courir le monde, on devient plus homme de bien.....* auraient scandalisé les esprits formalistes. Il a fait le sacrifice des épigraphes, comme il a fait le sacrifice des cartes et des croquis.

Un mot sur le personnel des voyageurs. Il se compose..... on s'en doute peut-être, d'un mari et de sa femme; et puis de deux serviteurs, vrais amis, qui ont partagé les sérieux plaisirs du voyage, qui en ont supporté les fatigues, qui se sont associés de cœur aux solennelles impressions du pèlerinage à travers la Terre-Sainte. Il y avait donc une petite église de frères dans les *hans* de la Grèce, sur le *dahbieh* du Nil, sous la tente du Désert et de la Palestine. La Bible s'ouvrait en famille, le chant des cantiques montait harmonieux : c'est un inappréciable bonheur.

Un dernier mot. Ces voyageurs ont été comblés des grâces de Dieu. Souvent, hélas ! ils n'y ont répondu que par de l'ingratitude : ils ont été légers, là où tout les invitait à être sérieux; ils ont été impatients, là où tout les conviait au support de la foi; ils ont été timides, là où tout les appelait au courage chrétien. Leurs misères étonneront peut-être bien des gens. Ils se recommandent à leur indulgence, et beaucoup plus à leurs prières.

Comment finir sans remercier l'Eternel de ses bénédictions? sans le remercier, surtout, d'avoir permis à ses pauvres créatures de visiter le pays de la Promesse, de gravir le Sinaï, de s'asseoir sous les oliviers de Bethléhem, de s'agenouiller en Gethsemané, de se reposer au pied des grenadiers en fleur de Béthanie, de baigner leur front dans les eaux du Jourdain, d'errer sur les rivages mélancoliques de la mer de Galilée, de se désaltérer à la fontaine de Cana, de planter leurs tentes devant les rochers de Nazareth? — Oui, Seigneur, le privilége est immense, et tes enfants en étaient indignes

Si ces lignes peuvent jeter quelque rayon de soleil dans une âme attristée, si la fidélité de Dieu, si ses compassions, si sa longue attente envers les moindres de ses enfants pouvaient pousser quelque cœur troublé à lui demander sa paix, oh ! ce serait là pour l'auteur, une grâce par dessus toutes les grâces.

Que Dieu, lui qui daigne se servir des choses faibles, même de celles qui ne sont point ; que Dieu, par la puissance du Saint-Esprit, veuille tirer quelque bien de ces pages, écrites avec toute l'imperfection d'une nature plus qu'imparfaite.

Paris, 5 octobre 1848.

TABLE DES MATIÈRES DU PREMIER VOLUME.

TABLE DES MATIÈRES DU PREMIER VOLUME.

FIN DE LA TABLE DU PREMIER VOLUME.

LE SIMPLON.

Vendredi 24 *septembre* 1847. — Nous avons couru la poste cette nuit dans l'espoir d'arriver à Brieg de bon matin, de traverser le Simplon pendant la journée pour coucher ce soir à Baveno; et nous voici au village du Simplon, après avoir passé trois heures d'attente à Brieg et deux à Bérisaal.

Dès qu'un beau jour succède à quelques jours pluvieux, tous les voyageurs qui stationnent à Vevey se lancent dans le Valais, tous veulent arriver à Brieg, tous gravir le Simplon; et comme le maître de poste de Brieg ne peut faire passer que six voitures dans la journée, le reste s'échelonne sur la route et prend patience. Pour ma part, je ne crains pas les arrêts, je ne sais pas voir vite, j'aime à m'établir, à m'imaginer au moins que je m'établis. Je commence même à croire que ce qui me plaît dans les voyages, c'est de ne pas voyager.

Nous montons à pied une partie du Simplon. Au

bord de la route coule un petit ruisseau : tantôt il bruit sur les cailloux, tantôt il glisse, liquide cristal sur de longues mousses. Des roches schisteuses l'encaissent, mais elles laissent aux menthes odorantes, aux peupliers d'Italie, aux plantes à larges feuilles amies des eaux, la place de croître et d'entrelacer leurs branches sur ses ondes vives. Ce matin, un joli lézard courait le long de la margelle de pierre, et se chauffait joyeusement au soleil; il n'allait pas, lui, chercher au loin d'autres fentes de rocher, d'autres touffes d'herbes, un autre murmure.... Il avait raison.

Les Valaisannes de la plaine ne sont pas belles; elles sont sales, ce qui nuit à la beauté; elles ont les pommettes larges, saillantes, la bouche fendue d'une oreille à l'autre, des hanches qui se rattachent aux épaules sans intermédiaire; — je ne parle pas des goîtres; — mais il y a dans leurs yeux et dans leurs grandes bouches une expression de bonté que je préfère cent fois à la régularité des traits.

Nous rencontrons un admirable point de vue vers les limites extrêmes de la région des mélèzes. Tout en bas, au milieu des graviers du Valais, Brieg avec ses minarets et ses couvents, entouré de prairies; plus haut, un premier plan de montagnes d'un vert noir; derrière, un second plan de glaciers avec la pyramide du Finsterahorn qui se détache du ciel; à droite, la cime des glaciers d'Aletsch, et au fond, à peine indiquée par une ligne noire sur la neige, la tête de la Jungfrau.

J'ai eu un moment de lâcheté à Bérisaal. Deux vieux curés y siégent de poste fixe; ils étaient assis vers la porte de l'auberge. Au moment de remonter en voiture, ma conscience me dit de donner un Nouveau Testament à la jeune fille qui vient de nous servir; je ne me sens pas le courage de lui demander devant les deux curés si elle sait lire, si elle veut accepter les Évangiles; j'attends qu'elle sorte dans la rue pour lui adresser clandestinement ma question; et pourtant aucun des deux curés n'avait l'air formidable : l'un fumait tranquillement sa pipe, l'autre semblait sortir d'un sommeil de mille ans. Ils seraient des puits de science, des foudres d'éloquence d'ailleurs, que cela ne fait rien à l'affaire; si l'Évangile *est la puissance de Dieu en salut à tout croyant*, de quoi ai-je peur?

Rien sur la route, excepté des chevaux de poste qui retournent au relais, des vaches qui nous regardent au travers des mélèzes, et des chèvres à la longue toison qui nous suivent en file. Si; quelque chose de plus : un homme et une femme qui transportent avec peine du fumier sur un champ défriché dans le plus rapide de la pente; à quelques pas d'eux, une bouteille de vin rafraîchit au milieu d'un petit ruisseau. La vue de l'homme et de la femme qui se fatiguent à qui mieux mieux ne nous avait guère troublés, égoïstes que nous sommes. La vue de la bouteille à demi cachée sous les feuilles d'un arbuste, avec l'eau qui frémit autour d'elle, nous touche : nous nous regardons tous deux, nous sommes presque attendris, nos yeux se reportent avec intérêt sur l'homme et sur la femme. Pourquoi?... — Eh! pourquoi le dîner champêtre des moissonneurs, pourquoi la soupière fumante placée sous le poirier sauvage à la lisière du pré, avec le vaste plat de terre que dépassent les feuilles de la salade, avec le tonnelet rempli de vin, avec le pain bis soigneusement plié dans une nappe blanche : pourquoi cet aspect nous émeut-il toujours? pourquoi réveille-t-il dans l'âme des idées de bonheur, d'un bonheur pur, élevé?... Tout simplement parce que le foyer, parce que le repas, c'est le symbole de l'union, de la famille, du repos après les durs labeurs, du retour après l'absence... et vous voudriez remplacer notre dîner dans l'herbe, notre dîner dans la cuisine de la ferme, notre dîner autour de l'établi de l'ouvrier, par la table à mille couverts du phalanstère!... Là-dessus exclamations, conversation à perte de vue, et entente cordiale entre les interlocuteurs.

BAVENO.

Samedi 25 septembre 1847. — Ce matin, dans la région désolée des hauts sommets du Simplon; ce soir, dans la tiède atmosphère d'Italie.

Nous quittons à quatre heures le creux où se blottit le village du Simplon. Ce n'est pas une vallée, c'est un pli tout entouré de pins décharnés qui surplombent. La descente se fait rapidement, bien que le roi de Piémont laisse détruire cette route, une des plus belles du monde. Le cœur saigne à en voir les fragments rompus pendre le long des parois de rochers. Ses ponts sont emportés; quelques ouvriers aplanissent une espèce de chemin dans le lit du torrent; trois ou quatre ans encore, et le passage du Simplon ou n'existera plus, ou ne sera praticable pour les voitures qu'en été.

La pente qui regarde le Valais est tout schiste, celle qui regarde l'Italie tout granit. Du côté de Brieg, les flancs s'élèvent couverts de mélèzes, et puis se terminent par de grandes solitudes où croît le gazon des Alpes; au-dessus des solitudes, les glaciers aux arêtes vives, aux crevasses bleuâtres, aux grises morênes. Du côté d'Isella, la route descend entre deux murs de rochers que sillonnent des cascades : tantôt elles pleurent larme après larme sur la pierre polie, tantôt elles se précipitent en vagues écumeuses. Voici le val d'Isella, le premier sourire de l'Italie; voici les berceaux de vignes étagés sur la montagne; voici les beaux villages blancs nichés à toutes les hauteurs, à demi perdus sous les noyers, sous les châtaigniers, et vis-à-vis, toujours l'abrupte paroi de granit.

Il y a quelque chose de magique dans cette arrivée en Italie : les montagnes s'y couvrent de la végétation la plus fertile, le ciel y semble en perpétuelle fête, les maisons y ont de gaies couleurs, les habitants des yeux brillants et des physionomies heureuses.

C'était le marché à Domodossola. De bons vieux en culottes courtes et en chapeaux pointus, des paysannes au corset noir, un mouchoir rouge noué sur les cheveux, marchaient derrière leurs vaches qu'ils menaient vendre. Les rues étaient peuplées d'abbés noirs et chocolats. Les melons, les raisins, les pêches s'étalaient dans les corbeilles; la sonore langue italienne remplissait l'air de ses notes harmonieuses.

Que cette campagne est riche! Récolte de maïs,

récolte de raisins, récolte de chanvre! Les treilles disposées en terrasses à cinq pieds du sol, avec leurs belles grappes qui pendent en rang serrés, et dessous, l'herbe verte.

On commence la vendange; les femmes, assises sous les berceaux, ôtent les grains pourris des raisins qu'elles ont cueillis; des chars antiques chargés de cuves, avec de beaux enfants rangés tout autour, roulent pesamment traînés par des bœufs à la paisible allure; quelques vaches paissent dans de petits prés; les noyers, les châtaigniers, les mûriers passent leurs têtes par-dessus les vignes qui s'efforcent de les envelopper de leurs pampres; le soleil brille sur tout cela, ses rayons rient au travers des feuilles, tombent en lumière dorée sur l'herbe, frappent éblouissants les blanches façades des casinis.

A Vogogna, une femme vient nous présenter du raisin. Il n'y a rien là de bien nouveau: mais la figure de cette femme respire la douceur et la modestie; l'emplette faite, elle se retire vers ses corbeilles. Alors notre conscience parle. — Si nous lui offrions un Traité?— Nous nous avançons bien timidement vers elle. « Sapete voi leggere, Signorà? » — « Un poco. » — Nous lui donnons *Il povero Giuseppe*. — « Quest, è un libretto buonissimo. » — Elle se lève, le prend et se met à le lire debout; puis elle se dirige vers l'intérieur du bourg. — Bon, elle va chercher un abbé! — En effet, au détour de la rue, voici poindre l'abbé en question. — Eh bien! s'il nous adresse la parole, n'en serons-nous pas heureux? Nous lui présenterons des Traités, nous lui offrirons l'Évangile. Un abbé n'est pas un ennemi... Mais l'abbé nous regarde et ne nous dit pas un mot. On attelle les chevaux, ils vont partir; la marchande revient, elle court, elle nous tend un panier de soie qui contient un morceau de cristal. « Lei m'ha dato un bellissimo libro! » s'écrie-t-elle, « Io le dono questa pietra del monte Roso. » — Et puis avec une physionomie tout à coup sérieuse : « Ah! *gran peccatore* son io! » — Nous fouillons dans les poches de la voiture pour y trouver un Nouveau Testament italien; nous la supplions de l'accepter, elle le saisit des deux mains, le presse sur son cœur, le montre toute joyeuse à l'abbé, sans le lâcher pourtant; la voiture part, et de loin nous voyons son doux regard nous remercier encore.

Quelle œuvre à faire dans ce pays! Les gens n'y sont pas rassasiés de vérité, la Bible aurait pour eux toute sa saveur. Nos malles contiennent quelques Nouveaux Testaments; avec la grâce de Dieu nous parviendrons à les placer; quant à celui-ci, je suis sûre qu'il est allé à son adresse. — Pauvre femme! quel sentiment exquis l'a fait courir chez elle pour nous apporter son modeste cadeau; quelle grave douceur dans son regard, quel accent pénétré! — Va, ton petit panier ne me quittera pas, il nous suivra en Grèce, en Égypte, en Palestine, à Constantinople, si nous y parvenons; et au retour, si nous revenons, il prendra rang parmi mes plus chers souvenirs. Pour toi, nous ne te reverrons probablement pas ici bas, mais, j'en ai la confiance, nous te retrouverons aux pieds de celui qui est notre Sauveur à toutes deux.

Il existe deux systèmes à l'usage des voyageurs. L'un, assez généralement adopté, c'est le système de défiance, presque d'inimitié universelle. On s'arme de soupçon, on se tient en garde contre les gens et contre les choses; dans toutes les transactions on traite d'ennemi à ennemi. on se défend contre la bienveillance, on se maintient étranger, solitaire, on n'excite jamais la sympathie de personne : en revanche, on n'est, on croit n'être jamais dupé, et l'on revient bien fier d'avoir rudement mené guides, postillons, mendiants; bien fier d'avoir épargné quelques centaines de francs sur un voyage qui en coûte vingt ou trente mille.

L'autre système, celui qui n'a pas la vogue, est un système de simplicité, de bonhomie, de doux abandon. On n'est voyageur que le moins possible, avant tout on reste homme. Dans le postillon, dans le guide, dans le mendiant, on voit un semblable, quelqu'un qui a une âme et qui a un cœur. On cherche à rendre les rapports affectueux, on cherche à entrer dans le milieu des autres, on est quelquefois attrappé... encore ne sais-je pas bien! en revanche, l'on rencontre de bons amis qu'une parole, qu'un regard font naître, on sent vraiment que les hommes sont frères... Cela vaut bien quelques pièces de cent sous.

Nous voici à Baveno, relégués dans une petite chambre qui donne sur l'arrière cour : qu'importe, ne sommes-nous pas libres de nous promener le long du lac? — Ce soir il était calme, la rive opposée et les montagnes se plongeaient dans une de ces vapeurs lilas que la nature ose seule se permettre. Nous passons ici le dimanche. Dieu nous donne de le sanctifier!

Dimanche 26 *septembre* 1847. — Il y a un danger aux voyages : celui de vivre d'une vie trop extérieure, d'une vie égoïste. La vue des objets qui passent autour de nous, nous fait perdre la vue de notre âme. Encore, si cette succession d'images variées nous amenait à glorifier le Créateur de tant de merveilles. Mais non, ce n'est pas la pente du cœur.

Mademoiselle d'Angeville, cette femme courageuse, la seconde qui ait gravi le Mont-Blanc, me contait naïvement qu'arrivée à la cime au travers de mille périls, de mille souffrances, ni sa première, ni sa seconde pensée n'avaient été pour Dieu ; elle s'en affligeait, mais elle l'avouait avec cette droiture qui est un des charmes de son caractère.

En effet, il faut un effort pour se dire : d'un mot,

Dieu a soulevé les flancs de cette montagne, dressé ces pics, étendu cette nappe limpide, jeté sur cette terre un tapis de fleurs. Peut-être se le dit-on; mais être reconnaissant, mais s'arrêter à contempler ce grand Dieu, mais s'oublier à l'adorer, voilà qui n'arrive guère. On regarde, on s'éparpille, et l'on est tout étonné le soir, de se trouver bien loin du Seigneur. Et puis, dans la vie que nous menons, le *moi* devient trop but. Qu'on se mette en quête pour lui des jouissances spirituelles, qu'on cherche les matérielles, n'importe : c'est lui qu'on choie, sur lui qu'on veille; on érige presque cette sollicitude en devoir, et l'on se trouverait bien coupable d'y manquer. Qu'il est difficile de se placer ainsi au premier rang, sans repousser les autres au second! Cela se fait sans le vouloir, sans le savoir, mais cela se fait. Se défend-on d'un peu d'animosité contre le voyageur qui, en arrivant une heure avant nous, nous enlève les derniers chevaux du relais, la dernière chambre de l'hôtel, les derniers reliefs du souper?

Pour ma part, je me sens le prochain de tout le monde, excepté des Anglais... c'est qu'à vrai dire, ceux-là ne sont le prochain de personne. Il n'y a qu'un Anglais qui laisse son grand corps étendu sur le sopha quand une femme entre dans un salon; il n'y a qu'un Anglais qui garde son chapeau sur la tête en la coudoyant; il n'y a qu'un Anglais qui croie se déshonorer en saluant quelqu'un qu'il ne connait pas ; il n'y a qu'un Anglais qui, d'emblée, à la barbe de l'univers, s'empare toujours et partout de ce qu'il a de meilleur. Je leur en veux bien moins de se montrer impolis, que de forcer à l'être des gens qui n'en ont nulle envie. Car avec les Anglais, il faut être plus qu'indifférent, il faut retenir tout mouvement spontané qui trahirait la plus banale bienveillance. Par quel étrange renversement d'idées en sont-ils venus là ? Quelle fausse interprétation des convenances peut expliquer ce mépris de tout ce qui constitue les convenances elles-mêmes?

Qu'au détour de cet étroit chemin, vous rencontriez un Français, un Italien, un Allemand : le Français s'effacera avec courtoisie, l'Italien s'inclinera *con tutto cuore*, l'Allemand vous indiquera le point de vue que vous cherchez, au besoin il vous y conduira ; mais l'Anglais, oh ! l'Anglais, rencontrez-le sur la cime la plus désolée d'un pic, dans la région la plus solitaire d'une alpe, sur la glace la plus crevassée d'un glacier, il passera tout d'une pièce, prêt à vous disputer un pas dans la neige ou sur le roc... à moins pourtant que ce ne soit un Anglais *iii iii*, espèce entièrement inédite avant M. Topfer.

Le prochain, ou plutôt l'anti-prochain, m'a entraînée. Je rentre dans mon sujet. Il y a pour le chrétien d'autres dangers aux voyages : celui de ne pas être tout à fait soi, de se montrer, surtout de vivre par le côté frivole. Une certaine honte du nom de Christ se répand dans le cœur et empêche la foi de se manifester. Les gens avec qui l'on a affaire parlent le plus souvent des choses de ce monde, ils en parlent mondainement, et on leur répond de même. Il y a bien au dedans une voix qui ne cesse de répéter : Voilà une âme qui ne sait peut-être rien de la miséricorde de Jésus, adresse-toi fraternellement à elle; donne aux autres ce que Dieu t'a donné. — « Cela serait étrange », répond le lâche cœur, « me comprendrait-on ? » — On se sent gêné, pétrifié, et on lance par contrainte quelques mots pédants qui paraissent à bon droit ridicules. — Pourquoi cela? Hélas, parce qu'on n'aime ni son sauveur ni ses frères, par ce qu'on se préoccupe plus de soi que d'eux; parce qu'on ne vit pas encore en Christ, et que Christ ne vit pas encore en... *moi*, car c'est là mon histoire.

Au milieu de ces périls, j'éprouve le pressant besoin de me rapprocher de Dieu, « *la force vient de lui* [1] ». L'oisiveté du voyage me permettra d'étudier mieux sa parole, et les vicissitudes de la vie aventureuse que nous allons mener, me fera plus vivement sentir notre dépendance à son égard.

Notre dimanche s'écoule paisible et poétique; nous revenons d'Isola Bella, qui me semble *bella* surtout, vue du rivage. Elle est princière, mais il n'y

[1] Psaume 62.

a rien de princier dans mon fait. Ces pierres, ces statues, ces jardins géométriquement dessinés, ces salons aussi vastes que des églises et tout pavés de marbres précieux, m'arrachent quelques exclamations de surprise ; je ne voudrais pas vivre là. L'Isola Madre ferait mieux mon affaire ! Si j'étais le comte Borromée, je laisserais mon gros palazzo, mes escaliers d'honneur et mes terrasses au brûlant soleil, pour venir m'abriter dans le casino délabré de l'Isola Madre. Là, j'irais respirer la senteur de mes bosquets exotiques, je m'enivrerais de la fraîcheur parfumée qu'exhalent ces plantes, ces arbres, tributs des quatre parties du monde. Il y a sous ces berceaux une ombre pénétrée de soleil qui ne refroidit pas; chaque feuillage y répand son odeur étrangère; les sentiers y sont silencieux; le lac et ses rives, et Palanza et Laveno y apparaissent au travers de quelques trouées sans fatiguer les yeux de leur splendeur. C'est l'Italie, et c'est la végétation des îles embaumées des tropiques, de l'Asie, de l'Afrique... sous le doux ciel de la Lombardie, baigné par les eaux bleues d'un lac à moitié suisse.

Nos bateliers étaient communicatifs. Je passe les jaseries sur la famille Borromée, sur les jésuites, que j'appelais les *padri*, eux les *ladri* du pays. — Nous donnons à nos mariniers un traité religieux... toujours notre *povero Giuseppe*. Sur notre recommandation, ils le lisent pendant que nous visitons l'Isola Bella. Au retour, conversation. « *Noi siamo tutti peccatori* », dit l'un d'eux. Quelle différence entre ce : *noi siamo tutti peccatori* banal, et le : *gran peccatore son io* de notre pauvre femme! L'orgueil répétera cent fois : *nous sommes*, mais c'est l'esprit de Dieu qui enseigne à dire : *je suis*.

MILAN.

Lundi 27 septembre 1847. — J'ai sur la conscience ma sortie contre les Anglais. Si les dehors chez eux sont éminemment ennemis, le dedans est presque habituellement ami; ils ont une grande droiture, des habitudes de vérité dans tous les rapports, du sérieux, et souvent une éducation pieuse dont il reste presque toujours quelque chose. C'est un fruit dont l'amande a de la saveur, mais dont l'écorce est dure... on n'a pas toujours le courage de la casser, voilà tout.

De tout le pays parcouru ce matin, Sesto Calendo seul me paraît beau. Le Tessin roule mollement ses ondes au pied de la petite ville, tandis que le mont Rose, neigeux de la base au sommet, ferme l'horizon de ses tours blanches: cela est grand, paisible et empreint de lumière.

De Sesto Calendo à Milan, plaine. Plaine fertile, il est vrai; trois ou quatre récoltes sur le sol; en bas des champs de maïs, plus haut des mûriers, par-dessus les mûriers, de la vigne, le tout soigneusement arrosé; ici et là de beaux casini *alla Milanese*, de massives églises que ne remplirait pas une population de dix mille âmes, et qui s'élèvent isolées au milieu de la rase campagne; mais il manque un cadre à cette nature, le cadre qui fait le charme de la vallée de Domodossola : les montagnes. Une plaine a beau être fertile, plantureuse, ombragée, elle restera toujours *plaine*.... c'est-à-dire quelque chose de *plat*.

Nous trouvons à Milan toutes les délices de la vie civilisée : foule élégante dans les rues; à l'hôtel, beaux appartements, bon dîner en tête à tête, vis-à-vis d'une table d'hôte, ce qui double le bonheur d'être seuls. Cela est charmant, cela l'est trop, on se sent honteux de si bien vivre; il me tarde de manger la vache enragée de la Grèce et du désert, elle me réconciliera un peu avec ce luxe qui pèse sur ma conscience.

Milan est une noble ville, ses palais de marbre avec leurs jardins d'orangers ont quelque chose d'aristocratique qui sied aux grandes cités. Et puis son dôme! nous y sommes allés ce soir, grâce à Dieu sans cicérone. Nous avons longtemps erré dans cette vaste nef. La solitude, le demi-jour de l'heure tardive lui laissaient toute sa majesté. — Le culte catholique éteint chez moi le recueillement; les pratiques très extérieures dont il se compose font plus que de blesser mes convictions : elles froissent le sentiment que j'ai du beau. Je ne comprendrai jamais que ces révérences, que ces coups de sonnettes, que ces changements d'habits puissent parler à l'imagination. Mais le vase immense d'une église du moyen âge, ces colonnes projetées d'un jet vers les cieux, ces vitreaux chaudement colorés, cette voûte, le bruit vague des voix du dehors qui viennent se fondre en un murmure solennel comme la voix du vent quand il passe sur la cime des forêts : ah ! cela, je l'aime, parce que je sens qu'il y a là un magnifique reflet de la pensée de Dieu.

En songeant aux âmes qui viennent chercher le salut devant ces autels, nous avons éprouvé le besoin d'adresser au Seigneur cette prière : Que ceux qui t'adorent ici, t'adorent en esprit et en vérité !

Les murs sont couverts de : *Vive Pie IX di Roma*; l'on vend partout des portraits du pape. A part ces protestations, la ville est calme; le beau monde s'y promène, les Autrichiens aussi, et les prêtres et les moines encore. Ceux-ci, prêtres et moines, forment à peu près le dixième de la population. Je ne puis retenir un soupir toutes les fois que je rencontre ces vivants monuments d'une fausse spiritualité. Lorsqu'ils sont vieux, *basta !* ils ont traversé les plus rudes combats, les *temporali*, j'aime à croire que beaucoup d'entre eux ont la paix, qu'ils ont celle que donne Jésus; mais lorsqu'ils sont jeunes, que de déchirements, que de luttes! Et tout cela pour une idée de fabrique humaine, je me trompe, de fabrique diabolique. N'est-ce pas un tour diabolique s'il en fut, que d'inventer une sainteté plus sainte que la sainteté de l'Evangile? — « Il en viendra qui défendront de se marier... Que l'évêque soit mari d'une seule femme, » etc., etc. Mais ce n'est pas ici le lieu de traiter un si vaste sujet, il trouvera son heure, ou ne la trouvera pas, selon la volonté de Dieu.

VENISE.

Vendredi, 30 septembre. Nous avons laissé notre voiture à Milan, et pris, pour nous rendre ici, le coupé de la diligence Zerman. Ce coupé est une espèce de cabriolet ouvert à tout vent, à toute poussière, à toute pluie; on y rôtit le jour, la nuit on y gèle. Mais nous y étions ensemble, il nous permettait de voir un pays que nous avons déjà traversé deux fois enfermés dans une chaise de poste, que par conséquent nous ne connaissions pas. De plus, il nous fournissait l'occasion d'étudier notre conducteur, type italien prononcé. — Notre conducteur est un homme de taille moyenne, à longues moustaches, à grande barbe, les yeux pétillants comme le feu, le nez arqué, portant de l'air d'un empereur romain son uniforme de courrier de diligence. Il fume trente cigares par jour, boit de l'eau de vie toutes les fois qu'il s'en souvient, regarde son voyageur comme la dernière *roba* dont il doive se soucier; *brontolando*, farouche, surtout ce jour-là qu'il partait hors de tour; pittoresque dans ses expressions, dans ses gestes, dans les éclairs de ses prunelles, et au demeurant facile, bon enfant comme tous les Italiens.

Au départ, colère générale mais pas méchante. Je vois encore les deux yeux de notre conducteur, dardés sur un malheureux facchini coupable de je ne sais quel oubli; je le vois encore, un peu courbé, les mains serrant ses genoux, les traits immobiles comme ceux d'une tête de Méduse, lui lancer au travers de ses dents blanches, un : *razza di cane* à faire rentrer cent démons sous terre. Mais ici, tout s'évapore au soleil d'Italie.

Nous débutons par un tronçon de chemin de fer; il nous mène à Tréviglia.

De tous les véhicules, le chemin de fer me paraît le plus stupide. On voit peu de chose et l'on ne sent rien, si ce n'est qu'on va vite. Les routes de fer sont bonnes pour les gens qui se rendent d'un point à un autre, elles ne valent rien pour ceux qui sont curieux de l'entre-deux de ces points. — Après le chemin de fer, la chaise de poste; elle permet au voyageur d'échanger avec ses postillons deux ou trois mots toujours les mêmes; elle l'initie aux auberges et aux aubergistes; quand elle est découverte, et elle ne l'est presque jamais, elle lui fait voir cette zone du pays que parcourent les routes royales; c'est tout.

— La diligence a sur la chaise de poste cet avantage, que quelques-unes de ses places, celle que nous occupions hier par exemple, permettent au voyageur d'écouter les conversations intimes du conducteur avec les postillons, et de voir le pays. — Le cheval, lui, agrandit l'horizon. Avec le cheval on quitte les chemins battus, on prend les sentiers, on s'arrête où ne s'arrête personne, on voit des gens qui ne sont ni postillons, ni conducteurs; on entre en contact avec la vraie nature, avec le vrai peuple. — Mais les *pieds!* oui, vos propres pieds, voilà le véhicule royal! A pied, si le corps souffre souvent, l'âme jouit presque toujours. A pied, on n'est l'esclave ni d'un relais, ni d'une route tracée, ni d'une bête qui a faim ou soif.... de la vôtre cependant, qui a souvent faim et souvent soif. Et c'est encore un plaisir! Cet arrêt dans un modeste cabaret de village, vous en apprend plus sur le pays que six cents lieues en chemin de fer, que trois cents lieues en chaise de poste. Et puis les délices des pommes de terre frites! Et puis les haltes où l'on veut, les entretiens du soir sur la place du village, les détours à droite, les détours à gauche, l'indépendance, ce suprême bien après lequel soupire éternellement notre âme!

A propos d'indépendance, une chose me frappe, c'est que toutes les philosophies, tant les anciennes que les modernes l'ont méconnue, que Christ seul l'a respectée, que seul il nous l'a donnée.

Les philosophes de l'antiquité la brisaient impitoyablement pour faire jouer leur liberté. Les rouages de cette machine compliquée et mal graissée faisaient à chaque tour craquer quelque membre de l'individualité, partant de l'indépendance. Voyez les républiques de la Grèce, de Rome; voyez la république idéale de Platon, voyez ses lois; hélas! voyez le fouriérisme, voyez le communisme, voyez le socialisme : quel esclavage de fait sous ce mot *Liberté !* — Les stoïciens, qui semblaient chercher sérieusement l'indépendance morale, la voulaient par la mutilation du cœur, par l'égoïsme; il fallait, pour être indépendant à leur façon, se mentir à soi-même, aux autres, et cette indépendance n'était encore qu'un mot. Christ nous a proposé la liberté du cœur à l'égard du mal; seule elle nous affranchit. — Ce qui nous tient en servitude, n'est-ce pas notre péché? n'est-ce pas ce : *je veux*, et ce : *je ne veux pas*, qui s'opposent à la souveraine volonté de Dieu?... La souveraine volonté de Dieu est-elle autre chose que le souverain bien, que la plénitude de la perfection, conséquemment de la liberté? -- Toutes les fois qu'à propos d'un projet longuement médité, de notre bonheur, de notre vie même, nous pouvons nous agenouiller, et par un triomphe de l'amour, dire : *Ta volonté soit faite!* ne voyons-nous pas crouler les murs du cachot?

ne sentons-nous pas l'air pur des grands cieux rafraîchir tout notre être? ne nous sentons-nous pas libres? — Il n'était donné qu'à Christ de nous faire *sacrificateurs et rois*, selon la profonde expression de l'apôtre.

La devise adoptée en Lombardie par les chemins de fer, les chaises de poste et les diligences, c'est : « Chi va piano va sano, chi va sano va *lontano;* » c'est-à-dire *longtemps*,... traduction libre. Les locomotives n'y ont rien du caractère échevelé de leurs sœurs du Nord. Elles rougiraient de ces allures-là. Ce sont d'honnêtes personnes, fort modestes, fort sages, qui cheminent avec cette tranquillité majestueuse à laquelle on reconnaît les femmes de distinction. Quant aux chevaux, ils trotillent sous eux *con placidezza*, le postillon trotille dessus *senza fastidio*, le conducteur fume son cigare étendu sur la banquette, il se croirait déshonoré s'il descendait de ce poste d'honneur pour toucher à un harnais; et l'on passe ainsi son temps : deux heures pour faire la poste autrichienne, — un peu plus forte que la poste française; — demi-heure, une heure, trois heures aux relais.

Le congrès scientifique vient de se terminer à Venise, les voitures couvrent la route, enlèvent les chevaux, et comme les diligences n'ont pas d'arrangement avec les maîtres de poste, elles subissent tous les retards auxquels sont exposés les simples voyageurs. Nous sommes restés de la sorte quatre heures au milieu du marché de Chiari. Devant nous, un de ces bons vieux qu'affectionne *Goldoni,* mesurait des marrons rôtis avec la solennité qu'il eût mise à peser de l'or. La *bottega d'un barbiere*, rendez-vous de la belle société, jouissait des innocentes distractions que lui procurait la présence de deux diligences occupées à croquer des poires; on n'y faisait rien, cela va sans dire; le maître, non plus que les garçons, ne songeaient à raser qui que ce fût; on était étendu sur des chaises, à l'ombre; on causait avec le mendiant, avec le passant, avec le marchand, avec les ragazzi, avec les ragazze; on faisait chanter les cavatines de la *Norma* à deux marmots de trois ans, et l'on se pâmait de rire.

Je ne sais si cette nation a de la profondeur; à coup sûr elle a du charme: figure, pensée, expression, tout, chez-elle, est pittoresque. Les Italiens ne disent rien platement; les idées ne leur viennent qu'avec des couleurs vives. Ce qui me plaît d'eux encore, c'est le naturel. La belle chose que d'être vrai dans les détails; que de marcher, que de parler, que de tousser devant témoins comme on le ferait tout seul... et qu'elle est rare! — Eh bien, un Italien, marche, parle, tousse ainsi. Un Italien sera peut-être *pomposo,* mais il le sera *naturellement.* Il ne sera ni empesé, ni précieux; il ne visera pas à l'effet, et s'il y vise, ce sera avec une naïveté dont vous rirez, et lui-même avant vous.

Ces attrayantes qualités viennent d'un grand fond de bonhomie. Les Italiens sont bons, si l'on veut, faciles; ils se dérangent pour vous servir, ils vous accueillent, ils vous mettent vite au courant de leurs affaires; non pas à la manière des Français, qui sont expansifs moins par expansion que pour obéir à un certain besoin de faire la roue; mais par simplicité de cœur, et aussi parce que la vie morale chez eux s'écoule au grand jour, comme la vie matérielle.

Après une troisième, une quatrième station aux relais, nous voici à Descenzano; nous y trouvons des chevaux, ce qui ne nous empêche pas d'attendre. La nuit est tombée, le lac s'étend calme, avec un petit remous autour de deux rochers; on ne distingue pas l'autre rive, mais la lune, rouge, fortement échancrée, apparait sur les eaux : « comme un navire en feu qui sombre à l'horizon. »

On part. — « *Adesso* nous dit le conducteur, non avremo più *da tribolare!* » Dieu le veuille. — Notre conducteur sort de sa poche un vieux bonnet grec, il l'ajuste sur sa tête avec la lente dignité qu'il mettrait à ceindre le diadème; chacun s'arrange pour dormir. On se morfond de froid et l'on ne dort pas.

Ce pays me paraît d'une riche monotonie; il est rayé de lignes de noyers auxquels se suspend la vigne; entre les lignes, un champ de maïs; ici et là une avenue qui semble annoncer un palais, et qui n'aboutit qu'à une lourde maison bâtie en briques. Le sol est admirablement productif mais la campagne prodigieusement ennuyeuse, à l'exception des collines de Brescia qui viennent en rompre un instant l'uniformité.

Hier, après de nouvelles émotions, — car le vice-roi revenait de Venise, et à partir de neuf heures du matin les maîtres de postes ne devaient plus donner de chevaux, — nous sommes arrivés à Vicence pour y prendre le chemin de fer. Notre conducteur avait lu quelques traités religieux, nous lui donnons un Nouveau Testament et nous nous séparons bons amis.

Le chemin de fer ramène la vie dans Venise, je veux le croire, mais la magique beauté du premier aspect est détruite. Renfermé dans un wagon, on sait à la vérité qu'on passe sur un pont, que ce pont traverse un bras de mer; en se penchant hors de la portière — ce qui est défendu par les règlements, — on saisit quelque chose de l'étendue, on aperçoit tant bien que mal un morceau de Venise; mais on ne cotoye plus les bords délicieux de la Brenta, mais on n'arrive plus sur la lagune, on n'est plus arrêté par l'océan, on ne fait plus cette lente navigation qui préparait si bien à la solemnité d'une arrivée à Venise, on ne voit plus de loin, sortir des eaux, et les flèches, et les dômes, et Venise tout entière; on n'entre plus par ce *canal grande* que borde la Giudecca, sur lequel glissent silencieuses les noires gondoles. On roule en voiture sur la mer; on fait à Venise son premier pas sur la terre, dans un débarcadère, et l'on a beau, après cela, se mettre dans une *barque omnibus*, passer sous le Rialto, s'avancer entre les merveilleux palais à l'architecture mauresque, l'effet est manqué.

Quelle splendeur! Voici la troisième fois que je reviens à Venise, et toujours, toujours, il me semble rêver. C'est une chronique du moyen âge, ouverte à la page la plus brillante, la plus terrible. Les eaux du grand canal reposent comme au temps des Dix, vertes et profondes au milieu des palazzi à colonnettes brunes, à trèfles découpés, à fenêtres en ogives, à murailles de marbre. Toujours les sombres canaletti s'enfoncent à *manca* et à *sinistra;* toujours les gondoles mystérieuses disparaissent dans l'ombre avec leur fer dentelé à l'avant, avec les longs plis de leurs noires draperies à l'arrière, et toujours, oh! toujours, cette admirable piazzetta, cette mer chargée de vaisseaux, et sur ces dalles de pierre, les magnificences du passé jetées dans un sublime désordre : le palais des doges, le palazzo de la commune, les trois mâts, les colonnes, les clochers, les lions de granit, toute la richesse, toute la poésie de l'Orient, avec toutes les terreurs de la République.

Le soir. Il souffle un vent contraire, nous allons nous embarquer pour Trieste. Dieu ait pitié de nous! qu'il nous donne, si nous souffrons, d'être soumis; si nous ne souffrons pas, d'être reconnaissants!

— Nous avons vu ce matin l'Académie, le palais des doges, une galerie d'antiquités.

Je m'aperçois que les grands peintres me disent seuls quelque chose, cela tient à mon ignorance. Je regarde par devoir les Bassano, les Bartolomeo, les Gherardo della notte, tant d'autres. — Je ne me lasse pas de contempler les Rubens, les Titien, les Véronnèse, les Vandik, les Caravage, les Raphaël, les Pérugins, les Léonard de Vinci, et les Luini et les Palma encore. — Les Véronèse, les Rubens, les Titien excitent plus mon admiration que ma sympathie; ils ont la puissance du génie, rarement la flamme de l'idéal. J'aime Palma et Luini pour leur pureté. J'aime le Pérugin pour ses vierges chastes d'une chasteté céleste; je l'aime pour ses arbres à tiges droites et minces, qui étalent dans un ciel clair leurs cinq ou six feuilles bien comptées; je l'aime pour ses moines agenouillés des deux côtés de Marie, qui joignent si correctement leurs longs doigts maigres; je l'aime pour cette *luce di paradiso* qui éclate sur sa toile. J'aime Léonard de Vinci pour l'ineffable charme de ses figures de femmes au teint brun, aux yeux veloutés, à la bouche un peu grande mais d'une grâce radieuse. J'aime le Caravage pour sa vérité dans la beauté. J'aime Raphaël, surtout sa première manière, parce que c'est du Pérugin avec plus de morbidezza. J'aime Vandik, ses portraits sévères où rayonne l'âme. J'aime tout ce qui est aimable, et de préférence les œuvres où la pensée va de pair avec l'exécution. S'il me fallait choisir entre la domination de la pensée et celle de l'exécution, je me déciderais hautement pour la première. A mon sens, la pureté du dessin va devant la richesse du coloris. Et pourtant, c'est une belle chose que la couleur. Nos peintres modernes, qui vont si loin, semblent avoir oublié le secret de ces rouges chauds et moelleux, de ces bleus profonds, de ces jaunes resplendissants que des tableaux de trois cents années nous offraient aujourd'hui dans tout leur éclat. On fait des draperies rouges, blanches, jaunes, on en fait même de criardes, mais cela est plaqué, cela n'est pas fondu; cela ressemble à une première couche, cela n'a ni ce velouté, ni cette ampleur que les Titien, que les Rubens trouvaient sur leur palette. Regardez les têtes de nos tableaux modernes, elles sont souvent gracieuses, quelquefois idéales; sortent-elles de la toile comme les têtes de Vandik, même comme les têtes de Bellino? Non. Le peintre semble en être resté à l'ébauche; l'œil se heurte contre une surface plate, il ne plonge pas.

Nous passons quelques moments dans Saint-Marc. — La chronique de Villehardouin que nous lisions cet hiver à Valleyres me revient à l'esprit. C'est donc sous ces voûtes que Villehardouin implorait de Venise le transport des Croisés à Constantinople, et c'est ici que se croisa *il vieil Dux!* Il y avait certainement de la foi chez ces hommes; de la foi très mêlée, mais de la foi, surtout chez ceux qui prirent part aux premières expéditions. A côté de la foi, le besoin du drame, la soif des richesses, plus, l'envie bien naturelle de s'assurer l'entrée du Paradis, moyennant quelques indulgences dûment signées et paraphées par le vicaire de Jésus-Christ.

Dans ce temps-là, on ne doutait pas. Le doute n'était pas la maladie du siècle; *on croyait.* Il est vrai que le diable n'y perdait rien : débauches, pillages, massacres, s'alliaient merveilleusement avec cette foi; une bonne confession, une bonne absolution administrée à temps, moins que cela; le fait seul qu'on était mort en combattant dans la sainte guerre, réglait les comptes pour l'éternité. Notre siècle, à nous, prend la foi au sérieux; il ne la comprend que conséquente, et c'est peut-être à cause de cela, que le diable fait du doute son drapeau du dix-neuvième siècle.

Le langage naïf de Villehardouin exprime admirablement ce mélange de dérèglement et de conviction.

Je crois qu'il sera beaucoup pardonné à ces braves gens, parce qu'au fond, ils avaient ce *cœur simple* qu'aime Dieu.

Au temps de Villehardouin, le but très clair de la croisade était de s'emparer de beaux duchés et de comtés succulentes. Villehardouin s'indigne contre ceux qui, au lieu de marcher à la conquête de Constantinople, ont la couardise de s'en aller tout droit combattre les Musulmans en *Surie.* Comme de raison, il ne manque pas d'attribuer à la vengeance divine, les malheurs de cette expédition-là.

Cependant, le doge Dandolo, *il vieil Dux*, ne perdait pas la tramontane. Tout en consentant à transporter les Croisés *pour l'amour de Dieu*, il stipule d'abord un large payement : quatre-vingt-cinq mille marcs; et puis une large part dans les conquêtes. « De telles conquestes que feromes par mer et par terre, la moitié en aurons, et vos l'autre. » Ceci réglé, voici comment notre doge amène les Vénitiens à consentir l'accord qu'il vient de conclure avec *li messages* des Croisés. Il réunit son grand conseil et lui fait part de la *convenance.* « Par son sens et *engins* que il avait mult clere et mult bon, les *mist en ce que ils loèrent et volrent.* » Le conseil gagné, *il vieil Dux* lui adjoint successivement cent, deux cents, mille citoyens ayant tous du crédit, « tant que tut le creantèrent et loèrent. » Les mille citoyens gagnés à leur tour, il en réunit dix mille dans la chapelle de

Saint-Marc; on y célèbre avec solennité la messe du Saint-Esprit; la messe dite, Villehardouin et ses cinq compagnons paraissent devant le peuple; « li six messages s'agenouillèrent à lor piez mult plorant; et li dux et tuit li autres s'écrièrent tuit à une voiz, et tendant lor mains en halt, et distrent : nos l'otroions, nos l'otroirons ! Enki ot si grant bruit et si grant noise, qu'il sembla que terre fondict. » — Les messagers s'en retournent. Un an s'écoule, l'armée des croisés arrive à Venise; elle y arrive sans la somme exigée pour le transport. Il s'en manque trente-quatre mille marcs d'argent. Le doge rassemble *sa gent* « et lor dict : Seignor, ceste gent ne nos puent plus paier..... Or, lor quérons un plait : Li roi de Ungrie si nos tolt Iadres « Zara » en Esclavonie, qui est une des plus forz cités del monde, ne jà, par pooir que nos aions, recovrée ne sera, se par ceste gent non. Quérons lor qu'il le nos aient à conquerre, et nos lor respiterons les trente mille mars d'argent que ils nos doivent......» Le plait est octroyé, au grand déplaisir de ceux qui auraient préféré de bons écus bien trébuchans. Un dimanche donc, le peuple, l'armée des croisés, la foule des pèlerins sont convoqués dans l'église de Saint-Marc; et ce dimanche là, Dandolo, le vieux duc, le doge habile, se croise, et assure ainsi l'expédition de Zara. Alors furent « mainte larme plorée, por ce que cil prod'om aust si grant ochoirois de remanoir; car vieil hom ere et si avait les yaulx en la teste biaus, et si n'en véoit gote; que perdue avait la vue par une plaie que il ot el chief. Mult parere de grant cuer. Ha! com mal le sembloient cil qui à austres poy estoient allé pour eschiver le péril[1]! Emi avala li leteril, et alla devant l'autel et se mit à genoilz mult plorant; et il li cousièrent la croiz en un grant chapel de coton, por ce que il voloit que la gent la viessent; et Venitiens si commencent à croisier a mult grant foison et a grant plenté! »

Mais voici l'heure du départ. On va porter la *roba* sur le Lloyd. — Tout est *roba* en Italie. Les vêtements, les aliments, le bagage, les antiquités: *roba*, *roba*. L'Italien qui suspecte un plat de son dîner, demande avec dédain « Ma! che roba è questa? » Le cicerone qui voit un sourire d'incrédulité poindre sur votre figure s'écrie: « Questo, è roba antica. » Si vous ne lui donnez pas assez vite la pièce, le douanier qui examine votre voiture, dit en fronçant le sourcil « Buttate a basso tutta quella roba! »

Que ne sommes-nous ce soir *roba*, nous aussi!

Heureux ceux qui plantent choux!

[1] Allusion à l'armée qui s'était embarquée en Languedoc, non pour *eschirer le péril*, mais pour se rendre directement en Syrie et délivrer le saint Sépulcre. Villehardouin ne pardonne pas ce crime-là. Il est vrai que cette division diminuait les ressources de l'expédition de Constantinople. Il n'y avait pas d'autre cause à l'impossibilité où elle était de payer le prix du transport.

TRIESTE.

Vendredi, 1er *octobre* 1847. — Grâces en soient rendues à notre bon Dieu, la traversée s'est effectuée sans mal de mer. — Je ne saurais peindre le désordre de cet embarquement, à dix heures du soir, dans les ténèbres que rembrunissaient encore les pâles lampes suspendues aux gondoles. Cinquante de ces dernières luttaient sous les flancs *du vapeur;* les proues heurtaient leurs fers; les bateliers vociféraient en possédés; les voyageurs recommandaient leur *roba;* le cri : *Preparino il denaro!* dominait le tumulte. Au plus fort de la bataille, nous avons atteint et franchi l'escalier sans tomber à l'eau : c'était quelque chose.

Plus de place sur les divans du salon destiné aux dames. J'ai pris le dernier pliant et je m'y suis tristement assise, la tête appuyée sur ma main, le coude appuyé sur la table. La position était lugubre, surtout avec le mal de mer en perspective, aussi ne l'ai-je pas gardée longtemps; je me suis sans façon étendue sur le plancher, pliée dans mon manteau, avec un sac de nuit pour oreiller. Rien en mer ne vaut la ligne horizontale. Fermer les yeux, se coucher au plus bas possible, rester immobile; voilà, je crois, le seul remède.

Le salon était bien aéré; la lampe, solidement fixée au plafond, ne balançait pas; on causait en français, quoique je fusse la seule Française à bord; il y avait là des Polonaises et des Moldaves à la voix douce, au parler charmant, aux manières tout empreintes de cette grâce innée chez les nations semi-orientales. Je me suis trouvée, non pas à côté, mais aux pieds d'une pauvre signora qui, en l'absence de son mari, s'était rendue à Venise « *per divertirmi un poco,* » comme elle le disait naïvement. La maladie subite de deux de ses enfants la rappelait à Trieste; elle avait peine à retenir ses larmes. Nous nous sommes longtemps entretenues ensemble; j'ai prié Dieu de me donner le courage de lui adresser de vraies consolations, surtout de lui parler de ce Jésus *qui a pris nos langueurs,* et sur le matin, je me suis enhardie jusqu'à lui offrir un petit livre pieux. Quelle lâcheté dans notre fidélité!

Sur le même bateau, aux secondes places, un

humble serviteur de Dieu s'acquittait mieux de son devoir. Jeannette l'avait entendu discuter avec un incrédule; elle avait reconnu en lui ce mélange de douceur et de fermeté qui est le propre du chrétien. Ce jeune homme, Dalmate, s'était, il y a deux ans, rendu en Angleterre pour y donner des leçons d'italien; et aussi, dit-il, poussé par: *un certo non so che*. En Angleterre, il a lu les saintes Ecritures, il est devenu croyant; le mauvais état de ses yeux, qu'ont affectés les brumes du nord, l'oblige à retourner dans sa patrie. Le pauvre garçon a traversé la France, riche de sa Bible, d'une ou deux lettres de recommandation, et de trois napoléons d'or. De ville en ville, quelque disciple fidèle le recevait et le consolait. Il est entré en Italie, confessant sa foi selon l'occasion. A Vicence, le candide Dalmate rencontre un prêtre; il lui ouvre son cœur, il lui déclare ses convictions au sujet de la Bible et des erreurs romaines. Deux heures après — le prêtre n'y est peut-être pour rien, — notre jeune homme se trouvait arrêté, fouillé, et la Bible, les lettres, les pièces d'or passaient *alla polizia*. Cette « benedetta polizia » prend soin de le renvoyer chez lui.

A Venise, où il fallait attendre le vapeur, on ne lui livrait qu'un zvanzig par jour; l'hôte s'en allouait une moitié pour prix du lit, l'autre moitié pour prix d'un seul et maigre repas. « Mais Dieu, » nous dit le Dalmate, « Dieu a touché le cœur du cameriere; cet homme s'apercevait que j'avais faim; il m'apportait du pain et de la viande. » — Ce matin, nous avons la joie de tendre au Dalmate une main fraternelle. Le don d'un Nouveau Testament l'a comblé. « Voyez, » s'écrie-t-il, « l'autre jour les hommes m'enlèvent ma chère Bible, ma seule, et ce matin Dieu me la rend. »

Notre jeune Dalmate avait quitté son pays l'âme obscurcie de superstitions, le cœur mécontent; pourtant il était libre, devant lui s'ouvrait un avenir que son imagination colorait à plaisir. Il revient dans sa patrie plus pauvre qu'il n'en était parti, ramené par la police, signalé, surveillé; il sait, comme saint Paul, que de *grandes tribulations l'attendent*; pourtant il y retourne heureux et ne demande qu'une chose: la conversion de son père, de sa mère, de ses amis. « Allora, dit-il, io potrò soffrire, io potrò morire, gli altri faranno avanti! »

Voilà une figure qui va se placer dans nos souvenirs à côté de notre amie de Vogogna. Nous n'oublierons pas ce langage harmonieux, ce visage pâle aux grands yeux, avec ces longs cheveux tombant noirs et plats tout autour. Il me semblait voir un de ces anciens colporteurs de Lyon, qui, la balle sur le dos, sans que personne pût redire leur nom à l'histoire, s'en allaient affronter, pour l'amour de Dieu, les prisons et les bûchers.

Ah! qu'il y a dans l'apparition d'un chrétien

humble, fidèle, qu'il y a de quoi nous mortifier en même temps que nous réjouir. Celui-là aime Jésus, et il en parle sans effort; celui-là aime les âmes des autres hommes, et il cherche à leur communiquer la foi; celui-là a faim, il souffre à cause du nom de Christ, pendant que nous mangeons et que nous nous tenons bien; celui-là s'en va être persécuté avec une parfaite confiance en son Père céleste, « che ha creato tutto e che non mi vuol lasciare: » et nous, un regard moqueur ou seulement étonné nous arrête! Il n'emporte avec lui ni grand savoir, ni grande éloquence, ni grande réputation de sainteté, mais là où nous serons battus, lui triomphera.

Des larmes roulaient dans ses yeux lorsque nous lui avons remis le Nouveau Testament. Cette marque de la fidélité de son Dieu l'a plus touché que le reste. Les voies de l'Éternel sont en effet admirables pour qui sait les voir. Si les cieux avec leurs milliers de mondes et les mille mouvements de ces milliers de mondes racontent la gloire du Dieu fort, les soins dont il entoure ses enfants, ces grands, ces petits événements qui à la voix du maître vont tous concourir au bien final du moindre d'entre les chrétiens; cette marche harmonieuse des choses est plus magnifique encore, car elle raconte plus que la gloire de Dieu, elle raconte son amour.

Samedi, 2 octobre 1847. — Nous passons ici quatre jours consacrés aux derniers préparatifs du voyage.

On trouve de tout à Trieste, seulement il faut chercher. Les marchandises n'y sont pas classées selon nos idées françaises; on ne sait pas ce que c'est que la spécialité, cette belle invention qui épargne tant de temps et tant de pas. Vous voulez une brosse à dents, entrez chez l'armurier; vous voulez des bougies, entrez chez le quincaillier [1]. Nous nous y serions perdus sans la parfaite obligeance d'un de mes compatriotes, M. L***, négociant, accablé d'affaires; il passe sa journée à nous patronner. On est heureux de rencontrer en voyage cette bonté simple qui ne souffre pas même l'expression de la reconnaissance, tant elle se doute peu de ce qu'elle vaut.

Nous débutons par une visite au paquebot qui doit nous transporter en Grèce. Le premier commis de M. L*** nous met en relation avec le capitaine : le capitaine est de Fiume, comme presque tous les marins de Trieste. C'est une bonne précaution à prendre que de choisir d'avance sa couchette, que de se familiariser avec le bâtiment qu'on habitera plusieurs jours. Pendant que nous nous promenons sur le pont, une frégate française, *la Descartes*, arrivée ce matin de Naples, fait son salut de vingt coups de canon. Une colonne noire sort des flancs

[1] Cela tient peut-être à ce que la vente se faisant en grand à Trieste, les achats de détail n'y représentent que le très petit côté des opérations commerciales.

du navire, puis la flamme rouge, puis la détonation, puis toutes les fumées se confondant montent en ondes grises, blanches, et voilent tour à tour le navire ou ses gréements.

Nous habitons l'hôtel Metternich. Une fois qu'on vous a casé dans votre appartement, on vous y laisse sans plus s'embarrasser de vous. Voulez-vous manger, désirez-vous qu'on accommode votre chambre? sonnez, sonnez encore, le cameriere ne répondra ni à deux, ni à trois, ni à six coups de cloche; descendez, faites descendre vos domestiques, qu'ils vous amènent pieds et poings liés ceux dont vous avez affaire; occupez-vous de vous; sans cela vous pourriez passer vingt-quatre heures sans manger, sans boire et sans dormir, que pas une âme ne s'en inquiéterait.

Cet impardonnable désordre vient de ce que l'hôtel, possédé par une société d'actionnaires, reste sans direction; tout le monde y commande, par conséquent personne n'y obéit.

Dimanche, 3 *octobre* 1847. — Je me sens pénétrée de confusion lorsque je me vois en face de ma Bible, légère d'esprit, glissant d'un verset à l'autre, l'âme traversée par cent idées frivoles. J'ai honte de mes prières si froides, abrégées par l'impatience; j'ai honte de cette satisfaction pharisaïque avec laquelle je me dis: j'ai fini, j'ai rendu à Dieu ce qui appartient à Dieu, c'est une chose en règle. — Ce qui m'indigne bien plus, c'est le contraste entre ma piété dans l'inquiétude, et ma piété dans la paix. Cela est saisissant en voyage. Avons-nous peur, faut-il nous embarquer sur une mer orageuse, le mal du pays attriste-t-il notre âme, la santé d'un être aimé excite-t-elle notre sollicitude : comme nous sentons Dieu près de nous alors, comme nous nous faisons petits dans sa paternelle main, avec quel empressement nous ouvrons notre Bible, quelle valeur immense en prennent tous les mots ! Mais que l'existence redevienne facile, que le soleil rie dans les cieux, que notre cœur s'épanouisse, et les liens qui nous attachent à Dieu se relâchent ; notre volonté se redresse toute prête à faire face à la volonté suprême ; une certaine indépendance diabolique filtre dans nos veines ; c'est l'orgueil de la vie dans toute sa folie, c'est cette effrayante situation morale qu'exprime bouffonnement le proverbe italien : *passato il pericolo, gabbato il santo.* — Ah ! faut-il donc que Dieu nous frappe pour obtenir notre amour ! Sommes nous donc pareils à ces plantes qui ne répandent leurs parfums que froissées !

Nous nous embarquons pour la Grèce mardi à quatre heures du soir ; nous nous efforçons de ne pas regarder plus loin et de nous tenir suspendus à la volonté de Dieu. S'il nous permet de poursuivre notre voyage, nous lui en rendrons grâce ; s'il nous rappelle, nous lui obéirons avec joie... pourvu que lui-même nous donne la joie.

Nous avons traversé ce matin la grande place. Les fermières des environs, les *mandrières*, comme on les appelle ici, y étaient toutes dans leurs habits du dimanche; elles y tiennent un marché de fruit et de légumes qui se vide à neuf heures précises. Le dimanche n'en est pas moins profané. Il serait facile pourtant de se fournir le samedi des aliments nécessaires. Les Juifs le faisaient, les Anglais le font, et personne chez eux ne meurt de faim. Le costume des mandrières et des mandriers a beaucoup de grâce. La coiffure des femmes se compose d'un grand mouchoir garni de dentelles, posé sur le front, avec les bouts rattachés sous la pointe qui retombe assez bas par derrière. Cette mousseline blanche voile à demi le front, et donne à la figure une expression de chasteté. Un fichu de couleur, fermant au cou, retenu sur la poitrine par un bouquet de fleurs, descend jusqu'à la ceinture; la chemise, éblouissante de propreté, laisse flotter autour des bras nus, de larges manches souvent ornées de dentelles; le tablier aux rubans roses qui voltigent coquettement couvre le devant de la jupe. Les mandrières portent celle-ci courte, noire, jaune ou verte, et bordée d'un passe-poil de laine écarlate. Des souliers à talons hauts complètent ce costume et prêtent une élégance charmante à la démarche.

Passons aux mandriers. Un bonnet de fourrure bizarrement taillé cache leurs cheveux, un petit bouquet de fleurs aux vives nuances brille invariablement au-dessus de la tempe; la veste brune est négligemment jetée sur une épaule; le gilet garni de trois ou quatre rangs de boutons de métal croise sur la poitrine; de larges pantalons à la Louis XIII, garnis d'aiguillettes et fendus à l'extrémité, descendent jusqu'aux genoux. Çà et là, on voit quelques hommes et quelques femmes du *Carzo*, pays situé au delà des montagnes. Ceux-là sont d'assez pauvres gens, vêtus, quel que soit leur sexe, d'une redingote brune et d'un chapeau de feutre à larges bords.

Trieste renferme une classe subalterne qui vise à une élégance toute citadine; élégance achetée, nous dit-on, au prix de beaucoup de vices : cette classe est celle des ouvrières et des *camérières*. Elles ne se montrent dans les rues que coiffées de leurs cheveux, qu'elles ont magnifiques; elles en composent des édifices dont la construction prend des heures et coûte plus d'un soupir à leurs maîtresses, les coups de balai étant en raison inverse des coups de peigne. Ces jeunes filles portent le dimanche des robes de soie à volants; elles balancent négligemment dans leurs mains des ombrelles garnies d'autant de franges qu'en pourrait souhaiter une *lionne*. Voilà un luxe qui fait mal à voir; la source en est odieuse. Elle ne le serait pas qu'il n'en vaudrait guère mieux. Tout ce qui nous fait vivre d'une vie factice, tout ce qui nous met hors de la réalité, jette le trouble dans notre cœur et le débilite. Les contrastes de l'existence théâtrale, cette royauté du soir et cette misère du matin, poussent plus au désordre peut-être que les séductions d'hommes corrompus. Le désaccord qui règne entre les travaux habituels de l'ouvrière et l'ambition de son costume doit nécessairement produire les mêmes effets.

Lundi, 4 octobre 1847. — La première vue n'est pas favorable à Trieste, surtout lorsqu'on arrive de Venise.

A Venise, les plus belles pages de la peinture, les plus beaux monuments de l'architecture mauresque, l'histoire fortement colorée et toute vibrante encore, vous transportent dans un monde idéal. A Trieste, vous êtes dans le présent, dans un présent très prosaïque. La ville est neuve, un peu nue; elle n'a pas de passé; son avenir est brillant, mais brillant, je le crois, sans gloire. Chacun y travaille à gagner de l'argent; le mot *affaire* est écrit partout; l'on se heurte contre quelque chose de positif qui étonne et déplaît au sortir de la ville des souvenirs. Cependant l'habitant de Trieste aime cette jeune cité; il la voit grandir sous ses yeux: depuis vingt ans elle s'est accrue d'un tiers.

Le commerce d'un port de mer a d'ailleurs sa

poésie. M. L*** nous peignait vivement les émotions du négociant qui court le matin sur le môle : deux, trois, cinq navires signalés! Verra-t-il entrer le bâtiment qu'il attend, celui dont il n'avait plus de nouvelles? — Que les navires appartiennent à d'autres, la cargaison reste toujours; de quelles marchandises se compose-t-elle? à quel prix les vendra-t-on? — Un sinistre est-il annoncé; qui a-t-il atteint? — La vue seule de ces vaisseaux qui ont navigué dans les lointains parages parle à l'imagination. Les brises parfumées des tropiques ont passé au travers de ces cordages; ces matelots basanés se sont assis sous les palmiers de l'Afrique, sous les bosquets enchantés du Mexique. Ceux-ci, qui partent, vont affronter les ouragans! Par-dessous cette vie, en apparence monotone, il y a tous les accidents de l'imprévu.

On retrouve ici l'obligeance italienne. Nous n'avons rencontré dans nos courses qu'un seul homme raide; c'était un marchand de fer. Sans bouger de son comptoir, derrière lequel il siégeait en roi, pendant que nous cherchions nous-mêmes une bèche, une hache, je ne sais quoi d'autre encore, il s'est contenté de nous dire d'une voix lugubre : « *Tenersi lontano dai Beduini !* » Cette sentence prononcée le soir, au milieu de toute cette ferraille, m'a fait frissonner.

Nous terminons la journée par une promenade à

Cervola, joli village situé sur la hauteur. Cervola est fameux par ses boulangeries. Chaque femme y pétrit du pain qu'elle vient vendre le matin dans les rues de Trieste. Le *salt' in pansa*, se fait là. Cervola domine un petit golfe caché derrière le promontoire qui protége, à gauche, la rade de Trieste. La mer caresse les parois abruptes de la colline. Hier ses eaux reposaient dans cette anse, tranquilles comme celles d'un lac. A l'horizon se dessinaient les montagnes du Tyrol, baignées par une lumière orange. Les ruines d'Aquilée, le fameux château de Duino se devinaient plutôt qu'ils ne se voyaient à leurs racines.

N'importe! Il faut que ce voyage réchauffe bien notre foi, enrichisse bien notre mémoire, produise, sous la plume ou la parole de ma meilleure moitié, des fruits bien savoureux pour qu'il soit pleinement justifié à notre propre jugement. – Et quand il ne produirait rien de tout cela, quand il ne ferait que nous montrer la vanité de nos désirs les plus vifs, ne serait-ce pas un résultat? - D'ailleurs, pourquoi m'alambiquer l'esprit? Ne puis-je prendre ce voyage tout simplement comme Dieu me le donne, comme un don ajouté à des milliers d'autres dons?

Il ne faut songer à Trieste, ni à la politique, ni à l'exercice des droits de la conscience, tels que prosélytisme ou controverse. Les gouvernements paternels tiennent à prolonger la minorité de leurs enfants. Liberté dans l'obéissance, dans l'obéissance passive, aveugle, comme au couvent : voilà ce que vous avez. Vous êtes libre de vendre, libre d'acheter, libre d'étudier la chimie, la botanique, libre de jouer du piano ou du violon, libre de servir dans l'armée, libre d'écrire un roman de mœurs... et encore! Mais n'allez pas vous aviser de discuter une question religieuse, n'allez pas vous aviser de bavarder sur la situation des pays qui vous avoisinent; mêlez-vous de ce qui vous regarde, et rappelez-vous que l'administration des peuples, que les intérêts des âmes ne vous regardent pas.

Il faut pourtant le dire, on trouve à Trieste les livres de M. Thiers, *les Girondins*, de M. de Lamartine; on y reçoit les *Débats*, la *Presse*, le *Galignani* : l'esprit n'y est donc pas tout à fait affamé.

Le soleil vient de se coucher dans la mer. Des nuages épais couvraient les cieux; seulement, à l'horizon, une zône restait claire: le soleil l'a incendiée de ses feux. Un instant il a semblé s'arrêter sur les flots comme un boulet d'or; puis les flots qui montaient l'ont englouti, tandis qu'il lançait des faisceaux de lumière.

Mardi, 5 octobre 1847. — A quatre heures nous serons sur l'*élément perfide*. L'élément perfide se gonfle, les mâts se balancent lentement l'un derrière l'autre; ce n'est pas grand'chose, c'en est assez peut-être pour mettre à la mort de malheureux apprentis navigateurs. A chaque instant nos yeux se tournent vers la mer; ils interrogent les cieux, ils interrogent les eaux; nous ne parlons guère, mais de temps en temps, l'un ou l'autre laisse échapper de gros soupirs. Pourtant, nous le sentons fortement, Dieu est avec nous.

RADE DE CORFOU.

Samedi 7 octobre 1847, cinq heures et demie du matin. — Tout le monde dort, excepté les matelots qui lavent le pont. Le jour qui, à cette heure, paraissait à peine à Trieste, me permet ici d'écrire près de ma lucarne.

La nuit, de Trieste à Ancône, a été terrible, le vent contraire s'est accru jusqu'à l'ampleur de tempête. Le roulis, le tangage; balancement de la tête aux pieds, des pieds à la tête, de droite à gauche, de gauche à droite, avec le bruit de la mer en tourmente, avec le bruit de la machine qui luttait contre elle, avec le tremblement qu'elle imprime au navire; douleurs bruyantes des pauvres passagers, craquements, sifflements, grêle, rien n'y manquait. Horreur est le mot. Je n'ai jamais senti d'une manière si saisissante l'immense grâce que le Seigneur nous a faite en nous sauvant de l'enfer. Je priais Dieu — autant qu'on peut prier dans cette agonie, — je priais Dieu d'apaiser sa grande mer. — « Toi qui sur la barque tançás les flots, dis un mot, cela suffira ! » et les flots se soulevaient avec la même furie, et nous, pauvres créatures, nous étions lancés au sommet des vagues, précipités au fond des abîmes. Douze, quinze, dix-sept heures avant d'arriver à Ancône! Et d'Ancône à Corfou, soixante heures encore! — Alors le salut gratuit a resplendi devant moi. Cette pensée, que nous sommes pour toujours arrachés à des infortunes qui durent *toujours*, a pénétré mon cœur. J'ai pu remercier Dieu, j'ai pu, quoique faiblement, le supplier de racheter tous mes frères. Cette claire perception de la valeur du salut valait bien quelques souffrances. D'ailleurs, dans cette même Adriatique, Dieu n'a-t-il pas laissé la tempête se jouer trois jours de son apôtre Paul?... Sommes-nous des apôtres? Dieu qui nous exauce toujours, doit-il nous exaucer comme et quand nous voulons? — Ah! cette vérité, je sais bien la présenter à mes pauvres malades de Paris ou de Valleyres, lorsque, se retournant sur un lit de douleur, sans sommeil la nuit, sans repos le jour, ils s'étonnent de ce que Jésus, qui guérissait tant de maux, ne les délivre pas. Que de fois je leur ai sagement expliqué les voies de Dieu; comme quoi il juge bon de nous éprouver par la continuité de l'affliction; comme quoi Il le fait pour notre bien. Je me scandalisais presque de leur découragement. Voici une expérience qui m'en apprend beaucoup; je dirai les mêmes choses, la foi que j'ai en l'amour de Dieu n'a pas changé, mais je les dirai, je crois, tout autrement.

Au point du jour, le vent s'est un peu calmé. Ancône, promis pour neuf heures du matin, ne nous a montré qu'à une heure de l'après-midi ses grises maisons à toits plats, qui grimpent sur les flancs d'une aride colline couronnée par une église du style bysantin.

Soixante minutes, ni plus ni moins, pour toucher terre, cette terre bénie, et revenir dans l'enfer portatif. Si j'avais osé, j'aurais supplié mon mari de me ramener dans notre bon pays, aux bords de nos lacs où la plus longue navigation n'excède pas six heures. Ah ! maison paternelle, douces lectures à deux, promenades au milieu d'une nature enchantée, réunions du soir autour de la table à thé patriarcale, veillées en tête à tête, au coin d'un feu pétillant, pendant que le vent siffle dehors ! — Parents de Suisse et de France, nous vous avons quittés, nous nous sommes exposés à de si cruelles angoisses, pourquoi ?... pour voir des Grecs en fustanelle rangés sur la côte !... Folie, folie !

Une heure s'écoule à Ancône, dans cette ivresse pénible que l'on conserve à terre après une bourrasque sur mer. Au moment où nous regagnons le Ludovico, un vetturino nous offre des chevaux. « Eccellenza a Roma ! a Roma eccellenza ! » Quel poignard ce misérable me tourne dans le cœur !

Par la grâce de Dieu, le trajet d'Ancône à Corfou est tolérable. Cependant enfermée dans une étroite cabine, ne voyant mon mari qu'à la dérobée et pour une minute, je me prenais à regretter ces autres tristes journées de la *discussion de l'adresse*, ces journées où les femmes de députés attendent leurs maris jusqu'à neuf heures du soir, où elles ne les retrouvent que fatigués, abattus, dégoûtés, où elles n'ont pour se consoler que la perspective d'une session qui, après avoir dévoré un long hiver, engloutira le beau printemps.

Hier je me suis levée sur l'ordre de mon mari : il fallait cela pour m'arracher à la démoralisation. Les montagnes de l'Albanie s'élevaient à notre gauche, hardies de formes, grises de teintes, tachées dans les gorges de bois de caroubiers, et sillonnées de lits de torrents blancs comme la neige. A droite, quelques îles sortaient de la mer. Une corvette turque croisait dans ces parages afin de saisir les secours envoyés aux Albanais révoltés. La nuit est tombée, non pas une nuit brillante d'étoiles, mais une nuit orageuse avec de larges gouttes de pluie.

A neuf heures on signale Corfou — où l'on devait arriver à quatre. — Nous ne voyons qu'un phare, un rocher noir, tout le long de la côte de petites lumières à différentes hauteurs.

La terre! quel plaisir! de bonnes chambres immobiles, un bon souper; se retrouver enfin, se retrouver seuls, et demain, se réveiller à *terre!* Nous nous jetons tous quatre dans une barque, nous sautons d'un pied léger sur le rivage; un domestique de place, qui s'est emparé de nous, doit nous conduire à l'hôtel du *Club*, le premier, le meilleur; il s'est assuré, dit-il, d'un appartement; tout va bien.

Nous passons une porte sur la Marine: nous voilà dans une petite place obscure; deux cents, trois cents hommes vêtus à l'européenne et à la grecque se pressent dans son enceinte. A peine nous ont-ils aperçus qu'ils se précipitent vers nous, ils forment la haie, ils nous regardent avec la plus étrange curiosité, ceux qui nous ont vus courent en avant pour nous revoir encore; nous sommes étonnés, scandalisés, presque effrayés. — « Que signifie ceci! demande mon mari à voix haute.

« Qui, si aspetta la compagnia del teatro, répond le cicerone, questa sera deve venire; questi credono che voi siete la compagnia del teatro.... » On nous prenait pour la *compagnie du théâtre*, Jeannette pour la prima donna, Louis pour le primo tenore cantante, mon mari et moi pour les doublures! — Le fou rire nous prend, et c'est à la population corfiote de se scandaliser à son tour du sans-gêne de sa *compagnia del teatro.*

Après la place, les rues noires; nous y marchons longtemps; notre guide s'arrête devant une maison: nous montons un méchant escalier de bois; au-dessus paraît, armée de sa lampe, lampe sépulcrale s'il en fut, une femme à figure de verjus. — « Qui, dit-elle aigrement, qui non si allogia *per una sera!* »

« Cosa, cosa, questa non è locanda? »

« No, è casa particolare! » — *Casa particolare!* notre coquin de guide nous a dupés.

« Briccone! s'écrie mon mari, *Al club, al vero club!* » — Nouvelle course. — Au club, même sombre aspect, même escalier lugubre, même lampe sépulcrale : seulement c'est un homme qui la tient; il a la figure moins rébarbative. — « Avete camere? »

« *Una sola!* » — Et nous sommes quatre. — Nos compagnons de voyage, arrivés après nous, ont pris les logements pendant que nous courions la ville.

« Vadino al *cavallo bianco*, forse troveranno allogio. » — En marche; voici le *cavallo bianco*... maison noire, escalier noir; on nous épargne la peine de l'escalader. Du haut de la dernière marche, le *padrone* à la lampe nous crie : « Qui non è posto, qui non si allogia *per una sera!* » — Bon! -- « Avanti! fripon qui nous as vendus, trouve-nous maintenant une *locanda*, une *casa particolare*, deux misérables chambres, un trou, un creux où passer la nuit! »

Nouveau voyage au travers de rues de plus en plus sales et de plus en plus infectes, nouvel arrêt devant une maison de pauvre apparence; nous montons, nous tombons au milieu d'une honnête famille, dans une espèce de dortoir où ronflent déjà deux aïeux et trois marmots. Le père et la mère nous offrent d'y ajouter quatre lits : nous nous précipitons au bas des escaliers.

Nous courons à qui mieux mieux. Cinquième maison ténébreuse, délabrée, suspecte; on frappe, point de réponse; on crie, pas davantage; on hurle : un bruit se fait entendre à l'intérieur; un homme et une femme en haillons, toujours la lampe funèbre à la main, paraissent sur le seuil. — « Ah! pour le coup, que ceux-ci *allogiano* pour un louis ou pour mille, nous n'en voulons pas. » — « Il ne nous reste plus qu'à nous aller promener! » s'écrie mon mari avec un rire sardonique. — Retournons, hélas! retournons à ce vapeur que nous avons quitté si joyeux! Retournons à la cabine, retournons aux nauséabondes odeurs maritimes... qui valent encore mieux que les nauséabondes odeurs citadines.

Nous marchons, nous marchons encore, nous marchons une demi-heure. C'est singulier, nous n'avions pas mis dix minutes à venir du port au *club*. Après avoir traversé vingt rues, nous voilà hors de la ville, nous voilà dans un jardin vaste, bien planté, autant qu'on peut en juger par la nuit profonde. — « Ma, dov'è il porto? »

« Il porto? »

« Si, il porto! »

« Il porto è lontano da qui.

« Qui, è l'esplanata. »

« Ah çà, ce gaillard-là nous mène donc promener à présent! » — Tout juste. Le malheureux cicerone trottait à l'aventure, chargé de deux lourds sacs de nuit; la *furia francese;* ces mots lâchés en l'air: « Il ne nous reste plus qu'à nous aller promener, » la mauvaise conscience, que sais-je encore? tout s'était réuni pour lui troubler la cervelle; il nous menait voir la ville, les faubourgs, l'île, à onze heures du soir, et par la plus noire des nuits.

Nous faisons volte-face, nous retrouvons la place de la Marine, maintenant déserte, et la pauvre *compagnìa dal teàtro* remonte à bord avec une illusion de moins et une expérience de plus.

La cameriere achève sa toilette, je vais faire la mienne, et puis nous irons voir si Corfou le matin, vaut mieux que Corfou le soir.

LUTRACHI.

Dimanche, 8 octobre 1847, onze heures du soir. — Nous voici arrivés, nous sommes à l'ancre, mais nous ne pouvons aborder. Lutrachi ne contient pas une chambre à donner aux passagers. Impossible de dormir dans notre cabine : sept dames entassées sur sept rayons de bibliothèque, dans un espace de sept pieds carrés! J'allume une bougie et j'écris mon journal, *con permissione* de trois excellentes Anglaises qui ne dorment pas plus que moi; le bruit de ma plume va les magnétiser, elles me devront cela.

Une calèche nous attendait hier matin à Corfou. La ville se dessine au pied de la citadelle, hardiment posée sur un rocher qui avance à pic dans la mer. Vis-à-vis, l'île de Vido; elle est entièrement creusée par-dessous et munie de batteries invisibles. Si jamais Corfou se rendait à l'ennemi, Vido la forcerait à son tour au bout de vingt-quatre heures.

Nous sommes à terre, mais pour moi, la mer dure longtemps; la ville, les montagnes, les arbres viennent à ma rencontre ou me fuient; je ne vois, je ne sens qu'au travers d'un brouillard.

Quelques fustanelles blanches se montrent par-ci par-là; mais le large pantalon bleu avec la veste pareille et le bonnet rouge prédominent.

Autour des habitations, la plupart basses et d'une saleté plus que méridionale, s'étendent des jardinets clos de murs, par-dessus lesquels les orangers passent leurs têtes.

Nous visitons le jardin du gouverneur; je lui préfère le bois d'oliviers qui ombrage la colline. Ces beaux arbres, de vingt à vingt-cinq pieds d'élévation, recouvrent un sol heureusement accidenté. Nous errons longtemps sous leur ombre délicate, foulant aux pieds un gazon fin, tandis que la mer toujours azurée nous apparaît au travers de leur glauque feuillage. Ce ne sont plus là ces arbustes rabougris, ces grelottants valétudinaires échappés à grand'peine aux gelées, qu'en France nous appelons *oliviers.* Ceux-ci ont vraiment le port, vraiment la majesté des arbres; ils en ont les branches hardies, ils en ont la sauvage et noble indépendance.

Après le jardin du gouverneur, *il canone. Il canone* est un admirable point de vue sur le bras de mer qui s'avance profondément dans les terres, derrière la ville. L'île de Corfou est à la lettre déchiquetée; ses côtes ne sont pas dentelées, elles sont déchirées. Là où vous croyez voir les eaux, c'est le sol qui se prolonge en cap; là où vous croyez voir une vallée plantée de citroniers ou de vignes, c'est la profonde mer qui s'arrondit en golfe.

Du *Canone*, plateforme qu'environnent des groupes d'agavés et des bouquets de jujubiers, on domine une anse encadrée par de fertiles montagnes. Le regard qui plonge au fond de ses ondes, se perd lorsqu'il se relève, dans le fourré des oliviers et des orangers qui couvrent les flancs des montagnes ou leurs vallées. Deux îlots, l'île des Pêcheurs, et l'île *delle Sorci,* chacune portant une masure, sortent des eaux au pied du Canone; ce tableau a quelque chose de féerique.

Pourquoi faut-il que la saleté des habitations et des habitants détruise la poésie de cette nature?

L'intérieur des maisons des faubourgs est hideux. Le terrain y sert de plancher; pour tous meubles : une table, une chaise noires de crasse, un lit sordide; sur le seuil de la porte, des femmes mal ou plutôt pas peignées, pas lavées, à peine couvertes de lambeaux d'indienne. Les hommes, avec leurs longues mèches de cheveux incultes, leurs moustaches hérissées, leurs vêtements débraillés peuvent de loin paraître pittoresques; de près ils inspirent le dégoût.

Sauf le costume des habitants et la configuration des côtes, Corfou nous rappelle la Sicile. Ce sont les mêmes masures, la même saleté, le même caractère de végétation.

Après une navigation de seize heures, nous nous réveillons ce matin en face de Patras. Voici la véritable Grèce.

C'est dimanche; sur le môle, les Grecs curieux nous attendent, vêtus de l'éblouissante fustanelle et de la veste de couleur vive, brodée de soie ou d'or. Le bonnet rouge à la longue houppe bleue retombe sur leur épaule; leur taille est serrée dans une écharpe; une ceinture de maroquin supporte le couteau, les pistolets, la boîte à poudre richement damasquinée; les guêtres, qui emprisonnent la jambe jusqu'au genou, donnent quelque chose d'élastique à la démarche; les pantoufles écarlates à la pointe relevée achèvent le costume. Tel quel, il est d'une grande beauté, il est trop beau peut-être. Les Grecs en comprennent toute l'élégance; leur attitude en contracte quelque chose d'un peu théâtral.

Ce premier coup d'œil tient de la magie. On se sent transporté comme par enchantement dans la vie orientale.

La ville est jeune, largement dessinée. Le long de

ses rues s'élèvent des maisons fort modestes, mais dont l'intérieur n'a rien de révoltant. Aux fenêtres se groupent les femmes; les unes portent la robe grecque et le bonnet rouge, les autres la robe européenne, qui forme un étrange contraste avec le bonnet grec. Elles ne sortent, nous dit-on, que pour se rendre à l'église ou pour se visiter les unes les autres. On n'en voit pas une seule parmi les hommes qui se pressent sur la place et sur le rivage.

Nous montons à la citadelle. Une de nos relations du bateau nous accompagne: c'est un jeune grec de Schio, sans lequel nos excursions sur la terre ferme auraient beaucoup perdu de leur caractère.

Nous nous retournions de temps à autre pour regarder la mer, les montagnes de l'Étolie, la ville à nos pieds. Un ruisseau suit le bord du chemin, la chaleur est accablante. Au détour du sentier nous voyons s'élever un platane au tronc immense, aux branches noueuses, puissantes comme celles d'un chêne. Sa cime dépasse les murs du fort; la source verse ses eaux dans un petit bassin de marbre, elles glissent tout autour de ses larges racines et vont plus bas alimenter trois fontaines. Nous nous asseyons là. A notre droite, la citadelle crénelée et les souvenirs de la domination franque; derrière nous, ce frais murmure d'eau courante; sur nos têtes, le dôme verd; un peu plus bas deux ou trois maisonnettes avec des berceaux de vigne; près des fontaines, quelques Grecs qui abreuvent leurs chevaux noirs; à gauche, la riche vallée enfermée par les montagnes; et tout à fait dans la plaine, une portion de la ville, un lambeau de mer. La citadelle nous cache le reste. Nous passons une heure à contempler, à respirer, à nous laisser bercer par cette poésie.

L'intérieur du fort sert de prison; on y dépose les prévenus, on y enferme les condamnés à cinq ou six ans de galères. Les premiers sont entassés dans un petit bâtiment dont les fenêtres grillées donnent sur la cour, les autres dans un souterrain clair et bien aéré. Ce souterrain n'est pas sous terre, seulement le jour comme l'air, lui arrivent d'en haut. — Les condamnés à mort sont envoyés, en attendant l'exécution, dans un château qui se dessine à l'orient.

Il n'y a dans cette prison ni lits, ni meubles. La terre nue, les croisées toujours ouvertes — par la raison toute simple qu'il n'y a pas de fenêtres — la promenade dans la cour pendant deux heures, deux livres de pain par jour et de l'eau à discrétion : voilà le régime du prisonnier. Il en souffre moins qu'on ne le croit. L'eau et la liberté exceptées, cette vie ressemble à la vie ordinaire du paysan grec. Le paysan grec ne sait ce que c'est qu'un lit; la couverture de laine blanche à longs poils qu'il porte en guise de manteau, lui sert de couche sous le toit de sa maison percée, ouverte à tout vent, aussi bien que dans les murs de la citadelle : de ce côté-là il n'y a pas de privations. Mais l'indépendance! mais la libre course dans les montagnes!... — Ces figures groupées derrière les barreaux de fer me faisaient une profonde pitié. Je ne les trouvais ni plus farouches, ni plus brigandes que celles des soldats qui les gardaient. — J'aurais mis sans difficulté ceux-ci dedans et ceux-là dehors. Nous leur jetons quelques pièces d'argent, ils portent leur main sur le cœur avec un triste et gracieux sourire... et pourtant ce sont des voleurs de grand chemin, quelques-uns véhémentement soupçonnés d'assassinat. — Hélas! j'ai grande compassion des gens qu'on assassine... et puis j'ai grande compassion aussi des assassins, quand je les vois au cachot ou sous la hache du bourreau.

Les criminels du Péloponèse sont exécutés à Patras. — Chose admirable, on n'a pas pu, en Grèce, trouver de bourreaux! On en avait fait venir des pays étrangers: à peine arrivés, ils étaient égorgés par des mains invisibles. — Il y a quelques années, deux Corfiotes furent condamnés à la peine capitale. On leur offrit leur grâce à la condition de revêtir la charge odieuse. Ils acceptent, puis ils s'échappent. Des gendarmes les rencontrent dans la montagne; ils ignoraient à quel prix les Corfiotes avaient racheté leur vie; ils les arrêtent. Les Corfiotes racontent leur histoire, supplient « — Laissez-nous aller! voulez-vous qu'on puisse dire : il s'est trouvé des bourreaux parmi les Grecs [1]? — » Soit que les gendarmes ne crussent pas à ce récit, soit qu'ils jugeassent que l'honneur du pays n'était pas plus compromis par des citoyens bourreaux que par des citoyens assassins, ils tinrent bon, et ramenèrent les Corfiotes à Patras. Ce sont ces malheureux qui, après avoir tué par férocité, tuent maintenant par devoir.

Nous arrivons à la dernière plate-forme de la citadelle, accompagnés d'une pittoresque escorte de soldats grecs. Notre ami de Schio nous traduit à mesure leurs récits. La ville, la mer, les montagnes resplendissent autour de nous, tandis que sur le premier plan, un soldat au teint basané, aux yeux étincelants, aux moustaches droites, aux cheveux tombant plats sous le bonnet, se tient immobile, assis dans l'embrasure d'un créneau, les jambes pendantes du côté du précipice et son long fusil appuyé contre lui.

Nous nous séparons de la garnison en quittant la première cour. Ici, point de *buona mancia*, nous blesserions la fierté grecque. Nous remercions, et les soldats posent la main sur le cœur.

Encore une halte sous ce beau platane, encore

[1] Les Corfiotes, quoique placés sous la domination anglaise, se regardent comme Grecs.

un peu de fraîcheur, de l'eau bue dans le creux de la main, quelques caresses de la brise, et puis, au travers d'une campagne brûlante, nous allons visiter le temple de Saint-André.

Quelle ombre sous le portique de l'église, et comme la mer est be''e vue au travers de ces arceaux! Le tombeau d'André — qui probablement n'a jamais mis le pied à Patras — n'est autre chose qu'un morceau de marbre orné d'une frise et tombé de quelque entablement antique.

Le Ludovico fume, il faut revenir. Nous franchissons, non sans peine, la triple haie de Palycares qui bordent le môle, presque tous les mains derrière le dos et roulant entre leurs doigts les gros grains d'un chapelet. Cent ou deux cents d'entre eux montent sur *le Ludovico*. Leurs fustanelles ne sont pas d'une irréprochable blancheur... mais elles ont tant de plis! — Nos nouveaux compagnons de voyage sont presque tous jeunes, fortement serrés à la taille, portant fièrement des vestes éblouissantes de richesse. Il y a certainement, et dans leur allure et dans leur costume, quelque chose de trop beau, je dirai même de féminin malgré leurs grandes moustaches et leurs grands sabres; cependant cela est noble, et lorsqu'on se rappelle les faits d'armes de la guerre de l'indépendance, les brûlots de Canaris, l'intrépide défense des rivages et des montagnes; on trouve que la fustanelle, que l'étroite ceinture, que la veste brodée, sont plus militaires que la redingote bleue et que la casquette allemande dont on affuble quelques régiments.

Nous arrivons devant Naupacte — Lépante. — Les montagnes ont ici un caractère de sauvage aridité; la colline au pied de laquelle se groupent les maisons grises de Naupacte est couronnée d'une citadelle en ruine; trois enceintes crénelées courent en travers sur ses flancs; la quatrième descend perpendiculairement et l'enferme. Une tour hexagone s'élève vers le sommet : on croirait voir quelque ville fortifiée de la Terre Sainte, au temps des croisades.

Pendant que nous mettons en panne, une chaloupe vient hardiment sur nous toutes voiles déployées. Quinze de nos gens sautent dedans, et là, les mains entrelacées, groupés autour du mât, envoyant leurs adieux aux amis qui restent avec nous, deux fois ils font le tour de notre navire, leurs voiles gonflées se détachant tour à tour sur la vieille ville et sur la mer. Rien n'est beau comme de voir cette chaloupe bondissante, rasant l'onde rebelle quoique domptée, chargée de ces pittoresques figures qui rient au danger.

Il y a trois siècles, dans ce golfe, sur cette mer, devant cette citadelle, Don Juan d'Autriche, cette autre figure chevaleresque, écrasait la puissance turque sous sa main de fer.

Nous passons devant Vostizza; Vostizza, l'ancienne Egium où Agamemnon réunit les rois, et depuis, le centre de la fameuse ligue achéenne. Le vieux platane de Pausanias, quelqu'un de ces arrière-neveux plutôt, étend ses branches à demi dépouillées sur le rivage. Il n'est pas si beau que notre platane de Patras. Sur le bord de la mer, des maisonnettes; sur la colline taillée à pic, des habitations à l'européenne, peintes en jaune, avec des contrevents verts. Les Grecs toujours en fustanelle, sont toujours rangés sur la plage; on les voit déboucher un à un par la grotte qui perce la montagne : ce tableau tient presque de la décoration. Les nuages nous empêchent de voir le Parnasse et l'Hélicon, comme les ténèbres cette nuit de voir Actium, le rocher de Leucade et l'île d'Ithaque.

Le pont du bâtiment se fait pittoresque : sur tous les bancs, les Grecs à demi couchés roulent dans leurs doigts le chapelet d'ambre à mouchet d'or. Il y a d'admirables figures, il y en a de sauvages, il y en a de féroces... et il y en a de laides, comme partout. Nous recueillons chemin faisant, deux vieux généraux dont la rotondité rachète bien la finesse de taille des palycares; plus une dame grecque, les sourcils peints, ses beaux cheveux noirs roulés autour du bonnet, le corsage largement pris dans une veste de satin noir brodée d'or. Un pope, un caloyer, un diacre enveloppés dans leurs longues robes, gardent une immobilité qui dure des heures, sans que leurs traits changent une fois d'expression. Les laïques, au contraire, sont inquiets : ils s'asseyent, ils se lèvent, ils se promènent, se couchent sur les bancs, se rasseyent. Ils ont quelque chose d'affectueux dans leurs manières entre eux : ils marchent souvent les mains entrelacées ; on les voit la tête appuyée sur le sein de leur ami, à la manière de saint Jean dans la cène de Léonard de Vinci.

Sur le soir, les domestiques étendent des tapis devant leurs maîtres ; sur ces tapis ils posent quelques viandes froides, du pain ; une seule coupe dans laquelle chacun boit à son tour comme au temps d'Homère : le serviteur se tient debout, une outre sous le bras ; il remplit la coupe à mesure qu'elle se vide. Après le souper, les pipes à longs tuyaux. Le ciel est tout d'or, la mer, d'un violet rosé, semble charrier des boisseaux d'améthystes. La nuit tombe : les palycares se roulent dans leurs tapis, la tête sous les bancs, le corps couvert du manteau de laine aux poils soyeux.

Au milieu de tout cela, le dimanche s'est écoulé. Nous n'avons pris qu'un moment pour nous recueillir en présence de Dieu. Nous étions étourdis par la nouveauté des impressions. Nous sentions bien que Dieu était là, nous avions bien l'intention de nous rapprocher de lui, mais la curiosité parlait plus haut que l'amour! Oh! que cela est triste, que cela est coupable. Je suis sûre que mes excellentes Anglaises ont mieux sanctifié le dimanche; je les en respecte et je les en aime. — Les voilà qui dorment d'un souffle régulier; je vais prendre ma Bible, et donner à mon cœur une nourriture dont il a besoin.

CALAMACHI.

Lundi, 11 *octobre* 1847. — Nous sommes assis sous un arbousier, en face du golfe de Calamachi. Nous venons de traverser l'isthme; le paquebot qui doit nous transporter au Pirée, ne partira que dans quatre heures. Mon mari m'a proposé de quitter le casino du Lloyd, pour venir chercher un peu de paix dans cette solitude.

Ce matin, les premières heures de l'aurore nous ont trouvés sur le pont du *Ludovico*. Devant nous se dressait l'aride montagne de Lutrachi; les rayons du soleil qui sortaient derrière l'isthme, l'ont bientôt dorée. L'établissement du Lloyd, d'un style élégant, trois pauvres masures; voilà Lutrachi. Sur la rive opposée, à gauche, Corinthe; la luxueuse Corinthe où les riches seuls pouvaient vivre, la Corinthe de l'apôtre saint Paul, la Corinthe à l'Eglise vivante et turbulente. Il ne reste d'elle que les colonnes d'un temple, quelques maisons modernes, puis au-dessus, une montagne aux flancs décharnés: l'Acrocorinthe.

La mer, resserrée au milieu des monts qui forment le talon du golfe, s'agite bouleversée par le vent du nord que lui soufflent leurs gorges.

Tous nos Grecs sont partis. — Après un mauvais déjeuner, nous prenons terre à notre tour.

Oh terre! terre antique, quelle joie de poser nos premiers pas sur toi, de respirer cet air vif qui descend des hautes cimes, de promener nos regards sur ces landes sauvages, de voir cet admirable ciel bleu sur ces sommités aux teintes chaudes! — Quelle joie de pouvoir se dire : Je suis en Grèce, voilà Corinthe, et voici l'isthme, et de l'autre côté, je verrai Cenchrée; dans quelques jours nous galoperons au travers des bruyères, le long de ces mers; le pied de mon cheval heurtera les tronçons des colonnes séculaires; je vais vivre du beau passé, du libre présent; je vais mener, avec ce que j'aime, la nomade existence, l'existence primitive, bivouaquant au bord du sentier, nous arrêtant où il nous plait, partant à l'aube!... Oh! que Dieu est bon! quelle richesse dans ses grâces!

Un temple, qui nous semble païen, peut-être quelque chapelle où l'on déposait des offrandes pendant les jeux isthmiques, s'élève au pied de la montagne de Lutrachi. Le capitaine du *Ludovico*, en abattant, il y a quelques années, un pan de ses murs, a trouvé derrière, le cadavre d'une pauvre femme à l'état de momie. Les chiens ont dévoré la chair qui revêtait encore les ossements, et ces pauvres restes blanchissent sur le sol. Comment le prêtre, qui officie là, ne leur a-t-il pas jeté un peu de terre? Le même fragment de mur porte quelques traces de peinture. — Nous trouvons tout autour des buissons de lauriers roses, quelques-uns sont en fleur. A trois pas, des eaux chaudes, ferrugineuses, sulfureuses, je ne sais quoi d'autre, sortent du rocher à ras la mer. La compagnie du Lloyd va fonder là un établissement de bains. Quand elle ne ferait que se mettre en état de recueillir pour une nuit les pauvres passagers condamnés à balancer douze heures à l'ancre, elle accomplirait une belle œuvre.

Nous échangeons nos adieux avec le capitaine, qui nous met dans une voiture attelée de deux petits chevaux grecs; cinq ou six équipages pareils attendent le reste des voyageurs. Nous sommes enlevés au galop, et nous voilà volant au travers de l'isthme. A côté de nous passent, à bride abattue, les cavaliers grecs, le panache flottant, le front hautain, les plis de leur blanche fustanelle soulevés par le vent. — La lande est couverte d'arbousiers, de genévriers, de plantes de lavande et de thym. Quelques têtes d'oliviers à moitié broutés par les troupeaux, protestent contre la stérilité du sol; des pins, au feuillage maladif et jaune, s'élèvent par dessus les bruyères; une longue file de chèvres noires serpente au milieu des arbustes; les alouettes huppées se lèvent devant nous avec un petit cri, et vont se cacher sous le buisson voisin. L'Acrocorinthe domine la campagne au sud; des montagnes fièrement redressées, rocailleuses, ou couvertes par places d'arbrisseaux nains, enferment le reste de la plaine.

Comment rendre cette scène? comment faire passer ici cette brise restaurante et douce? comment y étendre ces sauvages horizons? comment dérouler sur ces pages l'immense, la claire voûte des cieux?

Nous redescendons sur l'autre côté de l'isthme, et voilà les eaux du golfe de Calamachi; plus loin, à droite, voilà Cenchrée où vivait la diaconnesse Phœbé. Quelques habitations bordent le rivage. Des Grecs, avec leurs ânes ou leurs chevaux chargés, cotoient la mer... Mais mon mari se lève, un pope s'arrête pour me regarder écrire; il ne faut pas qu'il croie la dame franque trop savante, ce serait le jeter dans une étrange erreur.

ATHÈNES.

Mardi, 12 octobre 1847. — Nous n'avons encore rien vu d'Athènes. Sous nos fenêtres s'étend une grande plaine, à gauche se dessine le temple de Thésée; si nous nous penchons hors de notre balcon, nous découvrons l'Acropole: tout cela sous un ciel éblouissant, inondé d'une blonde lumière.

L'après-midi d'hier n'a pas ressemblé au matin. Le matin, vie indépendante; le soir, vie civilisée à sa plus haute puissance. Au retour de notre halte sous l'arbousier, nous trouvons le ministre d'Autriche dans le casino du Lloyd. Deux heures se passent à attendre les bagages qui n'arrivent pas. Le ministre nous offre son canot pour aller à bord; nous entrons en relation, la conversation ne tarit plus.

M. le baron de Prokesch est un antiquaire savant,

un philhellène passionné; il possède un des premiers médailliers grecs de l'Europe; il parle de la vieille Grèce, et aussi de la nouvelle, avec un amour qui rend son entretien très attrayant.

Nous avons, avec un des passagers, une discussion à propos des missionnaires en général. Quoique catholique, M*** lance contre les missionnaires de sa communion, contre ceux de la nôtre, une même accusation d'indolence, presque d'hypocrisie; nous les défendons tous *in globo*.

Cette discussion me laisse le cœur serré. — Comment se fait-il que l'œuvre de toutes la plus évidemment chrétienne : « —Allez par tout le monde, et prêchez l'Evangile à toute créature[1]— » soit l'œuvre qui, de toutes, excite le plus de préventions? — Cela ne vient-il point de la peur d'être converti? Cette répugnance qui fait redouter aux gens du monde l'examen des questions religieuses, ne les arme-t-elle pas d'antipathie contre tout homme qui attente à ce qu'on appelle : *la liberté d'errer?* — Sans doute vous l'avez, cette liberté d'errer, et celle de vous jeter à la mer aussi; mais moi, qui crois être dans la vérité, moi, qui crois pouvoir vous ramener sur l'eau, j'ai le devoir de plonger après vous et de vous arracher aux flots; j'ai tout au moins celui de vous crier que vous allez vous noyer.

[1] Saint Marc, ch. XVI, v. 15.

« — Se croire, soi, dans la vérité; croire que le contraire de cette vérité est un mensonge, croire que ce mensonge est fatal : voilà de l'orgueil, le pire orgueil : *l'orgueil chrétien.* »

D'où vient qu'un procédé de l'esprit qui, appliqué au choses de ce monde s'appelle *bon sens*, devient *orgueil* dès qu'on l'applique aux choses du ciel? d'où vient qu'on nie aux chrétiens le droit d'avoir une conviction absolue, — la conviction absolue entraînant de toute nécessité la négation absolue de son contraire? — Je ne l'ai jamais compris... Si, pourtant; l'incrédulité du cœur me l'explique.

On nous permet de dire que la neige est blanche, de déclarer que la voir noire c'est être dans l'illusion, parce qu'une telle profession n'atteint la conscience de personne. S'agit-il de science ou d'art, on nous permet encore de voir blanc et de contredire ceux qui voient noir; nos opinions ne troublent que les savants et les artistes. La discussion se transporte-t-elle sur le terrain religieux, on nous permet de voir blanc; mais de penser, mais d'affirmer que cet autre qui voit noir, se trompe, non; notre foi trouble tout le monde.

Or, voici où est l'incrédulité. Cette parole de Jésus : « — Je suis le chemin, la vérité et la vie; nul ne peut venir au Père que par moi, — » le monde l'a remplacée par celle-ci : tous les chemins mènent à Dieu! La vérité boudhiste, la vérité mahométane, la vérité grecque, la vérité catholique, la vérité protestante; ces vérités qui se contredisent, qui font plus, qui s'excluent les unes les autres, sont aussi *vérité* les unes que les autres. — Le monde, dit avec Pilate : « Qu'est-ce que la vérité ? » Le monde qui s'est fait un Dieu selon son cœur comme il s'est fait un Evangile selon ses besoins; le monde qui a dicté depuis longtemps à Dieu sa leçon de salut, le monde s'indigne qu'on aille inquiéter l'âme des *honnêtes gens, jeter la division dans les familles,* pour des questions qui, vraiment, n'en valent pas la peine; puisque, après tout : « — ne suffit-il pas d'être sincère dans *sa* religion, — non dans la vraie religion, — pour aller droit au ciel? »

Deux mots sur ce qu'on nomme l'orgueil chrétien. Cet orgueil est celui du mendiant qui vient de recevoir une abondante aumône, et qui presse ses compagnons d'en prendre leur part.

La nuit, en tombant, nous dérobe la vue de Mégare, d'Epidaure et de Trézène; nous soupçonnons l'île de Salamine que nous cotoyons.

Nous ne connaissons du Pirée que les feux rouges et verts qui signalent l'entrée du port, que la flamme des torches dont une frégate autrichienne s'éclaire en l'honneur de M. de Prokesch.

Grâce à notre drogman François, grâce à notre capitaine qui nous tire de l'horrible bagarre nocturne des barques, nous touchons le rivage, nous trouvons une voiture, et, après cinq quarts d'heure, nous sommes à l'hôtel d'Angleterre. — *Notre drogman*, ai-je dit; nous n'avons fait aucun accord avec lui, et pourtant il nous appartient... ou plutôt nous lui appartenons.

Nous rencontrons François Vitalis à Patras. Son costume étrange, valaque, syriaque, égyptien, arabe, je ne sais quoi d'autre encore, nous frappe. Il quittait un Anglais qu'il venait de piloter au travers de la Grèce; il s'embarque sur le *Ludovico*; on nous le présente comme l'un des plus habiles courriers de Grèce; après un moment d'entretien, nous reconnaissons en lui le drogman qui accompagnait l'année dernière M. Chaix — un de nos compatriotes, dont la bibliothèque universelle publiait la première lettre sur l'Egypte lorsque nous sommes partis, — sans un mot de plus, sans convention, sans conditions, François s'empare de nous, défend nos intérêts, aide Louis... et nous appartenons à François, et nous en sommes bien aises.

Vendredi nous partirons, s'il plaît à Dieu, pour notre excursion dans le Péloponèse.

Même jour. — Nous revenons de l'Acropole, c'est écrasant comme tout ce qui est parfaitement beau.

Il fait un vent du nord qui soulève des tourbillons de poussière : *La terra suga il polvere*, comme disent les Italiens. N'importe, nous partons, nous passons à côté de la tour des vents, — c'est de circonstance,

— assez piètre monument romain, dont le couronnement porte en bas-relief les divers zéphirs qui bouleversent notre planète. Un beau palmier, au tronc architectural, balance auprès de la tour ses longues feuilles, et laisse voir, attachés à sa tige, des régimes de dattes qui ne mûriront pas. Nous gravissons la colline, Athènes se dessine à nos pieds, elle a l'étendue d'un gros bourg : quelques jolies maisons, quelques établissements publics ressortent çà et là. Le palais domine la ville. Au delà d'Athènes s'étend cette plaine dorée, sans culture apparente, que nous voyons de nos fenêtres; un long bois d'oliviers, autrefois le jardin de l'Académie, la tache d'ombre au milieu. La mer à gauche, tout près, le temple de Thésée avec ses belles colonnes cannelées, plus près encore l'Aréopage qui n'est plus qu'un rocher nu, et pour fermer l'horizon, des montagnes désolées. Le désert touche à la ville, il y entre presque : je ne me représentais pas Athènes autrement, je ne la voudrais pas différente.

Au-dessus de nous, les murs de l'Acropole cachent de leurs pans crénlés les Propylées, le Parthénon, le temple de la Victoire sans ailes et celui de Minerve Erechté. Ici et là un morceau de muraille écroulée nous laisse apercevoir quelques colonnes. Nous nous hâtons, nous passons la porte de la citadelle, et nous nous arrêtons éblouis.

Les nobles Propylées, avec leur teinte d'or et,

l'air qui joue librement entre elles, se dressent immenses devant nous. A leur droite, le temple élégant de la Victoire sans ailes semble posé sur un coin du rocher pour faire ressortir par ses formes délicates la majesté des Propylées. A nos pieds, c'est un magnifique chaos de colonnes renversées, de blocs de marbre, de piédestaux et de corniches brisées. Le Parthénon ne doit pas avoir d'autres abords : ce désordre si prodigieux de grandeur lui convient.

Il nous faut un moment avant de poursuivre : il nous faut de lents circuits autour de chaque bloc; il nous faut bien des arrêts sous les portiques ; bien des contemplations, tantôt devant les temples, tantôt devant Athènes et la campagne vue au travers de ces colonnes, par dessous ces architraves, au milieu de ce magique encadrement ! Nous arrivons en face du Parthénon; il est admirable; pourtant je crois que les Propylées, que ces trois rangs de colonnes projetées vers les cieux avec l'entassement de marbre qui jonche la terre, m'a plus profondément impressionnée. Les temples de Pestum ressemblent au Parthénon ; je n'ai jamais rien vu qui rappelât, même de loin, la grandeur des Propylées et de leurs débris épandus autour d'elles.

La couleur dorée de ces restes splendides leur donne un caractère que je n'ai trouvé nulle part; mais moi, qui aime tant les belles illusions, j'en ai perdu là une, et du premier coup. Ce ne sont pas les rayons du soleil qui teignent ainsi le marbre; c'est de la peinture : une couche de jaune, hélas! oui, une couche de jaune! comme à Naples, le stuc qui recouvre les murs du théâtre d'Herculanum et ceux des maisons de Pompéia.

En voici une preuve. Là où le soleil ne frappe pas, là où le marbre devrait par conséquent conserver sa blancheur naturelle, sur la face des colonnes qui regarde l'intérieur du temple, la couleur est fortement prononcée; là où le soleil jette tous ses feux, là où le marbre devrait par conséquent se revêtir d'un ton chaud, sur la face extérieure, la teinte disparaît entièrement.

Seconde preuve. Nous avons avec nos doigts enlevé la *teinte dorée;* l'aurions-nous pu faire, si la teinte dorée n'était pas une croûte de stuc?

Je ne tire de ceci qu'une conclusion, c'est que si le temps tient dans ses mains une faux quelque peu barbare, il tient aussi une éponge habile.

Nous avons tort sans doute, mais je m'imagine que le Parthénon, et les Propylées, et le temple de Thésée, et tous ces restes prodigieux choqueraient fort notre vue, si au lieu de se montrer à nous dans la pure nudité de leur marbre blanc que revêt à peine par places une nuance plus vive, ils se présentaient religieusement couverts de la chemise d'ocre antique.

Au delà de l'Acropole, le mont Hymète, sombre et rocailleux, cache sa tête dans les nuages. Que cet ensemble est beau! Pourtant, au pied de ces mêmes colonnes peut-être, saint Paul sentait *son esprit s'aigrir en lui-même, en considérant cette ville entièrement adonnée à l'idolâtrie.* Minerve est tombée, tombée avant son temple; et la parole de saint Paul est debout. Nous descendons vers l'Aréopage. Il y a dix-huit siècles, là se trouvaient des gens qui disaient à Paul: *Tu nous remplis les oreilles de choses étranges.* L'expression de la même foi, la même croyance au même salut, sont encore des *choses étranges* aux oreilles des hommes de 1847. O cœur éternellement incrédule à l'éternelle vérité!

Mercredi 13 *octobre* 1847. — Nous venons de faire à pied une course de trois heures.

Nous passons devant le palais du roi; quelques palmiers donnent du caractère à la plate-forme sur laquelle il est bâti; le jardin planté de cactus, d'agavés et d'orangers, le parc plus vert qui s'étend à droite prêtent de l'originalité à ce bâtiment massif, peu digne, il me semble, d'abriter un roi qui voit de sa fenêtre le Parthénon détacher ses lignes irréprochables sur le ciel de Grèce.

Nous traversons le lit de l'Illysus. Maintenant il n'y roule que des cailloux; après d'abondantes pluies, l'eau, dit-on, y coule une nuit.

Le stade est situé plus haut, on en reconnaît encore la forme. Entre ces deux berges couvertes de plantes épineuses, qui se rejoignent du côté de l'Hymète et s'ouvrent du côté d'Athènes, les jeunes gens luttaient; par ce chemin creusé sous le roc, maintenant à demi comblé, s'enfuyaient les vaincus; on l'appelle le *chemin des honteux.*

Nous tournons le stade, nous montons sur le coteau; le Parthénon nous apparaît dans toute sa majesté, ses deux péristyles debout, ses flancs déchirés. Vu ainsi, avec sa large blessure, avec son entourage de jaunes murailles crénelées, avec sa base de rochers rougeâtres, Athènes groupée à sa droite, tout autour les vastes solitudes, il est sublime.

Plus près de nous, plus grandiose encore, le temple de Jupiter Olympien nous montre ses trois rangs de colonnes gigantesques. Le temps en a détruit la symétrie; ce désordre leur sied bien. Deux sont debout, reliées dans les airs par un reste de maçonnerie où vivait au temps des Turcs un derviche, dont les Grecs d'aujourd'hui mettent en doute la sainteté comme l'immobilité. Plus loin, trois autres colonnes isolées découpent dans le vide leurs chapiteaux corinthiens. D'immenses blocs de marbre, jetés en architrave de l'une à l'autre, intacts ici, là brisés et suspendus à soixante pieds du sol, font d'un coup comprendre les proportions du temple.

La fontaine de Callirohé, à quelques pas, n'est

plus qu'une mare qui croupit au pied de quelques rochers bas ; on croit que ceux-ci ont jadis été lavés par des eaux courantes.

Nous marchons toujours sur des cailloux tranchants, parmi lesquels croissent quelques plantes au rude feuillage. Nous montons sur le flanc de l'Acropole qui regarde l'Hymète, et nous trouvons là le temple de Bacchus, espèce de caverne taillée dans le roc. Ce temple a été transformé en chapelle comme ils le sont presque tous. Le paganisme n'a pas seulement légué les murs de ses sanctuaires à la religion grecque, il lui a transmis plusieurs de ses pratiques. Ainsi les femmes d'Athènes vont aujourd'hui, comme aux temps antiques, déposer leur chevelure sur l'autel d'un temple de Vénus dédié à la Vierge.

Nous voyons par les yeux de la foi le théâtre de Bacchus qui contenait, dit-on, trois cent mille personnes. En tournant l'Acropole du côté du Pirée, voici le théâtre de Périclès, et tout près l'Odéon, bien mieux conservé, d'Hérode Atticus. Ces trois théâtres, ouverts sur l'Hymète et sur la mer, forment une ceinture à l'Acropole. Les spectateurs, du même regard, embrassaient la scène immense, la plaine, et la mer avec ces trois ports : Phalère, Munichie, le Pirée.

Les ruines du théâtre d'Hérode ont, elles aussi, une belle teinte jaune. Je dois en convenir, elles sont lavées par la pluie, battues par le vent, éclairées par la lumière du jour. C'est bien la nature cette fois qui a tenu le pinceau, mais ce n'est pas le soleil. La pierre dont se trouve bâti le cœnarium du théâtre d'Hérode est une pierre poreuse, l'eau qui filtre au travers la décompose, et en la décomposant, forme une croûte..... voilà mon explication. — *Je donne mon advis non comme bon, mais comme mien.*

Au travers de la vallée brûlante, car le 14 octobre au matin, nous sommes à peu près calcinés, nous gagnons la prison de Socrate : trois chambres creusées dans le rocher. L'une d'elles ressemble à un puits comblé, l'autre, dont le pavé de marbre est entouré de conduits propres à faire écouler l'eau, ressemble à un lavoir ou à une étuve. — Je voudrais bien croire que là Socrate a bu la ciguë, conversé avec ses amis; mais l'apparence des lieux s'élève contre la tradition.

Et à propos de Socrate, il faut que je me donne le plaisir de jeter ici sans ordre et comme elles me viendront, quelques-unes des hérésies qui me sont montées à l'esprit en lisant Platon. Ce que je vais dire, à coup sûr beaucoup de gens le pensent, mais il n'y a que l'ignorance qui se permette certaines témérités. — Une femme, lire Platon !... comme cela eût indigné Molière. Aujourd'hui, il y a une certaine science de raccroc qui est du domaine commun. Hélas oui, on met un peu son nez partout; on attrape de ci, de là, quelques bribes de cette érudition jadis exclusivement réservée au corps des savants. Lisant, on raisonne; raisonnant, on dit son mot; et cela n'empêche pas d'aimer son mari, de coudre des chemises, de surveiller au besoin le pot-au-feu..... cela n'empêche pas surtout de rester âne. Bonne petite profession que la profession d'âne, qui n'exclut pas la réflexion, bien au contraire, et qui sauve la honte des bévues. — Ai-je raison?... Nul ne s'en offense... Ai-je tort?... je me réfugie dans mon ânerie...

Cela dit, revenons à Platon. Je ne lui conteste pas ses tendances très spiritualistes; ses définitions souvent très justes de la divinité; je m'émerveille seulement qu'on se soit tant émerveillé d'une philosophie qu'ont égalée, surpassée parfois dans ce qu'elle a de bon les philosophies indoues ou chinoises, d'une philosophie qui contient, quant aux idées et plus encore quant à la pratique, de véritables monstruosités.

Platon admet l'intervention directe et continuelle de Dieu dans les affaires de ce monde. Il veut un cœur pieux, et stigmatise les prières de lèvres, les sacrifices hypocrites, le mensonge des cérémonies qui influent sur l'état de l'âme après la mort. Il parle de cette dernière comme du couronnement de la vie de l'homme juste. Socrate s'indigne contre ceux qui prêtent leurs vices et leurs passions à la divinité. Il tient l'épreuve pour un bien. — « Si quelqu'on fait une tragédie sur les malheurs de Niobée, des Pélopides ou de Troie, nous le contraindrons de dire que ces malheurs ne sont pas l'ouvrage de Dieu, que s'il en est l'auteur, il n'a rien fait en cela que de juste et de bon, et que ce châtiment a tourné à l'avantage de ceux qui l'ont reçu [1]. — » Socrate condamne le suicide. Cette maxime enseignée dans les mystères : que nous sommes dans la vie comme dans un poste que nous ne pouvons abandonner de notre propre autorité, cette maxime lui paraît trop haute, il n'en pénètre guère le sens et la remplace par une autre qui, à mon avis, lui est à peu près identique : nous appartenons aux Dieux, nous ne devons pas plus nous dérober à leur autorité en quittant la vie, qu'un esclave ne doit échapper par la mort à l'autorité de son maître. — « Si l'un de tes esclaves se tuait sans ton ordre, ne te mettrais tu pas en colère contre lui et ne le punirais-tu pas si tu le pouvais [2] ? — » La République contient une des belles conceptions de l'esprit humain, celle des captifs enchaînés dès l'enfance au fond d'un antre. Ils ne voient que l'ombre des objets réels, ils ont une invincible répugnance à quitter ce lieu ténébreux qui est pour eux l'univers, et si par contrainte on entraîne un de leurs compagnons hors de la caverne,

[1] *La République de Platon*, traduction de Grou, édition Charpentier, 1841, livre II, page 87. — [2] *Dialogues de Platon, ibid.*, édition de 1846, page 138.

que celui-ci d'abord saisi d'effroi, puis charmé, revienne leur parler de soleil, de fleurs, de toutes les richesses de la création, ils le tiennent pour fou. Les esclaves enchaînés dans l'obscurité, ce sont les hommes; l'esclave conduit à la lumière, c'est le philosophe. Tout cela est grand sans contredit. Mais où est la philosophie qui n'ait des beautés à peu près pareilles?

« — Et l'admirable peinture du juste, persécuté, *mis en croix*, cette quasi-prophétie!... »

Je l'avoue, voilà un morceau qui m'a déçue, comme tant d'autres passages originaux enrichis par l'inspiration des critiques. Le juste est fouetté, torturé, mis aux fers, on lui brûle les yeux; mais si la croix n'avait pas été mise là comme un dernier trait, aurait-on songé à chercher un type du Sauveur dans cette figure esquissée presqu'au hasard? D'ailleurs — et j'en appelle aux lecteurs attentifs — Platon n'a nullement pour but ici de prouver le triomphe de la justice sur l'infortune, mais bien son inutilité absolue en matière de bonheur temporel : La justice ne sert à rien dans ce monde! Voilà la proposition de Glaucon, l'interlocuteur de Socrate. Et si l'examen du passage ne suffisait pas à le prouver, la réponse de Socrate, au Xe livre, en ferait foi. « — Tu souffriras donc que j'applique aux justes ce que toi-même tu as dit des méchants (livre II). Je prétends que les justes, lorsqu'ils sont dans l'âge mûr, parviennent dans l'Etat où ils vivent à toutes les dignités auxquelles ils aspirent, qu'ils font à leur choix des alliances pour eux et pour leurs enfants; en un mot, tout ce que tu as dit de ceux-là, je le dis de ceux-ci. Quant aux méchants, je soutiens que quand même ils auraient réussi à cacher ce qu'ils sont, la plupart d'entre eux se trahissent à la fin de leur carrière, que lorsqu'ils sont devenus vieux on les couvre de ridicule et d'opprobre, qu'ils sont le jouet des étrangers et des concitoyens, et pour me servir des expressions que tu regardais comme trop fortes à l'égard du juste, mais qui sont vraies à l'égard du méchant, je dis qu'ils seront frappés à coup de fouet, mis a la torture, brûlés avec des fers chauds; en un mot, imagine-toi entendre de ma bouche tous les genres de supplice dont tu faisais mention alors. C'est à toi de voir si tu veux m'accorder qu'ils auront à souffrir tout cela. — Oui, d'autant que tu ne dis rien que de raisonnable. — Tels sont donc les avantages, le salaire et les récompenses que le juste reçoit pendant sa vie des hommes et des dieux, outre les biens qu'il trouve dans la pratique même de la justice [1]... » Et plus haut: « Après t'avoir fait convenir des avantages qu'il y a à être juste et que la justice ne trompe point les espérances de ceux qui la pratiquent, je veux que tu conviennes encore

(1) *La République*, livre X, pages 4, 66, 467.

qu'elle l'emporte infiniment sur l'injustice, dans les biens que la réputation d'homme vertueux attire après soi [1]. »

Cette réponse est une réfutation, et cette réfutation nous révèle clairement la nature de la thèse. — Platon ne dit pas ici : l'homme juste, supplicié, torturé, brûlé, mis en croix, préférera la justice aux félicités de ce monde ; il dit par la bouche de Glaucon : la justice d'un juste ne conjurera pas le malheur, elle n'empêchera pas le juste d'être poursuivi, châtié comme criminel. Socrate répond, et force Glaucon à dire avec lui : la justice sert à tout, elle attire le respect, les honneurs et les richesses.

Après cela, Platon, je le reconnais, déclare ailleurs que la justice vaut mieux que l'injustice, que le juste traversant les pires conditions de l'existence possède un plus vrai bonheur que le méchant doté de toutes les faveurs de la fortune. Il le déclare, comme l'a déclaré tout homme qui dans quelque temps que ce soit, s'est pris à philosopher. Il faudrait nier le grand fait de la conscience, pour ranger ces axiomes de Platon au rang de découvertes. Quiconque possède une conscience, païen ou chrétien, ancien ou moderne, possède une lumière suffisante à lui faire connaître Dieu. C'est saint Paul qui le dit. Connaître Dieu, c'est admettre l'immor-

(1) *La République*, livre X, page 464.

talité de l'âme, et peut-on admettre l'immortalité de l'âme sans dire que la *justice* est préférable aux félicités temporelles? L'homme qui s'est examiné lui-même, à quelque époque qu'il ait vécu, a mille fois senti que la paix du cœur, que la satisfaction intérieure sont très indépendantes du *cadre*.

En théorie, cela saute aux yeux.

Lorsqu'il s'agit de pratique, de simple morale même, la règle fléchit; elle fléchit pour Platon, comme elle fléchit pour le plus ignare des mortels; il ne s'agit plus de tête mais de cœur, et il n'existe de celui-ci qu'un *dompteur* : l'esprit de Dieu.

Si nous prenons la *pratique*, nous trouvons la *justice* de Platon singulièrement accommodante à l'endroit des vices de son temps.

Les philosophes indous ont de son application des idées tout aussi pures. « — Un vrai gourou, suivant le *Vedanta Sara*, est un homme à qui la pratique de toutes les vertus est familière; qui, avec le glaive de la sagesse, a élagué toutes les branches et arraché toutes les racines du péché, et a dissipé, avec la lumière de la raison, l'ombre épaisse dont il s'enveloppe; qui, quoiqu'assis sur la montagne des péchés, oppose à leurs atteintes un cœur aussi dur que le diamant; qui se conduit avec dignité et indépendance; qui a des entrailles de père pour tous ses disciples; qui ne fait aucune *acception de ses amis et de ses ennemis*, et a pour les uns et les autres une bienveillance égale; qui voit l'or et les pierreries avec autant d'indifférence que des morceaux de fer et des tessons, sans faire plus de cas des uns que des autres; qui met tous ses soins à écarter les ténèbres de l'ignorance dans lesquelles le reste des hommes est plongé; qui repousse loin de sa pensée toute action tant soit peu criminelle, et ne pratique que des actes de vertu; qui, connaissant toutes les voies qui mènent au péché, connaît aussi les moyens de les éviter toutes [1]. »

Ceci vaut bien Platon..... Et cette définition de *Dieu*: « — Dieu, auteur et principe de toutes choses; éternel, immatériel, présent partout, indépendant, infiniment heureux, exempt de peines et de soucis; la vérité pure, la source de toute justice; celui qui gouverne tout, qui dispose de tout, qui règle tout, infiniment éclairé, parfaitement sage; sans forme, sans figure, sans étendue, sans nature, sans nom, sans caste, sans parents; d'une pureté qui exclut toute passion, toute inclination, toute composition [2]. » — Ce passage est littéralement traduit des livres sacrés.

Platon fait Dieu inexorable, rien ne l'apaise. Les philosophes indous qui ont bien plus que lui le sentiment, la conscience du péché, le font miséri-

(1) *Mœurs, institutions et cérémonies des peuples de l'Inde*, par M. l'abbé J. Dubois, tome Ier, pages 164, 165. Imprimerie Nationale, MDCCCXXV.

(2) *Ibid.* page 418.

cordieux, le font sauveur; l'idée est enveloppée de langes grossiers, mais elle y est. Voici la prière que prononce l'Indou dans le sacrifice au dieu Pantcha-Gavia. « — Daignez accorder le pardon de leurs péchés à toutes les créatures dans le monde qui vous offriront le sacrifice... Je vous offre mes prières et mes sacrifices, afin d'obtenir la rémission des fautes et la purification du corps et de l'âme de tous ceux qui vous boiront[1]. Daignez aussi nous absoudre, nous qui vous avons offert le poudja, de tous les péchés que nous avons commis soit par inadvertance, soit de propos délibéré; pardonnez-nous et sauvez-nous[2]. »

Si Platon et Socrate se faisaient de Dieu une idée plus juste, ou plutôt moins gâtée par des rêveries accessoires, ils avaient de plus aussi, la propre justice; et de moins, le sentiment de la *misère humaine*.

Et ces pensées détachées, quelle délicatesse!

« — L'homme vertueux doit imiter l'arbre gauda (santal) qui, lorsqu'on l'abat, parfume la hache qui le frappe[3]. — »

« — Les grandes rivières, les gros arbres, les plantes salutaires, et les personnes vertueuses ne naissent pas pour elles-mêmes, mais pour l'utilité générale[4]. — »

[1] Le Dieu est ici personifié dans une boisson.

[2] *Mœurs, institutions et cérémonies des peuples de l'Inde*, par l'abbé Dubois, tome Ier, page 206. — [3] *Ibid.* tome II, page 201. — [4] *Ibid.* p. 198.

« — La mer seule connaît la profondeur de la mer ; l'espace seul connaît l'étendue de l'espace ; les dieux seuls connaissent le pouvoir des dieux [1]. — »

Platon croit à la métempsycose tout comme y croient les philosophes de l'Inde. Les âmes des justes jouissent il est vrai, du bonheur après la mort, les âmes des méchants sont tourmentées ; mais il n'y a point d'éternité : l'état de peine, l'état de joie durent *mille ans*, après lesquels les âmes viennent devant les trois Parques faire un choix parmi les diverses existences terrestres. Il y a des existences de rois, de tyrans, de cordonniers ; il y en a de chats, il y en a d'aigles, toute l'échelle de la création vivante est à la disposition des âmes.

Chose étonnante ! les âmes qui arrivent du ciel, choisissent plus mal que celles qui viennent des enfers, « — faute d'avoir l'expérience des maux de la vie. Au contraire, la plupart de celles qui avaient séjourné dans la région souterraine, et qui à l'expérience de leurs propres souffrances joignent la connaissance des maux d'autrui, ne choisissaient pas ainsi à la légère [2]. — » Voilà un bel effet du ciel sur les âmes.

Socrate met tous nos péchés sur le compte de notre corps, il voit la perfection dans la séparation de

[1] *Mœurs, institutions et cérémonies des peuples de l'Inde*, par l'abbé J.-A. Dubois, tome II, page 196. — [2] *La République de Platon*, livre X, page 477.

l'âme avec le corps; il prend le corps, qui n'est qu'un instrument, pour la cause. L'Église romaine heurte contre le même écueil, et prêche la sanctification par la destruction du corps. Dieu seul donne pour l'éternité à notre âme, un *corps glorieux* dont le corps terrestre contient le germe.

Il y a dans toutes ces conceptions des philosophes grecs quelque chose de pauvre et de glacé. — Les âmes passent de la vie à la mort et de la mort à la vie, exactement comme les comparses qui font le tour des coulisses par derrière, sortent par la gauche et rentrent par la droite [1]. L'âme, afin que son poids ne l'empêche pas de s'élever au ciel, doit s'abstenir de tout vif plaisir, de toute vive douleur; elle doit s'isoler, s'abstraire [2]. La quintessence de cette philosophie, c'est de l'égoïsme éthéré.

On a beaucoup admiré la mort de Socrate; elle me paraît tendue, triste, amèrement triste, comme il la fallait attendre de sa philosophie. Les espérances de vie à venir, incertaines, décolorées, ressemblent au froid soleil des pôles, qui se traîne au bord des horizons neigeux. Socrate s'est bien séparé des affections humaines : la pauvre Xantippe pleure dans la prison de son époux, elle tient ses enfants dans ses bras et se désole. « — Mais Socrate, tournant les yeux du côté de Criton : Criton, dit-il, qu'on reconduise cette femme chez elle. Aussitôt

[1] *Dialogues de Platon*, pages 152, 153. — [2] *Ibid.* pages 170, 171, 172.

quelques esclaves de Criton l'emmenèrent, poussant des cris et se meurtrissant le visage. Alors Socrate, s'étant mis sur son séant, plia la jambe qu'on venait de dégager, et la frottant avec sa main, nous dit : Quelle chose étrange, mes amis, que ce que les hommes appellent plaisir, et comme il a de merveilleux rapports avec la douleur[1] ! — » On peut appeler cela sublime, moi je l'appelle théâtral et faux. Les *belles morts*, depuis celle de Socrate jusqu'à celle de Julie, m'ont toujours paru laides; c'est que dans les *belles morts*, il y a une forte dose de représentation, et que la comédie, même la haute comédie est hideuse, jouée sur un tombeau.

Voilà donc Socrate seul en face du terrible passage.

« — Affirmer que toutes ces choses sont telles que je les ai dites ne conviendrait pas à un homme de sens;..... s'il est certain que l'âme est immortelle : c'est ce qu'on peut, ce me semble, assurer avec quelque raison, et la chose vaut bien que l'on *hasarde d'y croire*. Car c'est une *noble chance à courir*; c'est *une espérance par laquelle il faut comme s'enchanter soi-même* : VOILA POURQUOI JE PROLONGE TANT CE DISCOURS[2]. — » Oh! que la profonde incertitude, que la profonde tristesse de cette âme se révèle énergiquement par ces mots! — Il s'enchante, il

[1] *Dialogues de Platon*, pa[ge] 132. — [2] *Ibid.* [pa]ge 215.

s'enivre pour éviter un regard jusqu'au fond! sa philosophie ne peut rien d'autre pour lui.

Qui a osé comparer la mort de Socrate avec la mort du Sauveur?

Ici, je vois un homme cloué sur la croix, entouré d'ennemis; des cris de haine, des sarcasmes diaboliques saluent chacun de ses soupirs; lui, n'expose pas de thèse, il s'écrie seulement : « — Mon père, pardonne-leur. Femme, voilà ton fils, et toi, voilà ta mère. Mon père, pourquoi m'as-tu abandonné? Mon père, je remets mon esprit entre tes mains! — » Celui qui meurt ainsi est un Dieu; mais il est un homme, je sens palpiter dans sa poitrine ce cœur qui bat en moi; c'est une nature divine qui souffre, qui désespère, qui triomphe, mais c'est une nature humaine; aussi, en face de cette croix, je pleure, j'aime, et je me réjouis. Là, je vois un homme couché sur son lit, ses amis l'entourent, ils se lamentent; l'esclave qui lui apporte la ciguë détourne la tête et pleure; cet homme discourt, il dit de fort belles choses, ses disciples recueillent chaque parole avec un religieux respect : eh bien, la mort de celui qui est couché là serre mon cœur et ne l'attendrit pas. C'est un sage; mais est-ce encore un homme?... Cette scène peut sembler belle; mais est-elle vraie d'une vérité humaine?... Tout à l'heure j'étais en présence d'un fait vivant : maintenant je contemple une fresque froide, sèche, à figures académiques. Mon être entier s'intéressait à ces événements, je reste étrangère à cette peinture.

J'en viens à mon grief principal. Platon fait la guerre à l'individualité, il la fait à l'indépendance de l'âme; il n'arrive à fonder ce qu'il appelle l'état modèle, la république, qu'à force de tyrannie. — Je ne m'en étonne pas : tous les hommes qui ont prétendu gouverner le cœur de l'homme sans le secret de Dieu, « l'amour, » ont été forcés de le tyranniser.

Une chose me frappe, c'est le respect de Dieu, c'est le mépris de l'homme pour l'individualité. Dieu, le créateur, le souverain, n'y attente jamais. L'homme, l'être créé, l'esclave, y attente presque toujours. Dieu se contente de poser des principes, de les implanter dans le cœur; il les laisse faire. L'homme en revanche s'inquiète fort peu des principes, beaucoup des manifestations, beaucoup de l'action, qu'il enferme dans un moule de fer. Partout où point un sentiment, où pousse une pensée, où surgit un mouvement de la volonté, l'homme qui veut l'ordre, et qui par l'ordre entend l'*uniformité*, accourt le compas, l'équerre et les ciseaux en main. — Il y a, entre le procédé de l'homme et le procédé de Dieu, la différence qui sépare, si l'on peut ainsi parler, les grands génies des esprits étroits.

Dieu a écrit les tables de la loi, l'Evangile. L'homme a écrit *les Lois*, *la République*, les règles de couvents, et bien d'autres belles choses.

— Mais le Lévitique ? —

Justement, le lévitique. Le Lévitique qui ne veut fixer que les rapports extérieurs des hommes entre eux, les fixe de la manière la plus large. — Prenez les relations conjugales : quelle discrétion, quelle sobriété ! La loi laisse tous les plis du voile retomber longs et chastes sur le mariage. Rapprochez cette loi des règlements brutaux de Platon sur le même lien, de telle ou telle ordonnance de l'Église, et dites, si jusque dans la règle, Dieu ne respecte pas l'individualité, la liberté humaine; si les sages, si les philosophes n'y attentent pas avec une grossière audace.

« — Le plus grand mal d'un État, n'est-ce pas ce qui le divise ?... Ce qui divise un État, n'est-ce pas lorsque la joie et la douleur y sont personnelles et que ce qui arrive tant à l'État qu'aux particuliers, fait du plaisir à l'un et de la peine à l'autre ?.... D'où vient cette opposition de sentiment, sinon de ce que tous les citoyens ne disent pas en même temps des mêmes choses : *ceci m'intéresse, ceci ne m'intéresse pas, ceci m'est étranger*... Otez cette distinction, et supposez-les tous touchés des mêmes choses, l'État ne jouira-t-il pas alors d'une parfaite harmonie ? — On n'en peut douter [1]. »

Seulement Platon, et l'esprit monastique, et l'esprit fouriériste, et l'esprit communiste, au lieu

[1] *La République*, livre V, pages 218, 219.

de modifier le cœur, siége éternel des contradictions humaines, le mutilent. C'est toujours la même chanson; seulement l'air varie quelque peu, suivant l'humeur du siècle. — Le diable, à bien compter, n'a guère que deux ou trois tours dans son escarcelle; au fait, pourquoi se mettrait-il en frais d'invention, puisque la même jonglerie séduit les âmes de tous les temps?

Pour moi, je retrouve dans Platon, et Saint-Antoine, et Rancé, et Fourier, et le communisme. Tout cela est renouvelé des Grecs.

Tyrannie de la pensée, despotisme exercé sur les actes, horreur de la propriété, un des plus ineffaçables caractères de l'individu.

Tyrannie de la pensée. « — En effet, quelque sages que puissent être vos autres lois, une des plus belles est celle qui interdit aux jeunes gens la recherche de ce qu'il pourrait y avoir dans les lois de bon ou de défectueux, et qui leur ordonne, au contraire, de dire tout d'une voix et de concert qu'elles sont parfaitement belles...[1]. Je n'aurais point de châtiments assez grands pour punir quiconque *oserait dire* qu'il y a des méchants qui vivent heureux, et que l'utile est une chose et le juste une autre[2]. — » Si cela n'est pas certain, Platon affirme que jamais *mensonge* ne fut *plus utile*[3]; aussi veut-il que trois chœurs,

[1] *Les Lois de Platon*, traduction de Grou. Charpentier 1842, tom. 1er, pages 17. — [2] *Ibid.* livre II, page 56. — [3] *Ibid.* page 58.

le chœur des enfants, celui des jeunes gens et celui des hommes faits, chantent ces maximes à tout venant[1]. — Platon propose une loi « — qui astreint le poëte à ne point s'écarter dans ses vers de ce qu'on tient dans l'Etat pour légitime, juste, beau et honnête; qui lui défend de montrer ses ouvrages à aucun particulier, qu'auparavant ils n'aient été vus et approuvés des gardiens des lois et des censeurs établis pour les examiner[2]. — » Voilà comme on entendait la *liberté de la presse* dans les républiques antiques.

Tyrannie des actes. « — Cela étant ainsi, il nous faut prescrire à tous les citoyens, pour tout le temps de leur vie, *un ordre d'actions depuis le lever du soleil jusqu'au lendemain matin*[3]. — » Ainsi fait-il : repas, occupations, tout est tyrannisé, jusqu'aux velléités gourmandes d'un propriétaire de vignobles. « — Quiconque *touchera* aux raisins ou aux figues champêtres — propres à être gardés — soit dans *son champ*, soit dans le champ d'autrui, avant le temps de la récolte, lequel concourt avec le lever d'Arcturus, paiera une amende de cinquante drachmes consacrées à Bacchus, si c'est dans son propre champ; d'une mine si c'est dans le champ des voisins[4]. — » Il est vrai qu'en revanche, Platon permet à tout homme au-dessous de trente ans de prendre *en cachette* des pommes, des poires et des grenades[5]...

[1] *Les Lois*, livre II, page 59. — [2] *Ibid.* livre VII, page 256. — [3] *Ibid.* page 266. — [4] *Ibid.* livre VIII, page 320. — [5] *Ibid* page 321.

Je crois que les Grecs suivent encore cette loi-là. — Voici qui est mieux : « — Ce serait une erreur de penser qu'il suffit de faire des lois sur les actions relatives à l'ordre public, sans qu'il faille descendre, à moins de nécessité, jusque dans la famille; qu'on doit laisser à chacun la liberté de vivre à sa guise dans son intérieur; qu'il n'est pas besoin que tout soit soumis à des règlements; et de croire qu'en abandonnant ainsi les citoyens à eux-mêmes dans les actions privées, ils n'en seront pas pour cela moins exacts observateurs des lois en ce qui touche l'ordre public[1]. — De là, repas en commun et violation du sanctuaire de la famille.

Horreur de la propriété. — L'inexorable logique, cette machine à folies, mène Platon droit au communisme. Il veut la communauté partout; il la veut jusque dans le mariage. Il veut les femmes communes, les enfants communs, les oreilles, les yeux, les mains communes. Il veut qu'on retranche du commerce de la vie jusqu'au *nom même de la propriété;* de sorte que les choses même que la nature a *données en propre à chaque homme*, deviennent, en quelque sorte, communes à tous autant qu'il se pourra. Il veut que *tous les citoyens approuvent et blâment de concert les mêmes choses; que leurs joies et leurs peines roulent sur les mêmes objets;* que les *lois*

[1] *Les Lois*, livre VI, page 226.

visent de tout leur pouvoir à rendre l'Etat *parfaitement un*[1], et il déclare que *là est le comble de la vertu politique.* Un lot de terre est donné à chaque citoyen avec défense de l'aliéner[2]. Les bornes de la richesse et les bornes de la pauvreté sont *fixées par l'Etat*[3]. Le nombre des familles de la République est arrêté : il n'y aura jamais *ni plus ni moins* de cinq mille quarante familles[4]. Tous les enfants, enfermés dans le même bercail, sont allaités par les femmes, qui ne doivent jamais reconnaître leur propre progéniture[5]. — Oh miracles de l'esprit humain!... Quant au mariage, il est impossible d'analyser une seule des pages de Platon. C'est le ramassis le plus indigeste des idées les plus insensées et les plus brutales.

Platon déraille au sujet de la femme et de ses attributions, comme ont déraillé, comme dérailleront éternellement tous ceux qui attentent à l'individualité. Il veut la femme politique, guerrière... que sais-je? — Sand aussi et ses disciples, sont renouvelés des Grecs.

Après avoir tyrannisé, mutilé, ravalé, machinisé l'homme, Platon s'écrie en parlant de la république, tout comme s'écrie l'abbé de Rancé en parlant de la Trappe, tout comme s'écrient nos commu-

[1] *Les Lois*, livre V, page 168. — [2] *Ibid.* page 171. — [3] *Ibid.* page 177. — [4] *Ibid.* page 178. — [5] *La République de Platon*, livre V, pages 215 et 216.

nistes et nos fouriéristes en parlant de leurs phalanstères ou de leurs terres également partagées : — « les citoyens y vivent dans le plus grand loisir, et y jouissent de leur *liberté respective* [1]. — »

Malheureusement pour nous, Platon ne voit pas la possibilité de réaliser ses utopies : l'imbécillité du genre humain s'y oppose... ce qui ne les empêche pas de rester admirables. « — Crois-tu qu'un peintre en fût moins habile si, après avoir peint le plus beau modèle d'homme qui se puisse voir, et donné à chaque trait la dernière perfection, il était incapable de prouver que la nature peut produire un homme semblable? — Non [2]. » Cependant Platon nous laisse quelque espérance. Si les *philosophes* sont jamais appelés à gouverner, ils appliqueront à notre globe la liberté platonicienne.

Je n'ai plus besoin d'expliquer pourquoi je ne trouve Platon ni divin, ni sublime, ni vrai, ni tout simplement homme de bon sens. — Il y a de tout cela chez lui ; mais le beau, le vrai, le sublime y sont à l'état de paillettes, de rayons brisés. Le bestial, je dis ce mot à dessein, le bestial à force d'égarement logique, le faux, le déraisonnable, l'absurde, et, faut-il ajouter, le niais, y forment trop souvent le fond. C'est l'inévitable délire de la sagesse de l'homme laissée à elle-même.

[1] *Les Lois*, livre VIII, page 300. — [2] *La République*, livre V, page 236.

Nous arrivons devant les deux tribunes antiques. Celle de Démosthènes est la moins imposante. Celle du temps des tyrans, largement taillée dans le roc, commande la plaine, une portion d'Athènes, et se dresse en face de l'Acropole. Toutes les deux font comme jaillir du sol la vie politique de l'antiquité grecque. Il semble qu'on respire quelque chose de puissant. La voix devait bien dominer cette foule immense. L'orateur, sous ce ciel, en présence de ces monuments, devait se sentir grandi par la majesté d'une telle scène... Et peut-être, et sûrement, il s'y débitait tout autant de niaiseries qu'il s'en peut dire entre les sombres murailles d'une chambre des députés, bâtie sous les nuages de France ou les brumes d'Angleterre.

Nous redescendons dans Athènes, nous visitons le Trépied, resté seul au milieu de la rue à laquelle dix ou vingt de ces élégants petits temples donnaient leur nom. Nous passons devant le Musée d'Adrien, tout encombré de lourdes bâtisses, et nous rentrons chez nous.

Athènes n'est certainement pas une ville; ce n'est pas un village non plus..... c'est Athènes. — Il n'y a pas dix belles maisons; le pavé y ressemble à un chemin de montagne; les porcs y courent les rues. Eh bien, cela plaît, et une Athènes tirée au cordeau, avec des théâtres, des hôtels, des magasins de nouveautés, des restaurants et des cabinets littéraires; une Athènes ainsi faite serait une Athènes vandale.

De nombreux équipages se lancent au travers de ce labyrinthe sans heurter les établis des changeurs, des cordonniers, des marchands de légumes ou de fruits qui empiètent sur la voie publique. Des colporteurs, leur balle d'indienne sur le dos, vont de maison en maison offrir leurs étoffes aux femmes grecques, qui, à cette heure encore, ne sortent ni pour se rendre au marché, où elles seraient huées; ni pour se livrer en ville aux délices du *choping*.

Ce qui est hideux ici, ce sont les régiments en redingote, en casquette et en pantalons. Je ne m'en console pas. Si l'on a méconnu la poésie du costume — et le sentiment de la poésie échappe parfois aux plus grands politiques, — comment a-t-on pu en méconnaître la puissance?

Qui ne sait, qui n'a éprouvé qu'un habit chétif embarrasse l'esprit, qu'un habit ridicule nous dégrade à nos propres yeux, qu'un habit trop riche hébète, qu'un habit trop élégant futilise; qu'un habit comme il faut, que l'heureux habit empreint du cachet de la convenance et de la distinction, seul nous assure tous nos moyens, parfois nous donne ceux que nous n'avons pas? — Notre habit nous gouverne au quart. Et l'on a mis des redingotes bleues, des casquettes bleues, des pantalons étriqués aux descendants de Thémistocle, aux défenseurs de Missolonghi! Et Canaris, le grand Canaris lui-même, porte un habit noir!

Heureusement qu'il y a quelques régiments en fustanelle, en veste ouverte sur la poitrine, en guêtres serrées : ceux-là sont admirables à voir marcher la tête haute, le pas fier, sous ce beau ciel de Grèce.

Les savants prétendent que sous ce ciel, il n'y a plus de *Grecs*. Les Athéniens sont des Albanais, les Spartiates sont des Slaves; il y a des Vénitiens, il y a des Francs, il y a de tout, partout, et des Grecs nulle part. — On leur accorde pourtant Mégare, Syra je crois, et quelques îles de l'Archipel. J'ai bien envie de n'en rien croire, mais j'y crois un peu malgré moi.

M. de Prokesch, que nous avons eu le plaisir de revoir ce matin, vient de nous expliquer l'usage du chapelet que les Grecs tournent dans leurs doigts. Cet usage remonte à la plus haute antiquité. On retrouve le chapelet sur les bas-reliefs de Ninive; il n'est reproduit ni sur les monuments de l'Égypte (1), ni sur ceux de la Syrie. Le chapelet servait de machine à compter; chacune de ses perles représentait une unité; on faisait, en décuplant, en centuplant la valeur de ces unités, des calculs immenses. Les chiffres une fois trouvés, la machine

[1] M. de Prokesch a publié un intéressant voyage en Nubie.

est devenue un jouet. Les religions grecque et catholique l'ont adopté, l'ont appliqué au culte, comme elles ont adopté tant d'autres usages païens, en les faisant fléchir vers elles ou en fléchissant vers eux.

Jeudi, 14 octobre 1848.—Nous venons de jeter un premier regard sur les sculptures réunies dans le temple de Thésée. Avant hier, nous avions longtemps admiré, dans le temple de la Victoire sans ailes, le bas-relief de la Victoire qui détache ses sandales, le plus beau morceau qui soit à Athènes. Là éclate toute la pureté du style antique. Pureté n'est pas le mot, il implique à mon avis un sens trop élevé. Ni l'âme, ni le cœur ne jouent un grand rôle dans la statuaire grecque; elle a pour cachet, ce me semble, un caractère de limpidité. Ce caractère exprime la sérénité d'un esprit juste plutôt que la paix sublime d'une âme arrivée à la spiritualité la plus haute.

Le temple de Thésée contient une série de bas-reliefs qui représentent des scènes d'adieux. Ils sont pour moi le type de cette netteté dénuée de sentiment. Le guerrier qui part, la femme qui reste; ou plutôt, l'homme qui descend chez les morts, la femme qui demeure parmi les vivants, — ces bas-reliefs appartenaient à des tombeaux — se tendent la main sans qu'un pli dérange les lignes irréprochables de leur front, sans qu'une expression de chagrin ou même de mélancolie vienne altérer la calme harmonie de leurs traits. C'est autre chose que de la dignité : c'est de l'indifférence avec toute la noblesse que peut lui prêter la beauté des formes. L'esprit, l'intelligence, règnent là d'un règne absolu; mais ils règnent seuls.

On retrouve dans la sculpture la lucidité de la philosophie grecque. Dans l'une comme dans l'autre, comme dans les compositions architecturales; dans les statues de Praxitèle, comme dans les œuvres de Platon, comme dans le Parthénon de Phidias, l'ensemble est saisi, compris du premier coup; et ce grand accord, cette unité, cette clarté partout égale, produisent la *pureté antique.* Comparez toutefois la plus pure statue grecque avec une vierge du Pérugin, et vous me direz laquelle des deux appartient à l'idéal le plus élevé; laquelle possède une âme qui contemple Dieu comme face à face, laquelle un esprit qui n'a jamais eu affaire qu'avec les idées. — Il n'y a pas plus d'exaltation dans la Vierge du Pérugin, que dans la Vénus de Milo; mais l'une sent, l'autre ne fait que voir; l'une est au ciel, l'autre est sur la terre.

Après cela, pourquoi ne pas admirer ce qui est admirable?... Aussi fais-je; seulement, c'est par la tête et non par le cœur que je goûte ces chefs-d'œuvre. Ils n'intéressent pas mon imagination, il n'y a pas d'eux à moi de courant sympathique. Je regarde, je ne suis pas captivée.

Deux seules figures, dans le temple de Thésée, me semblent exprimer un sentiment. Ce sont deux grandes statues de femme, ébauchées, ou, comme on dit à l'atelier, *mises au point*. Une pensée triste pèse sur leur front, alanguit leurs regards, efface de leurs lèvres l'éclat de la placidité antique. Je ne sais si les plis de ce voile de mélancolie seraient tombés sous le ciseau du sculpteur, mais je les eusse moins aimées radieuses qu'assombries.

Le buste, la tunique, la ceinture; cette transparence du marbre qui laisse deviner toutes les lignes, ce dessin si simple, si parfait de beauté, me plaisent mieux que la tête. C'est que là rien ne se fait regretter; l'idéal de la forme est atteint, et l'idéal de la forme, c'est tout lorsqu'il s'agit du corps. La tête demande autre chose. C'est peut-être parce qu'elle n'a pas de tête, que la Victoire qui détache ses sandales, me parait irréprochable.

Le ciel s'est couvert, il pleut à verse; demain, nous partons pour le Péloponèse.

Voici notre plan; Dieu le modifiera sans doute de plus d'une manière. Nous allons à Corinthe, en passant par Mégare; nous traversons Mycènes; nous arrivons à Nauplie : de là, nous nous dirigeons sur Sparte, par Argos et Tripolitza. Nous visitons la Messénie, nous gagnons Olympie en nous arrêtant à Phigalié, où l'on trouve les restes d'un temple d'Apollon. Nous coupons l'Arcadie et l'Achaïe, nous tombons à Egium — Vostizza —; nous passons le golfe, nous montons à Delphes — ; peut-être pousserons-nous jusqu'aux Thermopyles; — nous redescendons à Chéronée, à Thèbes; nous faisons un détour qui nous nous mène à Chalcis en Eubée, puis nous fermons ce grand cercle en passant sur le champ de bataille de Marathon et en gravissant le mont Pentélique.

MÉGARE.

Vendredi, 15 octobre 1847. — Sept heures et demie de cheval, partant fatigue. Mais il faut convenir que François adoucit bien les petites misères de la vie *cavalcante.* Nous voici installés sur une jolie terrasse; au fond sont trois chambres parfaitement propres, qu'en un clin d'œil François a meublées de lits, de chaises et d'une table. Nous avons devant nous un dîner excellent, confectionné par un *monsieur* en redingote, qui accompagne les bagages : c'est le cuisinier de François. Tout cela sans bruit et sans peine apparente.

Ces lignes sont terriblement prosaïques, pour les premières lignes tracées à Mégare, à l'antique Mégare. Hélas! nous sommes de chair et d'os; et puis, une journée au trop et au galop explique bien des choses.

Le soleil se lève radieux ce matin. Un instant avant notre départ, M. Piscatory vient nous donner quelques derniers conseils. — Il n'est pas malaisé de trouver des hommes de beaucoup d'esprit, mais des hommes de beaucoup d'esprit qui aient avec cela beaucoup de naturel et beaucoup de bonté, c'est plus difficile. Ces rencontres, précieuses dans la vie ordinaire, marquent dans la vie de voyage.

Nous montons à cheval, nous traversons fièrement quelques rues au galop, et nous voilà chevauchant à travers une campagne couverte d'oliviers.

Arrêt à Daphné. Là est une église du temps de la domination franque. M. Buchon y a retrouvé les tombeaux des seigneurs de La Roche. Quelques femmes s'approchent de nous, posent avec grâce la main sur le cœur, et nous offrent de petits morceaux de mosaïque, tombés d'une tête colossale du Christ qui forme la voûte de l'Église. Le cloître dont les colonnes lisses sont à demi enterrées, nous paraît être la partie la mieux conservée de l'édifice.

Nous descendons vers le golfe d'Eleusis; la mer, d'un bleu foncé, se présente tout à coup, fermée devant par l'île de Salamine, des deux côtés par les montagnes; nous y arrivons en passant sous les oliviers. Nous côtoyons longtemps cette belle mer, ayant à gauche des rochers calcaires, à la base desquels nous retrouvons les traces de l'antique voie sacrée. La dureté des tons de la roche forme avec la limpidité azurée des eaux un contraste dont l'œil ne se rassasie pas.

Après le golfe, Eleusis. Quelques amas de pierres — le nom de *masure* est trop beau, — quelques amas de pierres avec des trous en guise de portes, sont jetés çà et là sur un sol aride. Nous nous arrêtons devant une espèce de carrière de marbre. Des tronçons de colonnes cannelées, des blocs de toutes les formes, composent un entassement étrange. C'est tout ce qui reste du temple de Cérès. Où sont les processions qui serpentaient lentement le long du golfe?

Du haut du tertre qui domine Eleusis, nous jetons un regard émerveillé sur la mer, sur ces plages désertes et sur ces pauvres habitations où vivent des âmes pourtant, des âmes aussi précieuses que les nôtres. Quand des évangélistes iront-ils, la Bible à la main, s'asseoir dans ces lieux désolés, et, là où se célébraient les mystères de la bonne déesse, annoncer la lumineuse vérité de Christ?

Nous parcourons des landes couvertes de thym, de genévriers et de lauriers dont quelques-uns fleurissent. Parfois nos chevaux qui marchent sur le sable du rivage mouillent leurs pieds dans la vague; parfois ils se lancent à la suite de François; François galope dans son beau costume arabe, il se jette à travers la campagne, revient, fait volte-face, le corps penché en avant, les jambes fortement arquées, souple et maître de son coursier.

Les événements de notre journée sont quatre jolies tortues; elles dormaient auprès d'une flaque d'eau de mer tout entourée de verte bruyère. Notre arrivée les a jetées dans une grande perplexité, elles se sont mises à courir, autant que peuvent courir des tortues, et puis elles ont plongé, en montrant de temps en temps leurs petites têtes au-dessus de la mare.

Second événement. Pour la première fois de notre vie, nous avons vu des corbeaux gris.

Voilà ce que c'est que l'existence nomade, et comme quoi deux corbeaux et quatre tortues y donnent à penser pour tout un jour.

Mégare couvre de ses maisons à toits plats, un coteau qui s'élève non loin du golfe. Mégare a cette couleur grise, cette nudité, ce caractère sauvage qui enchantent les voyageurs en possession d'un François, mais qui doivent, ce me semble, jeter dans la démoralisation le pauvre touriste abandonné à ses propres ressources.

Il y a des *Grecs* à Mégare, nous devons par conséquent y trouver le type grec : c'est de ma faute, je n'y vois pas les nez plus irréprochables qu'ailleurs. Le costume est beau, les femmes portent la tunique; si rapiécée, si sale soit-elle, c'est toujours la tunique. Les jeunes filles sont charmantes : sur leurs cheveux tombant en tresses, brille le petit casque entièrement revêtu de pièces d'argent, avec un fil de pièces d'or sur le front. On dit que c'est là leur dot. Mariées, elles enveloppent leur tête du voile, et la brillante coiffure se transforme en troupeaux de moutons à la longue laine.

La nuit tombe : les habitants de Mégare prennent le frais sur leurs toits; les femmes y filent au fuseau, les jeunes filles viennent nous regarder et se faire regarder. A demi éclairée par la rouge lumière qui colore l'horizon à l'occident, la population paraît gigantesque : cela tient aux proportions exiguës des habitations. Ces grandes figures qui se promènent sur leurs terrasses; cette vieille tour qui domine la ville; plus loin, la mer, les îles presque effacées : tout cela présente un aspect qui a sa beauté.

Mon mari propose à François d'assister à notre culte du soir; François accepte.

CORINTHE.

Samedi, 16 *octobre* 1847. — Journée plus longue, mieux enlevée, et moins fatigante.

Au début, le sentier de *Kakiscala* — mauvais chemin. — Il est par places digne de son nom. Ce sentier, taillé en corniche dans le rocher, semble suspendu sur la mer, qui tantôt bat ses rudes parois, tantôt vient en larges plis s'étendre sur le sable de quelque anse, laisse courir une frange d'argent tout le long du bord, et puis se retire avec un murmure uniforme plein de grandeur. Parfois la corniche est détruite; il ne reste plus entre le roc et le précipice qu'un espace de quelques pouces. Qu'il est terrible alors d'avoir ce qu'on aime derrière soi! Avec quelle anxiété on regarde, avec quel élan on crie au Seigneur! comme on sent sa dépendance à l'égard de Dieu!

Au sortir de la profonde solitude des rochers de Kakiscala, de ces mêmes rochers du haut desquels le brigand Cyron jetait les voyageurs à la mer, une vallée s'ouvre avec ses pins, ses buissons de lauriers roses et ses oliviers; nous nous y lançons, nous entendons dans le lointain les cris des bergers, les bêlements des brebis et des chèvres, l'aboiement des chiens. Plus près des habitations, et elles sont rares, nous rencontrons des troupeaux. Les lentisques gardent quelques flocons de leur laine soyeuse; le berger les suit, sa longue houlette recourbée à la main, vêtu de la tunique, une peau de mouton jetée sur l'épaule.

Nous faisons halte auprès d'un puits; on tire de l'eau pour abreuver les chevaux. Le morceau de pain mangé sur la margelle de ce puits, dans ce lieu désert, avait une restaurante saveur d'indépendance. François lutte avec un de ses chevaux; il le saisit d'une main par le mors, tandis qu'il brandit de l'autre son grand coutelas. Sans s'en douter, il fait tableau : il y a quelque chose du tigre dans l'immobilité de sa prunelle et dans la souplesse de ses bonds, il y a beaucoup de l'Arabe dans sa pose noble et sauvage.

Les Grecs ont une grâce innée; leurs bras toujours indépendants du corps, prêtent une rare élégance à leurs mouvements; ils sont l'anti-type de nos lions parisiens qui semblent avec leurs coudes collés au buste, avoir pris pour idéal de beauté le squelette d'un poulet rôti.

Nous déjeunons à Calamachi; devant la fenêtre de notre petite auberge s'arrondit le golfe; une seule goëlette s'y laisse bercer; l'Acrocorintho regarde les deux mers.

Nous coupons la grande route de Lutrachi; nous coupons les restes du mur qui fermait cet isthme si souvent ravagé par les barbares.

A Xamilla, hameau de trois ou quatre masures, commence entre mon mari et François une conversation religieuse.

Un missionnaire américain avait ouvert, il y a quelques années, une école à Xamilla. Les enfants s'y rendaient, ils faisaient des progrès rapides. Tout à coup, les défiances s'éveillent, l'orgueil s'irrite. — « Pourquoi cet étranger, qui tient de nous l'Evan« gile, vient-il nous l'expliquer ? — » Et l'école est brûlée; et le gouvernement, s'il n'a pas trouvé le raisonnement juste, l'a trouvé concluant, car l'école ne s'est pas relevée.

Cet argument contre les missions en Grèce est dans toutes les bouches : — « Nous vous avons donné « les Ecritures, de quel droit nous les donnez-vous? — »

— Les dix-neuf vingtièmes de vos familles ne les possèdent pas, ne les lisent pas.

— N'importe.

— Laissez-nous du moins vous mettre en état de les étudier.

— Vous êtes des hérétiques, nous sommes des orthodoxes; vous êtes des *Barbares*, nous sommes des *Grecs*! — Et puis toutes les fausses raisons de tous les pays et de tous les temps. — La fidélité à *la religion de nos pères!* Comme si Jésus au dernier jour, nous demandera si nous appartenons à la religion de la *vérité* ou à la religion de *nos pères*; comme si *nos pères* eux-mêmes n'avaient pas quitté la religion de *leurs pères*, de païens se faisant chrétiens! — L'accusation de *nouveauté*; comme si le christianisme, lui aussi, n'avait pas été une nouveauté, une nouveauté qui scandalisait les juifs de la vieille roche!... nouveauté hier, nouveauté aujourd'hui, nouveauté toujours, car toujours pour le recevoir, il faudra un cœur *nouveau*.

L'orgueil, un intraitable orgueil ferme l'oreille du Grec à la prédication du missionnaire. Le villageois, le citadin, qui n'a jamais lu, jamais vu les Écritures, sait, ou croit savoir une chose : que ses ancêtres les possédaient avant les ancêtres des missionnaires; cela lui suffit pour les repousser, lorsque c'est la main du missionnaire qui les lui tend.

Un homme souffre, le médecin vient le voir; le malade se lève sur son séant. « — Vous êtes bien hardi de me vouloir traiter! Oubliez-vous que mon grand-père a guéri le vôtre?... Mon grand père était un grand docteur, le vôtre était un ignare; vous tenez votre science de mon grand-père; de lui vous tenez les ouvrages dans lesquels il puisait ses connaissances, d'où vous tirez les vôtres; sans lui vous seriez encore un maître âne!... Et vous venez m'appliquer votre art, à moi, son petit-fils!

— Mon bon Monsieur, vous n'êtes pas médecin?

— Qu'est-ce que cela fait? je suis le petit-fils d'un grand docteur!

— C'est justement par respect pour la mémoire de ce grand docteur que je vous apporte mes soins.

— Remportez-les. Votre impertinent respect n'est qu'une insulte au petit-fils d'un grand docteur. »

Tout en discutant, nous découvrons l'Acrocorinthe, de la base à la cime. Corinthe s'éparpille à ses pieds. Corinthe ressemble à Athènes; les femmes portent la tunique, elles enveloppent leur tête d'un mouchoir blanc qui cache le front et presque la bouche. Les hommes tournent autour du bonnet un mouchoir aux vives couleurs qui transforme leur coiffure en turban.

C'est jour, ou plutôt c'est soir de marché; on n'y voit que des hommes, comme partout en Grèce. Sous les hangards brillent de petites lampes suspendues; la place en est illuminée.

En arrivant, nous faisons un détour à gauche pour visiter l'amphithéâtre; il a conservé quelques gradins; un champ de blé en occupe l'arène.

Le soleil se couchait, quand nous avons vaincu notre fatigue pour faire trois pas jusqu'au temple de *Jupiter*, ne serait-ce point plutôt celui de Neptune, dont parle Pausanias, et dans lequel on voyait une mer d'airain? — Pausanias parle aussi de deux statues de Bacchus dressées sur la place publique, toutes deux *dorées*, excepté le visage *qui est peint en vermillon;* ceci rentre encore dans les idées antiques de beauté. Je doute que les admirateurs quand-même de l'art grec eussent beaucoup goûté ces morceaux... et tant d'autres; car du temps de Pausanias, la plupart des statues étaient en bois, et *coloriées;* Pausanias comptait les statues de marbre. — Sept colonnes d'une seule pièce restent debout, cinq reliées entre elles par des blocs énormes, deux séparées, l'une portant son chapiteau à demi renversé. Le Cythéron, l'Hélicon, tout au fond le Parnasse, s'élèvent en trois plans distincts. Le golfe de Lutrachi bleuit au-dessous. Le pinceau peut seul rendre cette grandeur et ce silence.

Voici l'ordre de notre caravane. François nous guide; je viens après, montée sur *Porteur-de-malice;* c'était hier le cheval de François, il me l'a de son propre mouvement donné ce matin. *Porteur-de-malice* a le pas allongé, il galoppe à merveille, il est fougueux; il obéit à la voix et à la bride lorsqu'il est calme; dès qu'il se lance, c'est fini, il n'y a plus qu'à se bien tenir. Porteur-de-malice n'a qu'un défaut: il passe droit au travers des branches d'olivier; j'ai failli deux fois aujourd'hui subir la triste aventure d'Absalon. Mon mari monte *Cochon-de-lait. Cochon-de-lait* est un joli cheval chocolat, tout rond, au poil brillant. *Cochon-de-lait* alternativement trottille et marche au pas, sans se décider jamais ni pour l'une ni pour l'autre de ces allures. *Cochon-de-lait* est philosophe, il n'a pas d'amour-propre, il se laisse volontiers distancer par tout le monde; il va son train, marchant, perdant son rang, trottant pour le rattrapper. L'univers croûlerait qu'il n'y changerait rien.

Louis et Jeannette nous suivent. A quelques lieues derrière nous s'avancent lentement les bagages que nous distançons dès la première heure. Cette partie de la caravane se compose de cinq chevaux, de quatre agoyates[1] et de Christódoulo, le *monsieur* cuisinier.

A peine arrivons-nous au gîte, que François prend possession. Han[2], auberge, maison particulière, tout reconnaît sa puissance. Dès qu'il se présente, le maître et la maîtresse, sont comme s'ils n'étaient plus. François s'empare des chambres, les meuble, sert ses voyageurs, commande en général d'armée. Le *monsieur* descend de cheval, allume son feu, souvent en plein air. Une demi-heure, trois quarts d'heure, et le dîner est sur la table. Le matin on déjeune rapidement, on plie bagage, les murs reparaissent nus, et le soir quatre autres murailles aussi désolées revêtiront en un clin d'œil la même apparence confortable.

[1] Conducteurs des chevaux de bagages.

[2] Le han ou kan est une espèce de hangard, de masure, où les voyageurs trouvent un abri, mais ne trouvent ni meubles ni nourriture.

Il fait nuit; sous nos fenêtres chantent quelques Grecs. Tous les chants de la campagne sont de même famille; c'est toujours un rhythme traînant, un ton mineur, une grâce mélancolique. Le chant de ce soir a quelque chose d'un peu nasillard, mais qui ne déplaît pas; il est coupé par de longues tenues, puis il s'arrête court, on ne sait pourquoi, et reprend sans plus de raison. Tel qu'il est, il a du charme.

Dimanche, 17 *octobre* 1847. — C'est ici que Paul passa dix-huit mois; ici qu'il travaillait avec Aquile et Priscille à faire des tentes; ici qu'il parlait les jours de sabbat dans la synagogue; ici que les Juifs le contredisaient et blasphémaient; ici que déchirant ses vêtements, il s'écria : « — Que votre sang soit sur votre tête, j'en suis net, je m'en vais dès à présent vers les Gentils. — » Et le Seigneur le consola d'un mot, comme il consolait Élie au désert, comme il consolait Jonas sous le kikajon desséché, comme il nous relève quand la lutte nous abat, comme il nous apaise quand elle nous irrite. — « Ne crains point, parle, ne te tais point... je suis avec toi, personne ne mettra la main sur toi pour te faire du mal... J'ai un grand peuple dans cette ville. » Paul, l'humble faiseur de tentes, se remit à l'œuvre, et, sous l'influence du Saint-Esprit, l'Église de Corinthe se forma.

Maintenant, quelques maisons occupent l'emplacement de l'immense cité. Et la foi, la foi dans sa pureté, dans sa vie, où est-elle?

Il faut encore ici un faiseur de tentes, un homme simple, mais puissant en conviction, qui vienne annoncer que les hommes ne sont rien, ne servent à rien, ne sauvent rien; que Jésus *dans le cœur* a seul pouvoir de racheter.

Je ne sais si je me trompe, mais il me semble qu'avec l'intraitable orgueil, qu'avec la susceptibilité défiante du peuple grec, la dissémination des Écritures est le plus sûr, peut-être le seul moyen d'évangélisation. — Qu'on ouvre des écoles, mais qu'on n'y admette pas d'autres livres que la Bible, que les alphabets eux-mêmes soient tirés du saint livre, car l'esprit grec, jaloux de sa supériorité, soupçonneux à l'endroit des missionnaires, verra dans la phrase la plus innocente, une mortelle insulte à la religion orthodoxe.

Les Grecs ont l'intelligence lumineuse; donnez-leur la parole de Dieu, placez-la partout, et puis attendez. Le sol est fertile, la semence n'y restera pas enfouie longtemps. Dès qu'ils liront, ils compareront. Ils chercheront dans les Écritures le culte à la Vierge, les prières aux saints, les jeûnes réguliers, le célibat monastique; et quand nulle part ils n'auront vu ces coutumes prescrites, quand ils les auront vues prédites comme une chute, condamnées comme un péché; la grâce du Seigneur, cette grâce parfaitement gratuite et suffisante, leur apparaîtra radieuse derrière les fumées dont on l'avait obscurcie. Alors, eux-mêmes seront avides de secours religieux. Ils ne diront plus : *Nous avons Abraham pour père;* ils appelleront les serviteurs de Dieu dans leur pays, ils les presseront de travailler à son entier affranchissement. — Les Grecs du premier siècle, comme ceux du dix-neuvième, *recherchaient la sagesse,* ils étaient fiers de leur philosophie, de leurs aptitudes; et saint Paul leur déclare que Dieu *a choisi les choses folles de ce monde pour confondre les fortes.* — Puissent ces choses folles : les écoles des missionnaires, les Nouveaux Testaments qu'ils distribuent, amener les Grecs à la vérité!

Les missionnaires n'arriveront à un tel résultat qu'en se dépensant eux-mêmes. Un missionnaire, ce doit être, il me semble, un homme qui, célibataire ou marié, père ou sans enfants, laisse à Dieu, à ses frères, le soin matériel de ce qui le regarde, pour se consacrer âme et corps à l'évangélisation. S'il ne se rattache à aucune société, si nul ne pourvoit à sa subsistance, qu'il fasse des tentes. — A Dieu ne plaise que je mette la sainteté monastique à la place de la sainteté apostolique! — Mais en même temps, mais avant, qu'il annonce la vérité. Peut-être sera-t-elle mieux accueillie, peut-être pénétrera-t-elle plus à fond, venant d'un simple ouvrier qui expérimente chaque jour les difficultés communes à tous, que prêchée par un homme placé là, *ad hoc*, et n'ayant que des relations toutes spéciales avec ceux qu'il évangélise. Les missionnaires moraves : tailleurs, tisserands, charpentiers, hommes de métier comme leur maître, font preuve.

Travail manuel ou non : qu'on voie un missionnaire tenir des écoles, visiter les pauvres, soigner les malades, rechercher les petits, donner son temps, donner sa vie; et de quelque manière qu'il les donne, le monde, qui blâme le but, rendra témoignage à la conduite. Des calomniateurs, il y en aura toujours. Notre tâche n'est pas de les faire taire, mais de les faire mentir.

Après cela, une femme vraiment pieuse, me semble pour le missionnaire une première condition de succès.

Il n'est pas bon que l'homme soit seul; ce qui n'est bon pour personne est plus mauvais pour le missionnaire que pour tout autre, puisque son existence entière est un combat. L'isolement lui vaudrait mieux cent fois pourtant, que l'indifférence ou que l'opposition, assise à ses côtés sous la forme d'une compagne. S'il ne trouve pas une aide près de lui, il trouve une entrave. -- Je veux qu'une femme mondaine le laisse croyant, jusqu'à un certain point fervent d'esprit; il y aura toujours une banqueroute en fait d'œuvres. Si le missionnaire se donne lui-même, l'épouse chrétienne se donne, elle aussi;

elle donne bien plus, elle donne ce qu'elle aime le mieux au monde : son mari. Comment, sans une foi vive, offrir ces sacrifices d'intimité, de joies innocentes, que réclame chaque jour la vie missionnaire! Comment, sans une foi vive, voir un époux appartenir à tous, avoir des moments pour tous, et se sentir souvent hélas, seule déshéritée du bonheur d'être pas à pas soutenue par ses conseils! Comment, sans une consécration absolue de son propre cœur à Dieu, lui faire l'abandon de la santé d'un mari! Comment, en face de la haine du monde, conseiller à un époux ces actes de fidélité qui entraînent la souffrance, qui entraînent la mort peut-être!

Ah! les pasteurs du Canton de Vaud qui, en 1846, ont senti le courage d'une compagne les fortifier; les pasteurs qui ont vu leurs femmes s'élancer au-devant des privations; et quand il fallait choisir entre la conscience et le pain de la famille, se décider pour la conscience; quand il fallait choisir entre l'estime d'un peuple égaré et les persécutions, choisir les persécutions : ceux-là savent bien que la femme est vraiment la moitié du ministre, la moitié du missionnaire.

Nous avons gravi ce matin l'Acrocorinthe : l'antique citadelle tour à tour grecque, franque, turque, et grecque encore. Huit soldats la gardent aujourd'hui.

Les murailles crénelées embrassent la moitié de la montagne, elles ont plus d'une lieue de tour. Nous franchissons trois ou quatre portes de fer, et nous

nous trouvons au milieu du village, maintenant détruit, que les Turcs avaient bâti dans l'enceinte.

Là ont eu lieu des faits atroces. Durant la guerre de l'indépendance, la garnison turque capitula; on lui promit la vie sauve. Les Grecs manquèrent à la parole donnée; il massacrèrent tout; quelques hommes seuls, jetés en prison, furent tués un à un. Le père de notre hôtesse, — ceci est un récit de François, dont je ne garantis pas l'authenticité, — le père de notre hôtesse était de ceux-là. On l'enferma comme les autres; mais il avait une force de lion, on craignit de l'affronter, et par une ouverture placée à la voûte de son cachot, on lui versa sur la tête un chaudron d'eau bouillante, puis on l'acheva. Sa femme mourut de douleur. Notre hôtesse avait alors dix ans. Quelques années plus tard, quand, la guerre terminée, on fit l'échange des prisonniers, les Turcs la redemandèrent. Elle refusa de quitter Corinthe. Ce refus parut suspect. La flotte chargée d'opérer les échanges, resta deux mois devant Xante, toujours négociant cette affaire. Enfin on fit venir l'esclave turque sur la place de Corinthe, et là, en présence de la population, des témoins turcs, on lui enjoignit de s'expliquer. Elle déclara qu'elle voulait rester en Grèce, parmi les Grecs; elle s'est mariée à un Grec des îles Ioniennes, elle a un fils Grec; tout comme la jeune enfant des Puritains d'Amérique, elle a oublié les horreurs du siége, elle s'est donnée aux vainqueurs.

Quelques tronçons de colonnes cannelées ressortent parmi les décombres du village turc. On monte encore, on gagne une dernière plate-forme, et l'on voit les deux mers, l'isthme, Lutrachi, Calamachi; à droite Salamine avec l'Hymète dans le lointain; à gauche l'Achaïe, la Sicyonie; en face la Phocide, la Béotie et l'Attique, tandis que derrière s'élèvent quatre plans de montagnes entre lesquels on devine les États du Péloponèse.

Les murs crénelés de la citadelle reportent aux beaux temps du moyen âge. A chaque pas on croit rencontrer quelque chevalier armé de toutes pièces, suivant le large sentier sur son palefroi.

Le fils de l'hôtesse et son chien nous conduisent. On ne peut entrer dans la forteresse qu'accompagné par un citoyen de Corinthe.

Notre bête de la journée, outre le chien qui nous a introduits dans l'Acrocorinthe, est une petite tortue de la dimension d'une pièce de cent sous. Elle se promène tranquillement dans notre chambre. Comme nous avons affinité avec toutes les bêtes, que nous les comprenons, que nous nous flattons d'en être compris, celle-ci a été immédiatement prise, caressée, et même lavée... elle était d'une saleté grecque. Je crois pourtant qu'elle a assez de nous. Au fait, nous sommes entrés brutalement en conversation, sans que personne nous eût *introduced;* et pourquoi les tortues n'auraient-elles pas leur délicatesse?

NAUPLIE.

Lundi, 18 *octobre* 1847. — Au sortir de Corinthe, nous tournons la base de son Acropole; après avoir marché longtemps dans la plaine, nous rencontrons un cours d'eau, le premier lit de rivière au fond duquel, en Grèce, nous ayons vu rouler autre chose que des pierres. Nous le passons et le repassons. A notre gauche, trois paysans labourent avec la charrue antique; ils semblent perdus dans ces solitudes.

Nous voici sur des plateaux élevés. Plus d'arbres, plus de buissons, plus rien que de la bruyère fleurie à perte de vue; au loin, des horizons de montagnes basses, jetées les unes derrière les autres avec une variété de couleurs qu'on ne trouve que sous un ciel brûlant. Les premières, vertes et dorées comme le dos d'un lézard, les secondes grises, celles du fond d'un bleu foncé. Leurs grandes ombres se projettent sur les croupes voisines. Le ciel est éclatant, une brise fraîche glisse sur la bruyère; pas un être vivant, excepté les alouettes que le pas de nos chevaux fait partir avec un cri limpide, et qui bientôt se laissent doucement retomber, à peine soutenues sur leurs languissantes ailes.

Il y a dans les parfums, dans le silence, dans l'air vif des montagnes, quelque chose qui retrempe le cœur.

Une petite vallée s'arrondit à nos pieds. Elle est emprisonnée par les montagnes; on devine à grand' peine quelques champs sous les cailloux qui la couvrent. Au milieu, trois colonnes d'ordre ionique restent debout, deux unies par les entablements, la troisième solitaire. C'est Némée. Le sanctuaire est encore là, un antique mur de pierres en marque la forme. Des deux côtés, le temple a laissé tomber ses colonnes, dont les blocs renversés l'un sur l'autre semblent attendre qu'une main puissante les relève. On dirait de gigantesques colliers de perles dont on aurait retiré le fil. Un oiseau a fait son nid sur le chapiteau de la colonne isolée; il voltige autour; la présence inaccoutumée de l'homme l'inquiète; il n'y a ici d'autres traces de sa domination qu'une charrue brisée.

Nous passons de montagnes en montagnes. Des marguerites brillent parmi les touffes d'herbe, le cyclamen, aux corolles lilas relevées en couronne, pousse au pied des buissons. Les troupeaux sont éparpillés au milieu des rochers; le pâtre appuyé sur son bâton, la tête couverte du capuchon de son talagani nous suit lentement des yeux; ses chiens hurlent, ils nous poursuivent, le poil hérissé, les dents grinçantes : François tire son grand couteau, pousse à eux, fait voltiger son cheval, saute à terre, lance des pierres, remonte, part au galop, et la meute effrayée quoique toujours hargneuse, aboie et fait briller ses longues dents à distance.

Un taillis d'arbousiers aux fruits rouges, couvre le revers de la montagne. On cueille et on mange sans descendre de cheval. Le ruisseau n'est plus là; les cailloux roulants, les pentes désolées y sont toujours. Tout à coup, une oasis se présente. C'est un han, entouré d'eau courante, et devant, un beau jardin planté de figuiers, de mûriers, de vigne aux pampres chargés de grappes. Quelques Grecs, armés jusqu'aux dents, voyageurs comme nous, se reposent dans le han.

Ici, partage des eaux. Notre ruisseau du matin coulait vers Corinthe, celui-ci se rend à Nauplie. Il est enseveli sous un fourré de lauriers roses; quelques jeunes platanes étalent leurs larges feuilles à côté de la feuille mince, des pétales éclatants du laurier.

Bientôt, la grande vallée de Nauplie s'ouvre jusqu'à la mer. A gauche l'acropole de Nauplie, à droite l'acropole d'Argos encadrent l'horizon.

Nous gravissons une petite montagne rocailleuse,

et nous nous trouvons inopinément en face de la porte aux lions de Mycènes. Les lions, les murs cyclopéens qui conduisent à la porte, les montants gigantesques de celles-ci, tout est intact. Seulement la montagne éboulée comble l'entrée, une pièce de marbre reste enchâssée dans cet amas de terre : cela est solennel ; on dirait que Mycènes tout entière, toute vivante, est ensevelie dans ses flancs.

Quelques pas, et nous trouvons le trésor des Atrides. Même style. La porte surmontée d'un triangle de pierre, ouvre sur une salle ronde dont la voûte s'élève en cône ; à droite, un caveau taillé dans le roc.

Du temps d'Agamemnon, ces monuments passaient déjà pour des antiquités. — Qui étaient donc les hommes qui élevaient à dix pieds du sol, un bloc pareil à celui qui forme l'architrave de la porte du trésor ?

Un figuier étale sa jeune verdure sur le fronton. Ses racines déplaceront peut-être ces masses que les siècles n'ont pas ébranlées.

La plaine devient de plus en plus cultivée ; nous y rencontrons les premiers villages de la journée ; bientôt nous croisons des cabriolets et des calèches ; j'aime mieux la montagne.

Nous devions aller demain à Hiéronne[1] ; mais

[1] Beau temple d'Esculape.

nous avons passé dix heures à cheval aujourd'hui; il en faut onze, au trot, pour visiter Hiéronne et revenir. Je presse mon mari de s'y rendre; il ne veut pas me quitter: il faut bien accepter son sacrifice, tout en regrettant de n'avoir pas assez d'énergie physique, peut-être pas assez de courage, pour affronter ces terribles onze heures.

ARGOS.

Mardi, 19 *octobre* 1848. — Avant de partir, nous visitons la citadelle de Nauplie. Elle ne s'ouvre qu'à neuf heures. On ne sait pas, quand tous les jours on dort à sa faim, on ne sait pas quel bonheur on éprouve en voyage, à sauver une grasse matinée sur huit maigres.

La citadelle de Palamède sert de prison militaire; les prisonniers y travaillent divisés par ateliers; c'est un progrès immense.

Le gouverneur nous reçoit avec la politesse grecque; il nous fait tout considérer au point de vue stratégique; ce qui ne nous empêche pas de regarder le golfe d'Argos entouré de montagnes grises et bleues, les découpures du Péloponèse, et au bas du rocher taillé à pic, couvert de cactus, Nauplie avec ses maisons blanches baignant dans les eaux. Celles-ci étaient si pures, qu'on distinguait les plages sous-marines. Une barque de pêcheur à voiles rouges cinglait vers le port; quelques batelets glissaient plus loin. Vus de cette hauteur, on eût dit des coquilles de noix jetées par la main d'un enfant.

Nous visitons en nous rendant à Argos, les galeries cyclopéennes de Thyrinthe, la ville des rieurs par excellence. — On y retrouve la forme triangulaire du fronton de Mycènes et du trésor des Atrides.

Argos est un gros village à maisons de terre, les unes blanchies, les autres de couleur naturelle, séparées par des jardins d'orangers et par de grands espaces libres. Argos s'étale au pied de l'acropole, petite montagne pointue que couronnent les ruines d'une forteresse. Il ne fait pas bon l'attaquer en ligne droite. Cette ascension m'a plus brisée que la journée d'hier.

Les hommes ne savent pas, eux, solidement plantés à califourchon sur leur bête, ce que c'est que de gravir une échelle, accrochée à la corne d'une selle de femme, pendant que le cheval qui procède par soubresauts, tantôt vous jette sa tête dans la poitrine, tantôt s'enlève de la croupe et vous lance sur son museau.

François a pour la ligne droite une inclination qui l'honore. Dans l'ordre moral, c'est bien : dans l'ordre montagneux, cela ne vaut rien.

Le théâtre d'Argos, au pied de l'acropole, a conservé ses gradins presque intacts.

Pour la première fois en Grèce, des enfants nous

accompagnent en tendant la main. En Italie, la mendicité est la règle générale; en Grèce, elle fait l'exception; quelques infirmes assis au bord du chemin, quand il y a un chemin, implorent seuls la pitié du passant. Ce qui n'empêche pas la population d'Argos et autres lieux de courir après nous, mais pour le noble plaisir de nous voir. Les enfants nous enferment dans un cercle quand nous sortons, grimpent aux fenêtres quand nous rentrons; les femmes regardent d'un peu plus loin; nous sommes la bête curieuse, le chameau du pays. Nos gamins de Paris dans les rues, et nos belles dames dans les salons, ne font-ils pas subir le même supplice aux ambassadeurs de Perse ou de Maroc?

Mercredi, 20 octobre 1847. — Une indisposition de Louis nous retient à Argos. Après avoir reculé le départ d'heure en heure, nous nous décidons à rester jusqu'à demain, espérant que des soins et une nuit de repos guériront notre malade.

Nous habitons une maisonnette de terre. Quelques tapis modèrent la crudité du sol; trois fenêtres sans vitre ouvrent les unes vis à vis des autres, de manière à ne rien perdre des courants d'air; le toit forme notre plafond; tout cela avec des trous où l'on passerait la main. Une niche en bois qui contient deux images, deux couronnes de papier doré — la couronne de l'époux et celle de l'épouse — pend au mur, devant elle brûle une petite lampe : c'est l'autel qu'on trouve dans toutes les maisons grecques. Les habitants s'agenouillent et disent leurs prières, le visage tourné de ce côté. Cinq épis tressés et appliqués contre la muraille; des coffres recouverts de vieilles étoffes; un morceau de miroir grand comme la paume de la main, fortement maçonné dans le mur: voilà le mobilier indigène.

Nous avons longtemps erré dans un jardin de citronniers qui étale sa verdure presque sous nos fenêtres, et qui nous envoie l'arome de ses fleurs. Des oiseaux gazouillent sous cette belle ramée, réjouis par un printemps perpétuel.

Les soirées et les matinées sont fraîches; le jour serait brûlant sans une brise qui vient en tempérer l'ardeur. Les Agoyates dorment étendus dans la cour; le cuisinier médite son menu, François lit tout haut un Nouveau Testament grec que nous venons de lui donner. Nous placerons, avec la grâce de Dieu, quelques exemplaires des Ecritures durant notre voyage.

François a d'étranges contrastes dans le caractère. Il est bon, avec les apparences et parfois les actes farouches. Il a des manières en général respectueuses, avec des moments de rudesse inouïe. Il garde un sérieux oriental, avec des accès d'enfantillage et de bouffonnerie. Il est sage au fond, et nous fait exécuter à froid, des bravades dont je me soucie comme de m'aller pendre. Il a une droiture, une loyauté parfaites... cependant, en fait d'histoires, il nous en donne à garder toutes les fois qu'il s'en souvient. Tel qu'il est, il nous convient; il a ses défauts : n'avons-nous pas les nôtres?

Le chapitre des *anglaisades* ne tarit pas.

La plus jolie est celle d'un gentleman que François prétend avoir rencontré l'année dernière à *Ouadi Alfa*. Ledit gentleman se promène là, dans l'état de nature. Il vit parmi les Nubiens, il a épousé une Nubienne, il grimpe aux arbres comme un chat tigre, il se roule dans le sable : tout cela dans le but très louable de remonter aux sources du Nil. Il se déclare *very soddisfied*.

La coiffure de François se compose de la calotte blanche, juste à la tête, recouverte du tarbousch, — bonnet rouge moins élevé que le bonnet grec; — son costume, d'un gilet de cachemire dont les manches sont tout du long serrées par des boutons de soie verte; d'une veste grise brodée de soie noire, avec de grandes manches ouvertes; d'une autre veste à capuchon pour les temps froids; de larges pantalons de drap vert, rattachés à la taille par une écharpe de soie de Beyrouth. Cette écharpe renferme et retient tout : la bourse, le portefeuille, le mouchoir, le papier à cigares, le tabac et le coutelas. Le fameux coutelas à gaine verte, à manche d'ivoire, le trait caractéristique de François! — François sans jambes, sans bras et sans tête serait encore François! François sans son grand couteau ne serait plus que l'ombre de lui-même. Ce couteau sert à tout : à menacer les chiens, à dompter les chevaux, à planter les clous, à les arracher, à forcer les serrures, à déboucher les flacons, à percer les parois, à tailler les arbres. Quoi qu'il y ait à faire, quelque résolution qu'il y ait à prendre, François tire son grand couteau ; instinctivement, comme il respire.

François règne en despote sur son cuisinier et sur ses agoyates. Avec le premier, il s'humanise jusqu'à la plaisanterie; avec les autres il reste tyran. Un mot bref, un geste, et ces grands jeunes hommes aux traits mâles, marchent, s'arrêtent silencieux, en vrais muets. Hier au soir, il a fait pendant une demi-heure tenir l'un d'eux immobile, une bougie dans les doigts, en guise de candélabre. L'agoyate restait, la cire fondait, la flamme descendait, la main allait brûler, et l'agoyate ne bougeait pas, plus semblable à une caryathide qu'à un être vivant.

François prend ses repas avec Jeannette et Louis; il n'admet pas le cuisinier à sa table : celui-ci mange à part. les agoyates après lui.

Je l'ai questionné sur la nourriture des gens du pays. Elle se compose de pain, d'olives, de légumes, d'œufs, de fromage et de lait dans la saison — le printemps et l'été — de viande quand on peut, de vin toujours, en quantité fabuleuse : trois oques par tête, — cinq bouteilles au moins. — Nos agoyates engloutissent des outres. — Les Grecs de la classe laborieuse font trois ou quatre repas par jour : à sept heures le déjeuner, à midi le dîner, à trois heures le goûter ; presque tous mangent le soir. — La frugalité grecque est une faculté plutôt qu'un fait ; on en parle beaucoup, on la pratique quand il faut, volontiers on s'en dispense. — Dans le temps du carême, le jeûne se fait rigoureux ; il n'est pas permis d'accommoder les mets avec de l'huile, quoique — et ceci me paraît peu conséquent — l'usage des olives soit autorisé ; cependant en carême comme en carnaval, le vin coule. Les Grecs de nos jours ne seraient pas les dignes descendants des héros d'Homère, s'ils ne se montraient fort mangeurs et fort buveurs.

Argos, où nous voici, me rappelle les admirables adieux d'Hector et d'Andromaque [1]. « — Hector ! tu es pour moi un père, une auguste mère et un frère ; et tu es aussi un époux plein de jeunesse. — » Quel cri du cœur, quelle sublime et naïve expression de l'amour ! quelle divination de cette union si puissante, si chaste et si charmante ! — Et ces paroles d'Hector : « Le grand Hector à l'aigrette mouvante

[1] Sixième chant de *l'Iliade*.

lui répond : Et moi aussi, femme, toutes ces choses-là me tourmentent... Mais, ni les maux à venir des Troyens, ni ceux même d'Hécube, ni ceux du roi Priam, ni ceux de mes frères qui, bien que nombreux et vaillants, seront tombés dans la poussière sous des mains ennemies, ne me tourmentent autant que les tiens, lorsque quelque Grec à la cuirasse d'airain t'ôtera la liberté et t'emmènera pleurante; que tu tisseras de la toile à Argos pour une étrangère, et que tu iras puiser de l'eau dans la fontaine de Messéis ou dans celle d'Hypérie, bien malgré toi, et pressée par une dure nécessité. Alors on dira en te voyant pleurer : Voici la femme d'Hector, qui était le plus vaillant des Troyens lorsqu'ils combattaient autour d'Ilion. Ainsi dira-t-on; et ce sera pour toi une nouvelle douleur de penser que tu n'as plus un tel mari pour chasser loin de toi l'esclavage!... Mais qu'un monceau de terre couvre mon cadavre avant que j'entende tes cris, et que je te voie arracher de Troie! »

Le pharmacien d'Argos refuse de nous livrer une boisson rafraîchissante sans l'ordonnance écrite du médecin. Nous faisons appeler le docteur : nous voyons arriver un homme de cinquante ans, long, maigre, le teint cuivré, le bonnet rouge sur la tête, une épaisse moustache grise partageant sa figure en deux, son grand corps serré du haut en bas dans une robe violette qui lui bat les talons, et, par dessus celle-ci, une autre bleue, ouverte et flottante. Il tient dans sa main une pipe démesurée sur laquelle il s'appuie. Nous le saluons, nous lui faisons accueil, nous lui donnons quelques détails sur l'indisposition de notre malade. Peine perdue. Le docteur ne daigne pas abaisser un regard sur nous. Il s'approche du lit, tâte le pouls, échange quelques paroles solennelles avec François, dicte un arrêt : sangsues !... et sort sans nous rendre notre révérence, sans regarder ni à droite ni à gauche, superbe et doctoral jusqu'au bout. « — Il est bête comme trente-six mille bécasses, cet être-là ! — » crie François, presque dans ses oreilles.

Nous aurions bien envie de nous abandonner à la démoralisation. Louis se désole de nous retenir, nous nous désolons de le voir souffrant; malheureusement le temps nous presse, nos journées sont comptées. Nous nous demandons comment notre pauvre Louis supportera les fatigues du voyage; et puis, nous regardons à Dieu, à ce Dieu qui, tous les jours, nous comble de ses grâces; nous nous trouvons ingrats, odieux, et nous disons du fond du cœur : « — Seigneur, soulage notre serviteur, pardonne-nous nos défiances, et soumets nos cœurs à ta volonté. — »

TRIPOLIZZA.

Jeudi soir, 21 octobre 1847. — Notre malade va bien mieux; cependant il y aurait de l'imprudence à le mettre à cheval ce matin; il ne pourra même y remonter de longtemps. Le bateau part aujourd'hui de Nauplie pour se rendre à Athènes; il ne passe que tous les quinze jours; nous sommes forcés de profiter de cette occasion. Louis se décide à retourner à Athènes, il y arrivera demain matin et achèvera de s'y guérir. Cette résolution se prend et s'effectue avec un vif chagrin de part et d'autre.

Nous quittons Argos le cœur serré. Nos neuf heures et demie de voyage s'écoulent au milieu de montagnes arides, par un soleil brûlant [1]. Une seule vue, bien belle à la vérité, varie notre horizon de rochers gris, notre premier plan de terre jaune que recouvre par places une maigre végétation d'épines. Cette vue est celle qu'on découvre de *Davoulyon-oros*. On plane sur le golfe de Nauplie,

[1] Il vaut mieux se rendre de Nauplie à Sparte par Ayos Petros: traversée de montagnes boisées et aspects admirables.

sur les îles, sur des montagnes qui, ce matin, luttaient de couleurs.

Pas un troupeau, pas un laboureur; quelques gendarmes à la figure brigantesque explorent la route solitaire.

Avec peu d'argent on rendrait ce chemin carrossable. Il est indiqué comme tel dans le *Guide*.

Le soir, à Argos, l'Anglais touriste fait venir son drogman :

— Démain, jé voulé allé à Tripolizza, en *voatûre!*

— Mylord, ce n'est pas possible.

— Comment, il n'été pas possible!

— Non, mylord; il n'y a pas de route pour les voitures.

— Il y avé iune!

— Je demande pardon à mylord, il n'en existe point.

— Jé vos dis qué il y avé, et qué jé voulé allé, moa, démain, à Tripolizza, en voatûre.

— Mylord, il n'y a pas moyen.

Mylord saute sur son volume, l'ouvre à la page menteuse, la met sous les yeux de son drogman, et confondant le traître :

— Il été là, dans la *Guide*, voaïez!

— Alors, s'il est là, il n'est pas ailleurs.

Mylord se fâche, le courrier aussi : on va chercher le Nomarque[1]. Le Nomarque, tout Nomarque

[1] Gouverneur de la ville.

qu'il est, ne peut, d'un coup de baguette, faire sortir des rochers une route carrossable; et l'anglais convaincu, mais indigné, maudit ces Grecs: « — qui avé une constitutione, et qui né avé pas dé routes. »

A deux lieues de Tripolizza, nous sommes pour la première fois de la journée, réjouis par le chant des coqs et par la vue de quelques maisons de terre, étagées sur la pente rocailleuse d'un coteau. Après une journé de désert le chant du coq a quelque chose d'hospitalier qui dilate le cœur. Enfin, voici Tripolizza. Tout autour s'échelonnent des montagnes; elles forment un cirque immense, et c'est à l'une des extrémités de l'arène que se groupe Tripolizza. Cette situation a du caractère; les alentours sont sauvages, et l'apparition soudaine d'une ville jette dans l'âme des idées de bien-être qui l'éclairent comme un rayon de soleil.

Notre han a des vitres, mais il est sale. Je préfère les volets de bois, le plancher et les murs en terre de notre abri d'Argos.

La lune luit dans son plein; nous venons de nous promener. Les rues sont bordées de gaies boutiques ouvertes à tous vents; les petites lampes suspendues éclairent le tailleur, le cordonnier, le marchand de fruits, assis sur leur étalage même; des feux allumés dans la rue brillent de distance en distance, la place s'arrondit, plantée d'arbres, entourée de cafés; la foule y circule, la foule masculine s'entend.

VOURLIA.

Vendredi, 22 *octobre* 1847. — Le han de Vourlia est occupé par les gendarmes à figures sacripandes, chargés d'assurer la sécurité de la route. « — Monsieur veut-il que je les jette dehors? dit François en tirant son grand couteau. » — « Non, certes. » — Nous venons chercher un gîte dans le village, et nous y trouvons une maison particulière, dans la plus admirable situation du monde.

Pour premier plan, les habitations parsemées sur le plateau très élevé, l'église avec son clocher à jour; plus bas, à nos pieds, la profonde vallée de Sparte, l'Eurotas dont les eaux, frappées d'un dernier rayon du jour, brillent comme la nacre; sous un dais de vapeur, Sparte; aux pieds des montagnes, Mystra.

Derrière Vourlia, la lune se lève lentement, ronde, argentée; devant nous, la grande chaîne du Taygète se dresse comme un mur noir et dentelé. Ses lignes baignent dans la lumière dorée que le soleil a laissée à son couchant. Des femmes passent près de nous; nous échangeons, ne pouvant faire mieux, un doux sourire et un regard amical. Le cricri chante sous les touffes de bruyères en fleur.

A mesure que la lune monte et que les teintes du ciel pâlissent à l'occident, les cimes semblent grandir; la vallée, au fond, s'enveloppe de vapeurs plus blanches.

Il nous fallait cela pour oublier les ennuis d'une journée de neuf heures, au milieu de plateaux rocailleux, dans des chemins détestables, sans autre occupation que de soutenir nos chevaux qui s'affaissent ou qui glissent.

Un seul filet d'eau pendant ce long trajet; à deux lieues d'ici, quelques beaux chênes. Quelques touffes de croqus blancs, de cyclamen et de marguerites sous les buissons d'épines; par-ci, par-là, une tortue qui se rend à son trou, un lézard vert qui court sur les rochers, et voilà tout. Encore, ce peu, ne l'apercevons-nous qu'à la dérobée, occupés que nous sommes de veiller sur nos bêtes.

Ni ombre, ni verdure, ni variété. Toujours un col gris et pierreux derrière un autre col pierreux et gris. Plus, des descentes à se rompre le cou.

Je ne me sens pas d'affinité pour la vocation de centaure dans les cailloux roulants; ma pauvre Jeannette n'en a pas plus que moi, de sorte que tout ce que nous avons pu faire à pied, nous l'avons fait, à la grande indignation de François. Un déjeuner d'oignons crus et de viande froide près d'un han solitaire, a seul rompu la monotonie de la marche.

Mais cette soirée, ce calme, cette Sparte à demi-voilée, ce rempart de montagnes, cette calme lueur qui tombe également sur cette grande scène, cette population aux traits nobles, au doux accueil, cet air éthéré, cette senteur de la bruyère et ces notes perlées de grillet, tout cela efface les fatigues de la journée. Merci, mon Dieu, de nous avoir fait trouver cet abri !

MISTRA.

Samedi, 22 *octobre* 1847. — Nous échappons de bonne heure aux chevaux de François pour descendre à pied la montagne. Nous avons constamment en face les cimes désolées du Taygète. Au fond de la vallée, quelques arbres, une ligne argentée, marquent le cours de l'Eurotas. Nous marchons à l'air frais du matin, dans la bruyère fleurie; nous sautons par-dessus les rochers, et les glissades que nous entendons faire derrière nous aux chevaux, nous rendent notre indépendance plus chère.

Après une heure de course, nous arrivons sur les bords de l'Eurotas. Plus de cygnes, hélas! Encore quelques touffes de lauriers roses; l'eau est pure, elle coule, elle réfléchit les jeunes platanes penchés sur elle; et puis, *que vous dirai-je,* comme l'écrivent les vieux chroniqueurs : c'est l'Eurotas! Les racines du Taygète se relèvent tourmentées; le long du fleuve seulement, une étroite vallée reste unie. Là croissent des mûriers et jaunissent de riches moissons de maïs.

Les habitants de Sparte, hommes, femmes, jeunes filles et jeunes garçons cueillent les épis en riant et en chantant. Après eux viennent les troupeaux de brebis, d'ânes et de vaches, qui broutent la paille.

Nous passons à gué l'Eurotas, nous en suivons quelques instants la rive, nous montons sur une colline. Des pans de vieux murs, des assises de pierre, la forme à peine reconnaissable d'un cirque et d'un théâtre, de rares colonnes renversées nous arrêtent tout à coup. Nous sommes sur l'emplacement de Sparte. De la Sparte antique, de la Sparte romaine; qui le sait? L'espace qui sépare cette colline de la ville moderne est parsemé de ruines et de morceaux de marbre.

Sparte et les Spartiates m'inspirent peu de sympathie. J'admire les vertus civiques de ce peuple: la défense des Thermopyles m'émouvra toujours; mais la sagesse grecque et les lois grecques me froissent dans mon for intérieur. Je trouve la première sèche, les autres habituellement hostiles aux institutions divines.

Une législation qui enlève les enfants à leurs parents, — ces instituteurs de droit divin, — pour leur faire fabriquer une âme en gros; une législation qui mutile les relations conjugales, qui les dégrade; une législation qui ôte à l'homme son individualité; une législation qui jette forcément tous les citoyens dans le même moule; une législation qui, sous prétexte de liberté, fait plier l'intelligence, le cœur, la vie, sous un joug d'airain, — les habitants de Lacédémone ne sortaient pas sans permission de leur territoire, les étrangers n'y entraient qu'à jours donnés; — une telle législation, qui peut bien confectionner quelques produits remarquables, me paraîtra toujours contraire au bon sens, contraire au droit de l'homme, antipathique. Il y a dans les mœurs, jusque dans les vertus antiques, quelque chose de factice, qui sent le théâtre. On représente, on n'est pas soi. — Et puis, qu'est-ce que cette grandeur à contre-nature? Qu'est-ce que ces mères qui célèbrent comme un jour de fête, le jour où on leur rapporte le cadavre de leur fils, mort dans les combats? On dit que cela est *héroïque*, je dis que cela est *faux*. J'admire la résignation; mais la résignation, qui soumet le cœur, ne l'étouffe pas. — Les luttes des jeunes filles nues; le stoïcisme enseigné, ou pour mieux dire, sifflé aux jeunes hommes; les leçons de cruautés données sur les Ilotes; ces âmes d'esclaves, dégradées à plaisir pour l'instruction des citoyens soi-disant libres; les enfants chétifs précipités du haut du Baratrum, toute cette dépense de tyrannie pour faire mentir l'homme à sa véritable fin, tout cela me choque comme une dissonance qui durerait des siècles.

Je l'avoue, j'ai regardé les restes de Sparte avec curiosité, non avec cette émotion que nous sentons à la vue des derniers vestiges de ce que nous avons beaucoup admiré.

La Sparte moderne se compose de rues larges, droites, auxquelles il ne manque guère que des maisons. La rue du milieu cependant, est garnie de boutiques et de cafés. C'est dans un de ces derniers que nous buvons du sirop d'orgeat, à la stupéfaction des Spartiates, jeunes, vieux, hommes, femmes, soldats, prêtres et moines, rassemblés pour nous voir, premièrement acheter trois *angùrie*, secondement porter à la bouche, et avaler comme de simples mortels, trois verres de sirop.

Bien contre notre gré, nous donnons spectacle partout où nous passons. C'est à cette inspection, qui, du côté des grandes personnes, se renferme dans les bornes d'une certaine réserve, qu'il est difficile de s'accoutumer.

Le chemin qui nous mène à Mistra serpente sous les oliviers séculaires. De grands figuiers nous jettent l'ombre de leurs larges feuilles, la vigne s'étend à notre gauche, des plantations de mûriers verdissent partout; le gigantesque Taygète s'élève perpendiculaire devant nous.

Avec quel plaisir nous suivons les détours de ce sentier, savourant la fraîcheur, nous délectant de cet aspect fertile. Nous croisons à chaque instant de jeunes Grecs, des femmes à cheval; ils reviennent du marché de Mistra. Mistra s'échelonne sur le premier plan de la montagne; nous y montons; à deux heures notre journée est finie, et c'est demain dimanche : deux bonheurs à la fois.

Dimanche 24 *octobre* 1847. — Le dimanche est un bienfait dont on ne sent tout le prix que dans une vie fatigante.

Certainement en voyage on peut prier, on peut lire les Ecritures; mais les difficultés ou les charmes de la route, absorbent souvent l'esprit. Le soir, la lassitude appesantit les yeux et le cœur. Nous prenons le volume, nous fléchissons les genoux : hélas! qu'il y a de secrète indifférence sous ces dehors de ferveur! Mais voici le dimanche; plus de préoccuppations. Nous nous recueillons devant le Seigneur, nous ouvrons nos cœurs à sa parole, et nous nous réjouissons d'être, nous, serviteurs inutiles, sauvés par grâce.

Nous revenons de la citadelle. On domine de là Sparte et la vallée de l'Eurotas, pareille à un jardin. C'est la vue de Vourlia, mais prise du côté qui lui fait face.

Le Mistra turc, accroché aux flancs du rocher, ne présente que ruines. Près du sommet de la citadelle, des lierres immenses revêtent celles-ci de leur toison. Près de la citadelle aussi, de pauvres paysans ont recouvert de toits quelques-unes de ces murailles, pour s'y abriter avec leurs familles. C'est là que notre rencontre jette trois enfants dans le désespoir. François prétend qu'ils nous prennent pour des *néréides*. A l'heure qu'il est, les néréides jouent dans l'éducation le rôle de Croque-mitaine. Un enfant pleure-t-il, on appelle la néréide; un homme est-il estropié, on dit dans le peuple : la néréide l'a touché.

Nous essayons de prendre la main d'une petite fille, elle se jette en arrière avec des cris de terreur. Evidemment, elle craint d'être *touchée* par la néréide.

Les femmes sont gracieuses, mais fières : elles marchent et parlent avec une grande dignité. Ce n'est que lorsqu'elles voient un sourire bienveillant s'épanouir sur vos traits que leur front s'éclaire, que leur bouche perd son sérieux, et qu'avec un doux regard elles portent la main sur le cœur.

Elles ne me paraissent pas belles. Je sais bien que nous passons, nous autres femmes, pour mauvais juges en cette matière. Quant à moi, je les vois — et je ne suis pas seule à les voir ainsi, — courtes, épaisses, le teint flétri, les traits homaces, avec un ventre proéminent auquel je ne m'accoutume pas, bien que François me soutienne que c'est la *nature*. Cela peut être la nature albanaise; à coup sûr, ce n'est ni la nature de la Vénus de Milo, ni même celle de nos Suissesses ou de nos Françaises des campagnes. Ce qui est la nature aussi, c'est une hideuse saleté : personnes, vêtements, planchers, murs, ustensiles, tout cela réclamerait quatre lessives consécutives. Il est vrai que les fleuves grecs en tariraient.

Nous trouvons deux grosses tortues sur notre chemin. François, malgré mes représentations, les fait rouler sur les rochers, sous prétexte qu'elles n'ont jamais été en voiture; arrivées au bas de la descente, elles sortent les pattes, la tête, et vont se remettre de leur émotion dans un trou.

Le ciel se couvre; la journée de demain sera longue. François, qui sait que nous n'aimons pas à voyager le dimanche, nous propose de gagner ce soir, *en nous promenant*, un han distant de quatre lieues. Nous sourions, il se détourne et retire sa motion jésuitique.

LÉONDARI.

Lundi, 25 *octobre* 1847. — Ce matin, temps noir, pluie, triste perspective !

Nous sommes levés avant l'aurore, nous tenons conseil ; nous regardons par la fenêtre, au nord, au midi : nuages partout ; nous déjeûnons, par mesure de prudence. Vers six heures et demie, le soleil fait une large trouée dans la voûte grise, le bleu reparaît. Depuis longtemps le mobilier est rentré dans les sacs de François. Nous laissons notre hôte et sa famille munis du Nouveau Testament, et nous voilà chevauchant dans la riante vallée de l'Eurotas, dont nous remontons le cours.

De nombreux ruisseaux, grossis par la pluie de la nuit, se jettent dans le fleuve. Nous le retrouvons bordé de ses lauriers roses, de ses platanes à la tendre verdure, de ses grands figuiers, de ses arbres de Judée dont quelques-uns fleurissent pour la seconde fois. Cette nature doit être éblouissante au printemps.

L'alouette nous salue de son cri joyeux, les pieds de nos chevaux froissent les plantes aromatiques, des ronces étendent vers nous leurs rameaux chargés de fruits.

Les aspects varient à chaque instant, le sentier reste sinueux et la plaine verdoyante.

Nous quittons l'Eurotas. Nous traversons cols sur cols pour nous rapprocher de la chaîne du Taygète. Les uns sont arides et pierreux, les autres couverts d'arbustes; entre chacun d'eux s'arrondit une petite vallée couverte de champs de maïs. Là on moissonne, là on campe. Les paysans vêtus de la tunique, bien plus noble que la fustanelle, sont assis auprès des grands tas dorés que forment les épis de maïs. Ils ont quitté les villages de la montagne pour venir faire la récolte. Leurs jolies huttes de cannes se groupent vers les tas; la terre qui leur sert de plancher est bien battue, bien propre; une chèvre bêle à l'entrée; les enfants jouent près d'elle en berçant le plus petit, suspendu aux poutres de la hutte. Les troupeaux de brebis, les troupeaux de bœufs et de vaches mycroscopiques, comme tout le bétail en Grèce, suivent les moissonneurs. Après le passage des cols solitaires, ces vues d'intérieur charment la pensée.

Nous gravissons encore, nous ne rencontrons plus que les chèvres et leurs pâtres; nous n'entendons plus que les notes vibrantes du rouge-gorge.

Des chênes immenses, des arbousiers qui portent à la fois des grappes de fleurs blanches, des fruits jaune pâle, orange, et cramoisi; de beaux noyers, des platanes le long des filets d'eau, toute une vigoureuse végétation d'arbres verts ombrage notre chemin et couvre les pentes du Taygète.

Nous passons huit heures ainsi. Le ciel s'assombrit; nous pressons le pas. A chaque détour du chemin, au sommet de chaque col, nous pensons découvrir Léondari, notre gîte du soir.

« — Vous avez encore quatre lieues! — » nous disait-on il y a deux heures : « — Vous en avez six! — » nous crie-t-on maintenant. Nous sommes près de nous désoler. Allons, hâtons-nous; voici, dans le lointain, un paysan à cheval. « — Combien reste-t-il d'ici à Léondari ? » — « Demi-lieue. — » Bon, courage, nous touchons au but. — Hélas! nous n'y touchons pas. Nous voyons bien la vallée de Mégalopolis qui s'ouvre devant nous, et là-bas, tout là-bas, Caritène, dont le seigneur donnait tant de fil à retordre aux neveux de Villehardouin; mais de Léondari, pas l'apparence.

Décidément, Léondari est un mythe,... notre souper aussi.

Enfin, enfin, après dix heures de marche, après un dernier col gravi, un dernier tournant passé, voici le Léondari turc, ruiné, avec sa mosquée à demi détruite; voici le Léondari grec : douze à quinze maisons, les boutiques au rez-de-chaussée, les appartements de réception au-dessus.

François nous installe chez un *vieux scélérat* de ses amis. Le vieux scélérat suspend religieusement à ses croisées des fenêtres auxquelles manquent les vitres; on étend un tapis par terre, nous nous y asseyons en attendant le bagage; nous regardons pleuvoir, et nous remercions Dieu qui nous a préservés de cet orage.

Nos chevaux ont cheminé dix heures sans s'arrêter. Ils ont bu dans un ruisseau, la bride sur le cou et nous sur leur dos. Quelle force et quelle sobriété chez ces bêtes-là! quelle sûreté dans ces sabots recouverts d'une plaque de fer lisse, fixée par quelques clous à tête!

Cochon-de-lait se comporte en brave. Toujours tout rond, avec sa petite mine de philosophe, accrochant de droite et de gauche une bouchée soit de maïs, soit de quelque bonne plante succulente; marchant de son pas court, trottillant, parfois se laissant cheoir des quatre jambes; s'effrayant... à son âge... d'un chien qui jappe, ou d'une poule qui chante, mais au demeurant, si vertueux et si aimable qu'on ne le voudrait pas autre.

Il possède un adorateur dans notre caravane : un des agoyates, nommé pour cette cause *le père de Cochon-de-lait*. Il faut voir avec quelle sollicitude *le père de Cochon-de-lait* suit les mouvements de son fils, avec quel soin il le conduit, lui, et pas un autre, au cours d'eau qui aura l'honneur de l'abreuver. — Le père de *Cochon-de-lait* vendrait ses larges pantalons bleus, dans lesquels *Cochon-de-lait* s'engloutirait tout entier, plutôt que de confier *Cochon-de-lait* à des mains brutales. Puisque *Cochon-de-lait* s'est fait un tel ami, *Cochon-de-lait* doit avoir une valeur morale que ne sauraient ternir de légers travers.

MÉLIGALA.

Mardi soir, 26 octobre 1847. — A cinq heures du matin, tonnerre, pluie à verse. On se lève quand même, on déménage, on déjeune, soigneux d'établir cette solide fondation si fort recommandée par M. Topffer.

Les vapeurs traînent le long des montagnes, nuages gris sur nuages noirs ; parfois un disque blanchâtre marque la place du soleil.

Nous recevons la visite d'un papas à barbe vénérable. Le pauvre homme nous montre sa robe déchirée, il demande quelques secours. Nous sommes heureux de les lui donner. Nous profitons de l'occasion pour lui offrir le Nouveau Testament ; il en possède un exemplaire, dit-il, mais il accepte avec plaisir un livre pieux.

Les prêtres grecs, desservants de paroisse, payent une somme fixe à leur archevêque ; les bénéfices en sus leur appartiennent. Les papas qui se trouvent sans paroisse, et c'est le cas de celui-ci, restent privés de tout moyen de subsistance.

Il nous montre l'ancienne église franque, transformée jadis en mosquée; là, il sollicite un nouveau don sous prétexte de messe. Nous lui faisons dire par François que nous autres, hérétiques, nous allons droit à Jésus, que nous en recevons directement la grâce, sans faire des cérémonies du culte une sorte de monnaie d'échange; François. indigné de l'indiscrétion du papas, lui lance à la tête son : « bête comme trente-six mille bécasses ! »

Seconde visite. Le Dinarque — maire — accompagné du juge de paix, nous apporte le reçu d'une lettre pour Athènes, que nous lui avons consignée la veille. La poste régulière n'est établie que sur certains points; là même où elle est organisée, il n'y a pas, comme en Europe, de boîte où l'on jette à toute heure les paquets. Le bureau s'ouvre à un moment donné; le moment passé, vous gardez votre lettre jusqu'au lendemain. Dans les localités où le service des postes n'existe pas, on consigne les missives à l'autorité, qui se charge de les faire parvenir.

Il est dix heures. Le temps ne s'éclaircit point. Mais nos sacs sont fermés; mais nous voilà en face de nos quatre murs nus, de nos croisées sifflantes! Nous montons à cheval; le vent souffle, nous nous couvrons de nos manteaux imperméables et nous suivons François, qui a bien envie de se venger sur son cheval du triste aspect des cieux. Nous traversons une forêt de chênes : le vent y est amenuisé par la grande feuillée; les oiseaux chantent. Sous ces beaux chênes croît de l'herbe véritable, la première que j'aie vue en Grèce; de la mousse aussi, de la mousse épaisse, avec des cyclamens qui passent au milieu leurs têtes lilas.

Nous nous enfonçons dans une gorge sauvage, nous y marchons longtemps, silencieux, consultant les nuages; quelques gouttes tombent, mais le soleil rit à travers.

Ici, comme dans toutes les forêts du Taygète, des arbres brûlés, d'autres à l'écorce circulairement coupée, tendent vers le ciel leurs bras noircis, et témoignent de la barbarie des habitants de ces vallées. Ce délit, qui se renouvelle constamment, entraîne la peine des galères. Les motifs qui le font commettre restent un mystère. Ce n'est pas le froid. — L'arbre demeure entier. — Ce n'est pas une pensée de défrichement. — En Grèce, les bras manquent à la terre et non la terre aux bras. — C'est donc le mal pour le plaisir du mal.

Nous atteignons le versant de la gorge qui regarde la Messénie. Celui-ci est couvert d'oliviers sauvages. La Messénie semble occuper le fond très plat d'un lac circulaire et desséché. Elle s'arrondit à nos pieds. Au delà, le mont Itôme, tant de fois assiégé par les Lacédémoniens; derrière nous, les croupes vertes du Taygète; à notre droite, la grande montagne de Phigalia. Tout le bassin est entouré par ces sommets.

Nous entrons dans un han situé au bas de la descente. La pluie aussitôt tombe à torrents. Elle s'apaise; nous remontons à cheval, et guéant les ruisseaux enflés, nous traversons la plaine pour venir nous abriter à Méligala — *miel et lait* — hélas, ni l'un ni l'autre!

Dans cette saison, — l'automne — pas une jatte de lait en Grèce; les brebis et les vaches n'en donnent qu'au printemps. A Athènes seulement, on nous présente un liquide bleuâtre qu'on appelle *lait* ou *crème*, selon qu'il s'agit de café ou de thé — c'est toujours de l'eau.

La vallée a des abords incultes. Bientôt cependant, nous rencontrons des paysans qui promènent leur charrue attelée de buffles, sur le sol noir et tendre. Des haies de cactus étalent des deux côtés du chemin leurs raquettes épineuses, garnies de fleurs et de fruits mûrs. Elles entourent les villages, elles enferment les vignes. Cette végétation méridionale et cette couronne de montagnes élevées, donnent à la vallée un caractère à la fois riant et sévère.

Méligala se groupe au milieu des cactus sur une première racine du mont Itôme. Les maisons y sont, à leur ordinaire, misérables. A l'ordinaire aussi, les porcs y courent, y grognent, les dindons y piaulent, les chiens y hurlent, les hommes y portent fièrement leur fustanelle de blancheur équivoque, leur fusil long sous le bras, leur grand coutelas à la ceinture. Les femmes, vêtues de l'ample chemise, de la robe ouverte en grossière étoffe de laine, la tête enveloppée d'une pièce de toile, y filent au fuseau le coton, qui sort blanc de leurs mains... inexplicable phénomène. Tout cela a des côtés fort laids, fort répugnants. Un tableau *vrai* des plus beaux sites grecs *habités*, serait un vilain tableau; pourtant cela est poétique..... mais il y faut le point de distance, comme à toute chose de ce monde.

Nous voici logés dans la salle du tribunal. Le susdit tribunal a bien voulu la vider pour nous. Quatre murs, quatre croisées sans vitres, quatre volets qui laissent passer les quatre vents; plus un trou dans la muraille — pour les archives; — un toit en cannes, un plancher percé qui nous permet de surveiller le rez-de-chaussée! — Je ne comprends pas l'hiver, dans ces masures dont l'habitant est constamment placé devant cette alternative: geler mais n'y pas voir; y voir mais geler.

Quoi qu'il en soit, nous avons aujourd'hui, comme tous les jours, éprouvé la gratuité de Dieu. Sa main est sur nous: qu'il y a de douce sérénité dans cette certitude!

CONSTANTINI.

Mercredi 27 *octobre* 1847. — Ce matin pluie, ciel gris.

Le président du tribunal rôde d'un air à la fois important et curieux autour de la salle du palais de justice. Le tribunal lui-même s'assemble à mesure qu'un meuble est plié, mis dans le sac; un de ces augustes magistrats entre et siége. Force nous est de quitter le sanctuaire des lois.

Nous voilà chevauchant sous les chênes, sous les arbousiers en fleurs et en fruits; chaque arbrisseau nous jette, à mesure que nous passons, ses gouttes brillantes. Les vallées de l'intérieur des montagnes s'ouvrent devant nous avec leurs beaux chênes ou leurs grands oliviers. Nous nous élevons rapidement. Des tours carrées, les unes presque entières, les autres à demi ruinées, d'autres encore qui n'ont conservé que la base, se montrent sur les hauteurs, reliées entre elles par des restes de murs.

Nous voici donc en face des fortifications d'Epaminondas. Les contours en sont nets. Encore quelques pas, et la porte de Messène se présente à nous. Elle est étonnante de caractère et de conservation; bâtie, non de blocs cyclopéens comme l'a écrit Wilkinson, mais de grandes pierres taillées et posées l'une sur l'autre sans mortier. Une place ronde, presque intacte, sépare les deux entrées; la voie antique part de la seconde, obstruée à moitié par un bloc pittoresquement jeté là. Le classique laurier des poëtes envahit ces ruines magnifiques, sur lesquelles ont passé vingt-deux ou vingt-trois siècles.

Les fortifications courent sur les sommités; nous en suivons les lignes jusqu'à Mavromati. Là s'ouvre la vallée de Calamata, le chemin par où devait arriver Lacédémone ennemie. Dans cet endroit les fortifications disparaissent, probablement rasées par les armées conquérantes.

Il pleut à verse. Comment s'en plaindre? N'est-ce pas la volonté de Dieu? Et puis ces débris, embellis par la vigoureuse végétation des montagnes, ne nous laissent pas une pensée pour nous!

A Mavromati, emplette de médailles. Les femmes, rassemblées près de la fontaine antique, nous attendent les mains pleines de monnaies, et de pierres gravées malheureusement frustes.

Nous passons la petite porte d'entrée de Messène, et nous disons adieu à cette cité, que j'aime pour avoit si longtemps tenu tête à Sparte. Probablement elle ne valait guère mieux, mais elle résistait, mais elle se maintenait *elle,* et j'ai de la sympathie pour toutes les individualités.

Grâce à nos manteaux imperméables, nous arrivons inondés, mais non mouillés, dans le couvent de Vurcano. Un mur élevé entoure le monastère; au milieu de la cour s'élève l'église; deux fleurs de lis sont sculptées sur la porte; le monastère, ou tout au moins l'église, date donc du temps de la domination franque.

Deux moines nous reçoivent : l'un de trente ans environ; il a la physionomie douce et fine, une moustache noire se dessine sur sa pâle figure. L'autre moine, plus âgé, nous introduit dans la chambre des voyageurs; elle est garnie d'un divan, large tablette à pieds bas qui borde le mur et sur laquelle on jette des matelas et des tapis.

J'aurais bien voulu questionner le caloyer sur les pratiques de sa règle; il n'y a pas moyen. François, féroce à l'endroit des moines, est particulièrement irrité contre ceux-ci, qui prétextent de l'absence du frère cellrrier pour lui refuser du pain. Adieu donc à l'interprétation, partant à l'entretien.

Le moine nous fait apporter de la confiture, une eau limpide et délicieuse, du café à l'orientale. Le plateau porte quatre tasses, nous ne sommes que trois; la quatrième tasse va, je l'espère, réchauffer et apaiser François. Point; le frère la prend et la hume lentement, avec un petit gémissement plaintif entre chaque gorgée. Ceci n'arrange pas ses affaires.

Pour moi, je m'accommode fort d'un beau chat noir, retiré du monde, entièrement livré à la vie ascétique; les mortifications lui profitent; il est rond comme une boule. Il me regarde de ses grands yeux verts, et travaille à se pratiquer une cellulé dans ma veste ouatée.

Nous offrons au vieux moine un traité religieux imprimé en grec; il met ses lunettes, épelle le titre avec difficulté..... s'il met plus de temps à le lire, il en pénétrera mieux le sens.

Un double portique règne autour du monastère; les chambres des caloyers, propres et jolies, ouvrent là-dessus. Le jardin a de beaux arbres, mais rien n'y est arrangé. Quelques enfants errent dans les galeries; l'un d'eux sait lire: ce sont les élèves des moines.

Les moines appartiennent, comme tous les moines grecs, à l'ordre de Saint-Basile; ils vont et viennent à leur gré; leur costume ne me paraît pas avoir changé, depuis le temps où le père Elyot la reproduit dans son histoire des ordres monastiques.

Nous quittons le couvent. Nous achevons de tourner le mont Itôme, et nous venons fermer le cercle au pont jeté sur le Pamysus. La pluie qui avait cessé tombe en averses serrées; les grenouilles rainettes la célèbrent dans toute la plaine par leurs trilles perlés. Deux ou trois jours d'orage encoe, et la vallée qui reçoit les torrents de sa couronne de montagnes et qui n'a de débouché nulle part, sera convertie en lac. Elle l'est durant l'hiver; chaque année quelque malheureux, périt en la traversant dans cette saison. Une terre admirablement fertile couvre cette vallée aux trois quarts inculte; il ne lui manque qu'une population. Nous passons un petit col. Constantini s'élève derrière, étagée sur la montagne, au milieu de ses terrasses garnies de cactus.

Le costume ici est presque arabe. Pour les hommes: la tunique serrée à la taille par une corde, les draperies blanches jetées sur les épaules, la tête enveloppée d'un turban dont les bouts qui retombent de chaque côté encadrent de leurs pans droits ces majestueuses figures.

Pour les femmes: la chemise, une tunique pardessus, tout cela retenu lâchement et formant de beaux plis. Quelques-unes portent la veste à manches étroites du haut, larges et pendantes du bas. Elles tournent autour de leur tête une écharpe blanche qui vient couvrir le col et la poitrine. — Nous partageons avec la famille de notre hôte, une grande pièce sur la terre battue et sous le toit. Quelques fusils grecs, à la crosse mince et recourbée, pendent le long du mur. Un tapis suspendu divise l'appartement en deux parts. D'un côté, notre dortoir, notre table, notre somptueux mobilier. De l'autre, le foyer, un métier à tisser, le père, la mère, le frère, la sœur, les enfants et les voisins. Une femme tisse de la toile; l'autre, son nourrisson dans les bras, assise près d'elle, me rappelle l'Agar de Vernet. Elle en a les vêtements, elle en a les beaux traits, avec plus de douceur; ses yeux, dont le blanc est légèrement azuré, se baissent avec amour sur son enfant.

Les femmes m'adressent questions sur questions. François n'a pas mis dans sa tête de les interpréter. Rire fou des deux parts, et puis le babil recommence. On nous regarde écrire, manger, que sais-je encore? Les voisines examinent ma veste brodée, me prennent la taille avec des exclamations que je puis à mon gré traduire par de l'horreur ou par de l'admiration. Je coupe court en remettant gravement ma veste.

DRAGOGÉ.

Jeudi soir, 28 octobre 1847. — Toute la nuit, nous entendons la pluie tomber sur les tuiles, et des tuiles sur le plancher, c'est-à-dire sur le sol. Si l'orage ne nous réveillait pas, les coqs, les chiens et les porcs s'en chargeraient. Qui n'a pas voyagé en Grèce ne se fera jamais une idée de ce vacarme.

Le soleil point; il absorbe lentement les nuages. Nous partons en laissant à nos hôtes plusieurs livres pieux, et de la quinine, destinée à la jeune femme malade de la fièvre.

Casse-cou de montagne. Nous nous attardons derrière les bagages, que François ne veut pas abandonner; à chaque pas les chevaux de charge menacent de rouler par-dessus nos têtes jusqu'à Constantini. Parvenus au sommet du col, nous dominons la belle Messénie, fermée à l'horizon par le golfe de Calamata; derrière le mont Itôme, encore la mer : ce doit être la baie de Navarin; à travers une gorge lointaine, troisième lambeau de mer. Le Péloponèse nous laisse ainsi deviner ses profondes découpures. Nous redescendons dans l'intérieur de la chaîne, pour aller chercher Phigalia : détour de trois lieues. — Là commencent les fatigues et les ennuis. Pierres concassées, chênes aux branches noueuses, épines aux dards aigus qui ferment le sentier à toutes les hauteurs et menacent, tantôt de vous crever un œil, tantôt de vous déchirer le visage, tantôt de vous jeter hors de votre selle. Il faut des tours de force ou plutôt de souplesse pour leur échapper.

De loin, on cherche à mesurer l'épaisseur du fourré ou à en apprécier la nature. Sont-ce de flexibles rameaux, sont-ce des branches épineuses? l'effort du cheval pour gravir ce rocher, le saut qu'il va faire pour descendre ce pas mettra-t-il ma tête de niveau avec le taillis? — Cependant la bête va son train, s'affaisse; on se jette de côté, on se couche sur le cou de l'animal, on oppose son épaule à l'obstacle, on laisse quelquefois son bras ou sa manche dans le buisson; mais, avec la grâce de Dieu, on s'en tire.

Nous gravissons en droite ligne la montagne de Phigalia, pour voir, quoi?... de pauvres bases de murs d'enceinte, quelques assises de tours, des fondations à fleur de terre. Cela n'en valait pas la peine.

J'achève ma confession. Ce sont là de ces journées qui gâtent le caractère, ou plutôt qui le montrent tel qu'il est.

Je me suis impatientée contre tout le monde : contre François, parce qu'au lieu de nous faire coucher à Pawlitza — au pied de Phigalia — ce qui nous épargnait deux heures de marche et nous permettait de voir à fond les ruines, il a fait filer les bagages sur Dragogé, par de bonnes raisons sans doute, mais par des raisons que nous ne savions point... je les aurais sues d'ailleurs, qu'elles m'auraient paru détestables ; contre mon cheval, parce qu'au lieu d'avancer il broutait partout, et de préférence dans les mauvais pas ; contre mon mari, oh méchanceté du cœur féminin ! parce que la journée ne lui paraissait ni si longue, ni si fatigante qu'à moi. — Je ne me suis entendue qu'avec ma fidèle Jeannette. Les femmes ont des abîmes de compassion les unes pour les autres.

Les chiens de Pawlitza nous ont fait l'accueil féroce que nous recevons partout de cette terrible race grecque. Approchons-nous d'un village, d'une hutte, d'un troupeau, ils s'élancent en hordes, les yeux enflammés, leurs gueules de crocodile grandes ouvertes, hurlant à glacer le sang dans les veines. A cheval, on fait le moulinet avec la cravache ; à pied, on ne marche qu'armé d'une pierre dans chaque main, la lançant, et se baissant pour en ramasser une autre, pendant que le chien s'enfuit pour revenir plus irrité.

Nous passons cinq minutes à Pawlitza sans descendre de cheval. Les femmes examinent nos vêtements, courent chez elles et nous apportent l'une après l'autre leurs belles tuniques brodées de soie rouge. Des colliers de verroterie, de pièces de monnaie, de morceaux d'argent, couvrent leur poitrine et descendent jusqu'à la ceinture; elles attachent des pendants de cuivre ou d'or à leurs cheveux. Ce costume, ces ornements ont de la beauté.

Voici donc une journée de huit heures et demie dans les chemins raides, dans les broussailles et dans les pierres, c'est vrai; mais remplie, quoi qu'il en soit, des bénédictions du Seigneur. Le soleil a brillé constamment; — qu'auraient été ces sentiers par la pluie! — Dieu nous a gardés. Nous voici au gîte, et c'est ce jour que je prends pour être ingrate!

ANDRITZENA.

Vendredi soir, 29 *octobre* 1847. — Oh délices d'une journée de *quatre heures et demie !*

Pendant deux de ces heures il pleut à verse, les chemins sont détestables, à la fois rocailleux et détrempés; mais *quatre heures et demie* ! Arriver à *une* heure de l'après-midi, s'établir, s'arranger un chez-soi d'une demi-journée, se sécher vers un bon feu, voir cuire son dîner, lire, dessiner, écrire; je le répète, *délices !*

Ce matin, les coqs, les porcs et les chiens se chargent de nous réveiller avant le jour. Cette fois, une paroi qui ne va qu'à mi-hauteur du mur nous sépare de nos hôtes. Comme tous les paysans, ils passent la nuit roulés dans les tapis qu'on étend auprès du feu[1]. La toilette des hommes et des femmes est vite faite. On s'étire, on se frotte les

[1] La mère d'Ulysse lui dit de Laërte « Votre père demeure aux champs... pendant l'hiver il couche à terre près de son foyer au milieu de ses domestiques. »

yeux; les hommes jettent sur leurs épaules le talagani ou le manteau blanc à longs poils qui leur servait de couverture; les femmes accommodent l'écharpe sur leur tête, reprennent le fuseau chargé de coton; on tire les nourrissons du morceau de cuir dans lequel ils dorment suspendus à quelque clou, et tout est dit. Aux environs d'Athènes, à Argos encore, les paysans font cuire leur nourriture dans un petit four conique, bâti devant la maison; ici, une espèce de fourneau construit au-dessus du foyer leur sert de cuisine. Il n'y a pas de cheminée; la fumée va où elle peut. D'ustensiles, point : quelques vases pour faire bouillir l'eau, quelques pots de terre pour la tenir fraîche, une planche à pétrir, deux ou trois tonnelets, cinq ou six morceaux de fer aplatis en forme de pelle, recourbés en forme de pincettes; une table ronde, haute de huit pouces: voilà le mobilier. Quand on a soif, on penche le vase de terre, plus souvent l'outre à ses lèvres. Quand on a faim, la mère de famille remplit la huche de farine, jette de l'eau bouillante dessus, pétrit, aplatit la pâte sur une planche, la met dans une des bouches du fourneau, la recouvre de braises, la retire demi-heure après, et l'on mange, en y ajoutant du laitage, des olives, des légumes, selon la saison. Ce pain de maïs ou de blé d'Inde, à peine cuit, n'est supportable que chaud : aussi l'opération se renouvelle-t-elle plusieurs fois par jour.

Ici, rien de ce qui occupe les femmes de nos villageois ou de nos ouvriers. Il n'y a pas de ménage à tenir : ces pauvres femmes ignorent les premiers principes de l'ordre et de la propreté. Jamais un balai dans les mains, rarement une aiguille, plus rarement un morceau de savon. Tisser de loin en loin des manteaux ou des tuniques qui durent une vie d'homme, tourner le fuseau dans ses doigts, tels sont leurs travaux. L'intérieur des habitations ressemble à une écurie : les vêtements déchirés, couverts de taches, y pendent à des clous; chaque trou de la muraille donne asile à de vieilles hardes mêlées avec des épis de maïs, des morceaux de fromage rance, des clous rouillés ou des bouteilles cassées. Les toiles d'araignées se balancent aux poutres du plafond, agitées par le vent que leur soufflent les larges fentes des pierres mal jointes. Une teinte noire, produit de vingt couches de crasse superposées, couvre les murs. Le sol qui sert de plancher suinte l'humidité et la saleté. Au milieu de tout cela, des raisins, des sacs de froment, des tonneaux dégouttant d'huile. — Point de chaises, quelquefois une planche fixée sur deux pieds, en guise d'escabeau. — On vit par terre, roulé, accroupi. Les journées d'automne, celles d'hiver, se passent de la sorte : les femmes filant d'un côté du foyer, les hommes assis de l'autre sur leurs talons. De temps en temps, on se lève pour chasser le porc qui vient fouiller dans les ordures du sol, le chien qui flaire le pain chaud, les moutons qui bêlent à la porte inondée par la pluie.

Les femmes ne lavent guère leurs hardes, elles mériteraient encore aujourd'hui l'allocution de Minerve à la belle Nausicaa. — « Nausicaa, pourquoi êtes-vous si paresseuse et si négligente? Vous laissez là vos splendides habits sans en prendre aucun soin... Allons donc laver ces belles robes dès que l'aurore aura amené le jour. » Parfois je rencontre un groupe de jeunes Grecques, plongeant et battant le linge dans le ruisseau qui coule au fond d'un ravin, sous les grands platanes; mais c'est rare. Elles portent leurs *blanches* tuniques jusqu'au *bistre foncé*, et leurs robes de laine jusqu'à ce qu'elles pendent en haillons. Je n'en ai jamais vu mettre des pièces aux trous qui percent à jour leurs vêtements. Leurs cheveux restent presque incultes. A Mavromati, à Dragogé, ils tombent de chaque côté des joues en une longue boucle; le reste se cache sous l'écharpe. Ailleurs les tresses s'entremêlent aux plis du turban ou s'arrondissent à la base du bonnet rouge, mais, tresses ou boucles, ils sont hérissés, ternis, passés à l'état de feutre.

Comment s'étonner d'une telle négligence? Qui a donné des notions d'ordre à ces pauvres femmes?

Ce soir, notre hôtesse appliquait à sa veste une doublure de coton blanc qu'elle cousait avec de la soie noire; douze de ces points fournissaient la longueur de la manche. Nous lui avons donné du fil blanc, nous lui avons montré à rabattre sa couture, elle s'est écriée : *caló*, *calo !* — beau, beau !

Quel bien feraient en Grèce, des époux chrétiens qui s'en iraient de village en village; le mari enseignant à lire et à écrire, la femme à coudre, à laver, à se laver soi et les siens, à élever ses enfants, à balayer sa maison, à tenir en ordre hardes et provisions ! Avec l'esprit ouvert des Grecs, peu de temps suffirait pour accomplir une belle œuvre dans ces contrées. Il y faudrait encore un Aquille et une Priscille, simples ouvriers, travaillant de leurs mains, aimant le Seigneur, et, pour l'amour du Seigneur faisant du bien à leurs frères.

Nous quittons Dragogé. Le ciel s'assombrit ; nous arrivons dans un lieu sauvage; le temple d'Apollon Épicurien est devant nous.

Toute la colonnade extérieure se dessine en carré long; les architraves des deux côtés sont intactes, celles des extrémités renversées. Autour, un magnifique désordre; des blocs immenses qui couvrent la terre, une nature sévère, des rochers, quelques grands chênes aux troncs rugueux, au feuillage jaunissant; bien au-dessous de nous, des cimes et des croupes entre lesquelles bleuit la mer des golfes.

La pluie tombe; elle n'ôte ni au site son caractère désolé, ni à la ruine sa beauté rigide.

Là s'élevait l'antique Bassé.

Le temple n'est pas de marbre, comme l'écrivent les *Guides*, comme l'a écrit M. Buchon, comme l'écriront tant d'autres; il est d'un calcaire assez grossier. La plupart des fragments du plafond, épars çà et là, sont du même calcaire. On ne retrouve en marbre que de rares morceaux, portant des traces de sculptures. Les corniches, les caissons de la voûte du sanctuaire, à coup sûr les bustes et les bas-reliefs enlevés par les Anglais en 1813, étaient de marbre. Aujourd'hui, il n'en reste pas vestige debout. Les colonnes, les architraves, les piédestaux, les décombres qui entourent le temple, tout est pierre, et si bien pierre qu'il faut y regarder au travers de lunettes enchantées pour voir autrement. — On allègue Pausanias. — Qu'y faire? Ou le temple d'Apollon dont parle Pausanias n'était pas celui-ci, et le marbre en a servi depuis longtemps, à faire de la chaux; ou la peinture qui, dans les temps antiques, recouvrait ces colonnes, a fait supposer à Pausanias qu'elles étaient de marbre comme les ornements; ou Pausanias, avec bien d'autres voyageurs, pensait que la vérité de sa nature est élastique. — Enfin, notre temple est de pierre, et de pierre qu'il est, seul sur la montagne, avec ses vieux chênes, ses roches grises, il reste unique de caractère et de poésie.

Nous redescendons. Les nuages se versent sur nous; quelques paysans qui labourent les flancs de la montagne ont allumé des feux de broussailles dont nous croyons sentir en passant la chaleur.

Les montagnes sont propriétés grecques; les Turcs ne prenaient pas la peine de les défricher; elles appartenaient aux Grecs bien avant la guerre de l'indépendance; elles leur sont restées. Les terrains de la plaine au contraire, propriétés turques, sont tombés dans les mains du gouvernement. Il les loue moyennant le vingt-cinq pour cent du revenu; les fameux *capitaines*, ou chefs de la guerre de l'indépendance, en ont reçu une bonne part, — d'autant meilleure qu'ils négligent, dit-on, de payer la rente. — Les Grecs, qui ne sont pas encore passés maîtres en fait d'agriculture, trouvent les conditions du gouvernement onéreuses; ils mettent peu d'empressement à louer les terres. De là vient, en partie, l'abandon de certaines vallées fertiles, tandis que des régions très élevées, placées dans des conditions bien inférieures, sont cultivées avec soin. Le mauvais air qui règne dans les plaines, l'air salubre qu'on trouve sur les hauteurs, pourraient aussi expliquer ce phénomène.

Les Grecs nient le mauvais air, ils nient la fièvre; mais les pâles figures qu'on rencontre dans les sites bas, démentent leurs dénégations.

Au bout de deux heures de descente la montagne devient riante. Sur les pentes voisines s'étagent des terrasses de vignes et trois villages entourés d'une gaie verdure. Plus bas, des maisons à toits rouges, au milieu des azeroliers et des platanes; c'est Andritzena.

Nous y arrivons mouillés, mais heureux. Les bagages, qui n'ont pas fait le détour de Bassé, nous ont précédés. Notre chambre est prête; un bon brasier pétille, le cuisinier prépare son dîner, l'hôtesse, sa mère, deux jolis enfants intimidés sont assis sur le tapis, près du feu. Les pauvres enfants croquent une feuille de chou toute mouillée de pluie. *Christòdoulo*, le plus serviable garçon du monde, leur donne à chacun un morceau de gâteau; on laisse la feuille de chou, tout le monde est content.

ASPRAS PYTIAS.

Samedi soir, 30 *octobre* 1847. — On nous offre ce matin, à Andritzena, une poignée de médailles dont on demande trente francs; elles en valent deux, mon mari en donne cinq et le vendeur les accepte avec joie. Ceci donne une idée des marchés en Orient.

Nous laissons notre *palazzo* : une chambre lambrissée de chêne, avec des fenêtres couvertes de toile en guise de carreaux, deux chaises et une table! On ne quitte pas une telle demeure sans soupirer.

Il faut aujourd'hui guéer trois rivières. Nous avons traversé de la même manière bien des torrents, mais on dit les trois rivières en question gonflées par les pluies. Ce sont l'Alphée, la rivière de Caritène et le Mavro Kéfalos. A mesure que nous nous abaissons, les blanches maisons d'Andritzena se découpent sur la colline; des châtaigners ombragent le sentier. A une lieue de l'Alphée, nous perdons notre chemin. Le *père de Cochon-de-lait* s'élance le premier, il nous égare à fond ; nous passons deux heures à grimper dans les broussailles, à descendre dans les cailloux, sans pouvoir atteindre le gué praticable. Nous y arrivons enfin, et nous traversons successivement les trois rivières. La plus forte ne dépasse pas le poitrail des chevaux. C'est bien assez. Le courant, dès qu'on le regarde, donne le vertige ; il faut fixer un point sur le bord opposé et y gouverner droit.

Les crêtes de montagne, depuis hier déjà, redeviennent arides; nous retrouvons les rochers gris, les sommités dénudées de la Mégaride, de la Corinthie et de l'Argolide. l'Alphée, qui reçoit les deux rivières de Caritène et de Mavro Kèfalos, serpente doucement entre deux collines couvertes de buissons verts ; leurs vallons viennent aboutir à l'Alphée. Nous nous élevons sur l'autre rive; nous visitons, chemin faisant, un tumulus dans lequel M. de Prokesch a fait faire des fouilles, sans trouver autre chose que la place d'un sarcophage et les piliers qui soutenaient la voûte.

Bientôt nous parvenons à Aspras Pytias. Ce n'est ni un village, ni un hameau; c'est une trentaine de huttes, tressées de rameaux, éparses sur une pelouse. Huit maisons de terre, au plus, se distinguent parmi les huttes. L'église en est une; son clocher se compose de trois pieux plantés dans le sol avec une cloche suspendue au milieu. Les huttes sont coniques, très séparées les unes des autres, plusieurs environnées d'une haie; elles couvrent le penchant de la colline; au pied, l'Alphée trace ses méandres gracieux, et vis-à-vis s'échelonnent des coteaux buissonneux, des montagnes vertes, des arêtes dépouillées. Cela est agreste et charmant. — Nous nous demandons cependant où nous passerons la nuit? où le dimanche? Trois des huit maisons en pierre manquent de toit; la quatrième, c'est l'église; le propriétaire de la cinquième, gravement malade, ne peut nous faire place. — Quelques habitants viennent à notre rencontre..... Il n'y a pas un lieu habitable pour nous, pas un grain d'orge, pas un brin de paille pour nos chevaux! — Que faire? pousser plus loin, marcher cinq heures encore?..... Ce site est si original! un dimanche dans cette solitude serait si doux! Nous descendons de cheval. L'hésitation nous perdrait. Il faut essayer la puissance des *faits accomplis*. Elle est grande. A peine nous voit-on à terre, qu'on nous conduit dans une hutte de branches sèches. Il n'y a ni fenêtres ni cheminée, l'air et le jour entrent et sortent *sans passeport*, comme dit François. Par un soleil d'été, cela serait excellent; par la pluie et le vent d'octobre, nous aimerions autant des parois plus consistantes. Cependant nous commençons à nous établir... On vient nous chercher en grande hâte, on nous introduit dans une des huit maisons de boue et de pierres; nous la partageons de bon cœur avec les chevaux. D'un côté, du nôtre, quelques pieds de terre battue, sur lesquels François établit son mobilier. De l'autre, du leur, à quatre pieds au-dessous, leurs têtes, qui arrivent à notre niveau. Nous allons faire le meilleur ménage possible. Bon; François, sous prétexte de convenance, tend un grand tapis entre eux et nous. Nous ne ferons plus que nous entendre.

Au soleil couchant, nous montons sur le coteau. De là nous dominons le village, nous embrassons un grand morceau du cours de l'Alphée, des feux brillent au près et au loin dans la vallée, sur les montagnes; les troupeaux de chèvres rentrent en colonnes blanches et noires au hameau; le son de leurs clochettes monte jusqu'à nous avec le chant des bergers.

Une bande pourpre, puis orange, puis d'un bleu lumineux s'étend à la place que vient de quitter le soleil; les fumées des huttes s'élèvent mollement. — Maintenant la nuit est tombée; devant chaque hutte les hommes chantent en chœur leurs mélancoliques et traînantes mélodies.

Dimanche 31 *octobre* 1847. — Nous venons de monter sur le coteau pour lire ensemble et prier. Jamais je n'ai si bien compris l'excellence d'un salut gratuit. Que faisons-nous depuis un mois? à quoi servons-nous?... et si le rachat de nos âmes n'était pas un don de Dieu, que deviendrions-nous?

Lorsqu'on se trouve lancé dans le champ de l'activité chrétienne, on croit aisément que l'on travaille. Tout en répétant qu'on est un serviteur *inutile;* tout en le pensant jusqu'à un certain point; tout en faisant profession de n'espérer qu'en la grâce de Jésus, on n'est pas très mécontent de soi, et l'on pense accumuler dans les cieux un assez joli trésor de bonnes œuvres.

Mais ici!... hélas! chaque regard que nous jetons sur nous, nous couvre de confusion. Si je conçois quelques mois de cette vie comme loisir, comme expérience, je n'en voudrais à aucun prix comme habitude, ou même comme faveur souvent répétée.

Par dessous la reconnaissance et le plaisir, il y a cette inquiétude, presque ce remords que tout chrétien éprouve à ne pas agir positivement pour le service de son maître.

Ce site est ravissant; ce village, ces cabanes font à elles seules un tableau. Une chose le gâte cependant : les porcs et les hommes.

Que l'harmonie entre la création et les créatures est une chose rare!..... encore les bêtes, j'en excepte les porcs, la détruisent-elles rarement; les hommes presque toujours.

Mettez dans la plus belle nature du monde, mettez des vaches, des ânes, des chevaux, des chiens et des chats; vos yeux n'en sont pas choqués. Mettez-y des porcs; mettez-y au premier plan des hommes, leurs habitations, les accessoires de ces habitations: l'harmonie s'en va.

La Grèce, l'Italie, les trois quarts de la France vous donneront le même résultat. Je ne conçois guère qu'un pays où la nature élevée à la plus haute poésie, ne soit presque jamais gâtée par la présence de l'homme. Ce pays, c'est la Suisse.

Prenez ses Alpes les plus reculées, prenez ses vallées les plus riantes, prenez les rives enchanteresses de ses lacs: partout les jolies maisons de bois; partout la population si belle et si propre; partout la richesse, l'ordre, ce quelque chose qui indique le respect de soi-même et l'amour du beau, ajoutera le caractère d'une grâce et d'un attrait indéfinissable aux magnificences de la création.

Je parle de la nature vivante, non de la nature peinte.

Il y a, dans cette dernière, un phénomène que je ne m'explique pas.

Les haillons, les murs dégradés, presque la saleté; tout ce qui, vivant, répugne si fort à nos regards, tout cela, peint, est d'un effet admirable.

Si, d'un côté, vous présentez au peintre une maison blanche, avec des volets verts, des croisées brillantes, un berceau de vigne, un tas de bois bien arrangé, une galerie à jour, une paysanne accorte et proprette assise sur le seuil de la porte; et que, de l'autre, vous lui montriez une de nos huttes de sauvages, une de nos maisons d'Aspras Pytias, avec son toit ouvert, ses murs troués, ses décombres; une femme accroupie sur le sol, couverte de la chemise en lambeaux, de la lourde tunique de laine, la tête enveloppée d'une aune de toile à faire des torchons: le peintre choisira cette dernière..... et ce qui me fait enrager, c'est qu'il aura raison.

Grâce à Dieu, cependant, M. Calame et M. Diday nous ont montré que les chalets suisses aux intactes parois de mélèze, que les bergers à la veste irréprochable pouvaient, sans les déshonorer plus en peinture qu'ils ne les déshonorent en réalité, se placer en face d'un glacier bleuâtre ou d'un torrent écumeux. — Abstraction faite de la beauté de leurs œuvres, je les remercie pour ma part de la solution de ce problème irritant.

Comme on voyage en fait, et non en peinture, on ne saurait trop s'aider en Grèce des secours de la civilisation.

Je ne comprends pas une expédition du genre de la nôtre, sans le personnel et les ressources que nous avons avec nous.

Il faut voir les habitations grecques; il faut manger ce pain lourd, boire ce vin résineux, suivre les opérations passablement dégoûtantes au moyen desquelles on obtient ces résultats, pour se bien figurer quelles seraient les souffrances d'un touriste réduit à ce logement et à cette pitance.

Quand il ne s'agit que de trois ou quatre nuits, on s'accommode d'un coin du foyer, près d'une famille plus ou moins habitée. On se roule dans son talagani, on supporte les assauts des *kangurous*, et si l'on ne dort guère, on se dédommage en songeant aux récits du retour. Trois ou quatre soupers de pain terreux, de fromage rance, de queues de poireaux accompagnés d'un peu de thé qu'on porte avec soi, s'ils laissent l'estomac vide, laissent l'esprit libre aussi. — Mais quand une semaine, quinze jours, un mois, passent de la sorte; quand on fait des journées de huit à dix heures; quand on reçoit averses sur averses; quand les forces s'usent, et que pour se restaurer, on ne trouve d'autre lit que la terre, d'autres couvertures qu'un manteau mouillé, ou que le tapis des hôtes... qui marche tout seul; quand, pour aliment, on ne rencontre que les mets du pays: les susdits oignons crus, queues de poireaux, pain terreux et vieux fromage, — on en vient vite à maudire la couleur locale, si tant est que la fièvre en laisse la force.

Le gîte, au premier aspect, a presque toujours quelque chose de démoralisant. Il faut les siéges, la table, les lits de François, pour lui rendre une apparence plus consolante.

Les ressources du pays sont nulles, dans cette saison surtout, où, avec des montagnes couvertes de troupeaux, les villageois ne savent pas se procurer quelques chèvres ou quelques brebis laitières. Nous suppléons au lait par du sirop d'orgeat. Piètre régal! Tel quel, il vaut mieux que les œufs battus dont François nous régalait. Œufs en omelette, œufs en sauce, œufs en gâteau, œufs frits, œufs rôtis, c'est assez. Œufs en neige, autrement dit *lait de poule*, le plus dérisoire de tous les laits, c'est trop.

Le soir. Comme nous prenions un croquis du hameau, nous avons vu défiler au-dessus de nos têtes trente palycares, le fusil en bandoulière, le poignard passé dans la ceinture à plaques d'argent. Deux joueurs de flûte et un tambourin les précèdent. Ils s'arrêtent près d'une hutte, d'où partent depuis le matin des coups de fusil. Ils attachent leurs chevaux à la haie. Tout le village monte à la hutte, un grand cercle se forme, les joueurs de flûte, le tambourin, se placent au milieu; les hommes se prennent par la main et sautent en cadence.

Nous arrivons comme les autres. Nous craignons de voir notre curiosité prise en mauvaise part, mais l'affabilité grecque ne se dément pas. On nous fait place, on nous apporte des tapis, et les danseurs de redoubler.

Huit ou dix hommes, quelques femmes, depuis

l'âge de vingt ans jusqu'à celui de soixante, inclusivement, forment une longue guirlande. L'homme ou la femme qui se trouve en tête dirige les mouvements. Ils sont simples; on marche en balançant le buste, on saute aussi haut qu'on peut, on jette son corps à droite et à gauche, de la main on tient un mouchoir qu'on fait onduler. Les ménétriers tournent constamment la bouche de leurs flûtes du côté du chef de la danse. Celui-ci passe au dernier rang lorsqu'il a fini, et remet le mouchoir à son successeur.

Je n'oublierai jamais ce tableau : ces hommes à la figure martiale, à la taille élancée, aux poses fières, s'avançant en cadence; ces femmes au bonnet rouge, à la tunique flottante les suivant pas à pas; ce grand cercle de spectateurs, ces têtes de vieillards, ces jeunes femmes qui allaitent leurs nourrissons, ces groupes d'enfants aux regards curieux, et ces trois musiciens à la peau basanée, et le son plaintif, étranglé de leurs flûtes, et le bruit monotone du gros tambourin : — certainement, en soi, cela est laid; mais avec cet entourage, cela est plein de grâce sauvage.

Les femmes ont une épaisseur révoltante : l'une d'entre elles est grosse jusqu'aux dents, ce qui ne l'empêche pas de mener la bande à son tour et de sauter plus fort que les autres.

Quelles que soient les idées de beauté, ces formes

massives ne feront jamais de la femme un objet attrayant. Ici, comme dans toute la Grèce, les hommes se distinguent par l'élégance de la taille et la beauté des traits.

Les airs des ménétriers se composent de trois ou quatre notes mélancoliques, toujours les mêmes; il me semble entendre l'immortelle mélodie du bon roi René.

Cette fête est en l'honneur d'une noce. Nous apercevons la mariée : c'est une énorme réjouie en robe blanche *à volant;* un foulard roulé au-dessous de la poitrine lui sert de ceinture et complète son costume. Elle essaye de se glisser parmi les danseuses. C'est contre toutes les convenances. Les matrones s'élancent après elle, la retiennent, et son père lui applique deux vigoureux coups de poing entre les épaules.

Après une heure de contemplation et beaucoup de civilités, auxquelles nous ne pouvons répondre que par l'éternel *calo, calo,* nous redescendons. Nous ne redescendons pas seuls. Les flûtes, le tambourin nous suivent, qui soufflant, qui tapant de toutes ses forces; les danseurs et les danseuses viennent après. Mon mari donne un talari aux musiciens : leur zèle n'a plus de bornes, c'est à en devenir sourd; les cadences redoublent, et par-dessus le marché, la bouche de ces flûtes enragées, tournées vers nous pour nous faire honneur.

La danse s'établit devant notre cabane. Après le quart d'heure de politesse nous nous glissons dans notre écurie, et j'entends la troupe joyeuse qui remonte au domicile de la mariée. Nous l'avons échappé belle; le bal pouvait durer tout le jour et toute la nuit.

Ici revient la question du beau en peinture et du beau en nature. Ces braves gens étaient sales à faire peur; sales sur leurs personnes, sales sur leurs vêtements; les femmes laides à plaisir. Mais au point de vue du peintre, la scène était parfaitement gracieuse et parfaitement poétique. — Pourquoi, et comment?

DUKA.

Lundi soir, 1 *novembre* 1847. — Nous quittons ce matin notre hôtesse, femme âgée pleine de cette attentive bonté qu'on ne prend qu'avec la vieillesse. Nous descendons le coteau et nous suivons les rives bocagères de l'Alphée. Il roule paisiblement ses eaux d'un jaune presque rouge. Les lentisques, les platanes couvrent ses bords. Parfois un ruisseau limpide vient s'étendre en nappe, parallèlement au fleuve; et quand les rochers, quand les arbustes s'y sont bien mirés; quand les tortues se sont baignées dans son onde tranquille; il reprend sa course, son murmure, et va se perdre dans l'Alphée.

Des sentiers unis serpentent sous ces bosquets. Nous cheminons ainsi pendant trois heures. Le ciel, ce matin chargé de nuages et de foudres, s'est éclairci. Dieu fait resplendir son soleil; la nature est en fête.

François nous arrête sur le bord d'une excavation, à l'entrée d'une vallée qui remonte dans la montagne. Il y a là quelques tronçons de colonnes cannelées, à moitié enfouies; quelques blocs de pierre à demi cachés sous les ronces. Ces tronçons, ces blocs, ce creux, c'est le temple de Jupiter Olympien; ce champ de maïs, c'est l'emplacement des Jeux olympiques! Deux ou trois fouilles qui ont mis en lumière deux ou trois morceaux de marbre; une masure au trois quarts détruite, qu'on croit être un bain romain : voilà ce qui reste de la pompe d'Olympie.

« Toute chair est comme l'herbe, et toute sa grâce est comme la fleur d'un champ. L'herbe est séchée, et la fleur est tombée, parce que le vent de l'Eternel a soufflé dessus [1]. »

La plaine remonte en amphithéâtre vers les montagnes. La ville devait être bâtie en face de l'Alphée et s'appuyer contre les premières collines. Le limon qu'apporte annuellement le fleuve a couvert le sol antique de dix pieds d'alluvion. Des fossés profonds, tracés en tous sens, amèneraient de belles découvertes.

Pourquoi les Anglais, qui ont dépensé tant d'argent pour dépouiller la Grèce, n'emploieraient-ils pas leur or à rendre Olympie à l'Élide?

Nous nous asseyons sous un pin, pour con-

[1] Ésaïe, XL, 6 et 7.

templer cette solitude. C'est à cette place peut-être qu'Hérodote lisait les deux premiers livres de son histoire, et que Thémistocle, après la bataille de Salamine, voyait toute la Grèce se lever devant lui.

Nous remontons la vallée. Des collines, bientôt des montagnes d'un sable durci, pétri de coquillages, s'élèvent à droite et à gauche; des pins couronnent leurs crêtes. Nous entrons dans ces belles forêts. Les troncs des pins se dressent en colonnades serrées; leur feuillages, longues houppes d'un vert tendre, vibre sous la brise du nord, qui se répand en une vague clameur; l'air est balsamique; une mousse fine tapisse les rochers; des lianes de diverses espèces, les unes à fruits rouges comme du corail, les autres à graines légères comme des plumes; la vigne vierge, le lierre toujours vert, enveloppent de leurs draperies quelques poiriers sauvages. Le ciel, au travers des houppes dentelées des pins, est d'un bleu plus doux. Le regard se promène librement sous cette voûte. Dès qu'une trouée, mettant à l'air un morceau du sol, y laisse pousser le gazon, des familles de marguerites l'étoilent de leurs blanches corolles et de leurs étamines d'or. Partout où un cours d'eau descend des hauteurs, de grands platanes étendent sur lui leur ombre, et jettent leurs racines d'un bord à l'autre.

Pendant quatre heures nous montons lentement sous ces pins, aspirant avec délices l'atmosphère aromatisée, écoutant ce bruissement solennel; tantôt perdus dans les profondeurs de la forêt, tantôt sortant de ce demi-jour verdoyant pour retrouver le soleil, les grandes vues sur les cimes désolées et sur la mer.

Nous atteignons le dernier plateau : le plateau de Lulla, ancien village turc. Une bruyère plus délicate, plus haute que la bruyère rose, mais défleurie, le couvre en entier. — Nous faisons quelques pas, nous nous arrêtons sur le bord à pic du plateau. Devant nous, et très près, une montagne couverte de pins avec ses belles pentes ombreuses, et la lumière qui joue sur ses croupes. Immédiatement après, très bas dans l'éloignement, la plaine; une vaste plaine, avec l'Alphée, fil d'argent qui brille un instant au soleil pour se perdre dans le vert sombre des collines revêtues de lentisques. Au delà, la mer; belle, large mer bleue, d'un bleu plus foncé que celui du ciel. Tout autour, des montagnes. Au fond, la tête chauve de l'Érymante. Pas un frémissement, pas un chant, pas un murmure : seulement un oiseau de proie, les ailes tendues, les serres pendantes, trace ses orbes immenses au-dessus de nos têtes.

Notre sentier traverse le plateau et nous conduit dans un repli profond. Là se cache le village de

Duka : petites maisons de terre aux galeries de bois blanc, jolis chemins bien nets, jardins entourés d'une haie de rameaux tressés avec art, plantés de fleurs et de légumes ; ici et là, une vache, un âne qui paissent ; des arbres fruitiers dans les vergers ; des femmes aux vêtements simples, mais irréprochables : quelle surprise !

La surprise s'accroît lorsque nous entrons dans la chambre qui nous est préparée. Ce sont quatre murs de terre, un plancher, un plafond, des volets de sapins ; mais tout cela si propre !

Le bois y a conservé sa couleur naturelle, des coffres renferment les provisions et les hardes ; le tas d'oignons, au lieu de joncher le sol, est contenu par une planche ; d'épais tapis filés et tissés au logis s'empilent sur la table ; on voit ici l'influence bienfaisante d'une bonne ménagère. A peine sommes-nous arrivés, que la bonne ménagère se présente, un bouquet de plantes odoriférantes dans une main, dans l'autre une assiette pleine de raisin ; elle ouvre un grand coffre, elle en tire des cerises sèches, des noix confites, elle nous offre tout cela en me donnant maternellement trois petites tapes sur les joues. Comme on reconnaît à ces soins la femme prudente dont parle la Bible ! « Elle fait ce qu'elle veut de ses mains... elle ne craint point la neige pour sa famille, car sa famille est vêtue de vêtements doubles..... elle avance ses mains aux nécessiteux... » — Non, ce ne sont pas les confitures qui m'ont gagnée, mais c'est cette soudaine apparition des vertus domestiques; vertus de second, de troisième, de quatrième ordre si l'on veut, mais vertus délicieuses à l'usage.

TRIPOTAMOS.

Mardi, 2 novembre 1847. — Hier, hôtesse prévenante et bon gîte : ce soir, mauvais abri, hôtesse de méchante humeur. Hier, montagnes boisées, vues merveilleuses; aujourd'hui montagnes arides, crêtes grises par-dessus crêtes grises. N'importe, les bénédictions de Dieu sont toujours là, le soleil a brillé, et nous sommes deux à sentir.

Ce matin, nous marchons trois heures sous un bois de chêne dont les feuilles mortes jonchent la terre. L'air est froid; nous entrons dans une gorge de l'Erymante, et après quatre heures passées à travers des cols pierreux, quelques ruisseaux toujours bordés de grands platanes; nous arrivons au han solitaire de Tripotamos.

Montagnes de tous côtés.

Les deux femmes qui possèdent le han nous reçoivent à regret dans l'espèce d'étable qu'elles habitent; les guenilles y pendent en festons, mêlées avec la récolte de maïs. Le vent du nord y souffle par cent bouches ; des légions de Kangurous y sont sous les armes.

François invite nos hôtesses à s'établir pour cette nuit dans la pièce du rez-de-chaussée ; là-dessus, opposition, glapissement des femmes, pleurs des enfants qui s'attachent aux jupons de leurs mères en criant *manna ! ô manna !* Nous supplions François de les laisser en possession de ce taudis : nous nous jetterons tout habillés sur nos matelas ; nous en serons plutôt prêts demain. François n'entend pas de cette oreille ; il peste *contre les sorcières, qui ne s'obstinent à demeurer là que pour le faire enrager et pour assister à notre toilette.* Quant à ce dernier espoir, il sera trompé. Enfin, tout s'arrange, les mères s'apaisent, les enfants sourient, on transporte le feu dans la pièce au-dessous, et le calme renaît.

Nous visitons les restes de Psophis, situés près d'un petit couvent : ce sont des murs bâtis de grosses pierres taillées et superposées, pareilles en tout aux murs de Messène, à ceux de Phigalia. Auprès du couvent, dans la cour, nous trouvons quelques colonnes ; d'autres soutiennent le péristyle de l'église : elle est remplie de blé de maïs. Un moine du couvent voisin, qui est venu présider à la récolte, un paysan grec qui le garde, fusil au bras, occupent les trois cellules du monastère. Le père nous voit arriver d'un air effarouché, il répond à peine à notre salutation; il tremble, le pauvre homme, que nous ne lui demandions sa chaude cellule bien garnie de tapis. Nous nous hâtons de sortir pour le rassurer sur nos intentions; il s'adresse timidement à François pour savoir de lui si nous reviendrons; François qui, comme il dit, *ne se* daigne pas de lui répondre, le regarde de sa mine la plus arabe: la figure du moine s'allonge encore. Quoi qu'il en soit, nous le laissons sur son balcon, en face de ses tas d'épis, gardé à vue par son paysan, qui se tient immobile au coin de l'escalier, l'arme en arrêt, prêt à faire feu sur quiconque touche le moine ou le blé.

Nous venons d'allumer un grand feu sous notre appentis: la flamme brille, le vent siffle dedans comme dehors, la fumée se déroule en blanches ondes; elle nous aveugle, mais elle nous réchauffe. François est en train de faire des folies. Après avoir, le coutelas en main, démoli la charpente du toit pour alimenter le foyer, le voilà qui passe une quenouille garnie de coton dans sa ceinture, et qui s'efforce de faire tourner le fuseau. Cette barbe, ces yeux, cette physionomie de Bédouin avec ces grâces féminines, ne sortiront jamais de mon esprit.

KALAVRITA.

Mercredi soir, 3 novembre 1847. — Terrible journée! — Nous grelottons toute la nuit. Le matin nous partons gelés, malgré les troncs d'arbres que François jette dans le feu. Le vent du nord, ce n'est pas dire assez, l'ouragan du nord balaie la vallée. Les cimes des montagnes sont couvertes de neige; de toutes les gorges descend un courant furieux et glacé. Nous avons beau tourner, serpenter, nous l'avons toujours en face. Il ouvre nos manteaux, pénètre jusqu'au fond de nos poumons et nous fait verser des pleurs abondants. Bientôt nous ne sentons plus ni nos pieds ni nos mains; nous ne voyons plus à nous conduire, les larmes voilent nos yeux. Des nuages noirs couvrent le soleil; quand ils s'écartent, poussés par le vent, la tempête lui enlève ses rayons. Une heure ne s'écoule pas que la souffrance est au comble. François lui-même, François, pour qui descendre de cheval est un sacrilége,

François saute à bas; nous en faisons autant; il y a dix ans qu'il n'a eu si froid.

Marcher, voilà le difficile! Il nous faudrait des pieds, et nous n'en avons plus; le vent nous renverse, la neige ou plutôt le grésil tombe, une légère couche de glace couvre les mares, le froid augmente. Nous avons devant nous un col immense à traverser; nous le passons en tirant nos chevaux après nous.

Deux fois dans la journée, vaincus par la fatigue, nous essayons de remonter à cheval; deux fois, vaincus par le froid, littéralement gelés, la bride échappe à nos doigts; nous sommes forcés de nous remettre à pied. C'est la continuité de ce supplice qui le rend presque insupportable. — Nous rencontrons des familles de bergers nomades; ils viennent des sommités et vont passer l'hiver dans la plaine, abrités sous de mauvaises huttes de cannes. Les troupeaux marchent devant, les bergers suivent, la mandoline suspendue au cou; puis l'âne qui porte la chaudière, les rares ustensiles, puis les pauvres femmes quelque enfant sur les bras! Après huit heures de souffrances, les jolies maisons de Kalavrita, adossées contre une roche de forme bizarre, se présentent inopinément à nous. Au sortir de cet entassement de montagnes nues, au sortir de cette désolation, quelle vue consolante que celle d'une bonne petite ville nichée dans le creux d'un rocher; avec des oies, de belles oies grasses qui se dandinent en longues files; avec des jardinets soignés; avec de beaux Grecs debout sur le seuil de leurs portes; avec une place et des boutiques, et des maisons à contrevents verts, et des fenêtres garnies de vitres! De vitres! — Oh! civilisation, il fait bon médire de toi, les pieds sur les chenets, le dos chauffé par la bouche d'un calorifère, dans ce salon élégant qu'un tapis moelleux, que des portières de velours défendent contre toute invasion de l'air extérieur; mais à *Tripotamos!* mais à *Kalavrita* même?... on ne parle de toi qu'à voix émue. Quels rêves de bien-être ne nous fait pas faire la vue, la simple vue de ces vitres! Une chambre bien close, un bon feu... c'est le moins. — Nous heurtons à deux portes. Ici, une espèce de hangar; là, point de place. C'est trop fort.

Mon mari exhibe la circulaire aux Nomarques, Dimarques et tous autres *marques*, que lui a fort obligeamment fournie le gouvernement grec.

François la porte au maire. Le maire nous invite à nous reposer chez lui jusqu'à ce qu'il nous ait procuré un logement. Il nous introduit dans son salon qu'entoure un large divan, où brille un feu clair. Ce feu n'est pas à terre, comme chez nous, mais au niveau du divan. Ceci me paraît mieux imaginé; il profite à tout le monde; nul ne peut, sous prétexte de conversation, s'établir en manière de paravent, le dos à la cheminée, les mains derrière le dos, de façon à s'approprier le calorique aux dépens de vingt personnes. Quelques jeunes grecs, l'un dans un costume noir qui, la fustanelle exceptée, rappelle celui du temps de Louis XIII, d'autres avec des habits d'une élégance recherchée, lisent les journaux, assis sur le divan. Ils se lèvent à notre arrivée, après quoi chacun reprend sa lecture; le maire seul cause avec nous... ceci est encore un peu grec.

François interprète, il interprète à merveille, mais avec des réflexions de son cru, et si drolatiques, qu'il nous prend un rire difficile à expliquer. Le maire fait apporter du café bouillant. Il faut avoir marché huit heures sous l'ouragan pour apprécier la douceur de cette hospitalité. La conversation roule sur la politique; le maire exprime des idées justes; il les exprime avec franchise. J'échange quelques mots avec sa femme, obligeante comme lui.

Voilà un intérieur qui fait bien autrement rêver que les vitres! — Ce chez soi, qu'on ne quittera pas demain; ce chien, couché en rond vers le feu; ces vieilles gravures qui habillent les murs; ces amis établis là sans cérémonie; cette paisible fumée de la pipe... qui ressemble si peu à la fumée hostile et vagabonde d'un foyer de han; ces serviteurs pressés vers la porte pour voir les étrangers; ces enfants, ce café, ce petit train train des habitudes journalières!... Ah! heureuses gens qui ne partirez pas dans quelques heures pour gravir d'autres cimes, pour affronter d'autres climats!... Femme raisonnable et mille fois sage, qui n'as jamais souhaité voir d'autres cieux que le ciel de Kalavrita!...

Et pourtant Dieu a répandu ses grâces sur cette journée. Sans son secours nous aurions succombé, Jeannette et moi, à la souffrance et au découragement. Il nous a soutenues de telle sorte que nous avons pu le louer et le bénir.

Demain, il faudra se remettre en route... par ce froid, par ce vent!... Je viens d'ouvrir ma Bible au psaume cxxxv, 6. « L'Éternel fait tout ce qui lui plaît dans les cieux et sur la terre, dans la mer et dans tous les abîmes. » — Eh bien, c'est ici ma force : l'Éternel fait tout ce qui lui plaît, et nous sommes à l'Éternel! — Demain nous devons aller à Vostizza en passant la montagne de Mégaspilion. L'Éternel y pourvoira. Demain, nous devons traverser de nuit le golfe de Lépante. L'Eternel y pourvoira.

Celui qui nous a donné son fils, ne nous donnera-t-il pas toutes choses avec lui?

Espérons toutefois que nos corps ne s'endurcissent pas pour rien, et que si nous les avons traités durement pour notre plaisir, Dieu nous enseignera à les traiter durement lorsqu'il s'agira de son service.

En montant et en descendant[1] l'Erymante glacé, nous pensions aux missionnaires du Groenland... ceux-là ont plus froid que nous; mais c'est pour l'amour de Christ.

[1] Olonos.

COUVENT DE MÉGASPILION.

Jeudi, 4 novembre 1847. — Que Dieu est bon ! — Il est doux de lui appartenir, à lui qui connaît nos besoins avant que nous en ayons conscience nous-mêmes ; à lui qui a pour nous des compassions dont la tendresse d'une mère n'approche pas.

Ce matin, pluie abondante ; impossibilité de partir. Il faut renoncer à la grande journée de Vostyzza, à la traversée du golfe. Nous coupons la distance par la moitié et nous venons coucher à Mégaspilion.

Il fait encore bien froid, la neige est descendue plus bas qu'hier ; mais la violence du vent s'est un peu calmée. Et puis nous allons avoir une journée presque entière de repos.

Nous entrons dans l'étroite vallée de Mégaspilion. Des deux côtés, montagnes de *pudding ;* au fond, le mont de Mégaspilion qui ferme la vallée, avec ses remparts de rochers à pic et sa couronne de sapins que la neige fait paraître plus noirs.

A mesure que nous montons, nous voyons le couvent, ses terrasses, ses toits appliqués contre le roc se dessiner nettement. Le chemin est bon; deux ou trois ponts, les seuls à peu près qu'on trouve en Grèce, relient l'un à l'autre les deux bords de la rivière qui parcourt le vallon.

Nous voici tout à l'heure arrivés. Les petits jardins des moines, partagés en carrés, cultivés avec soin, couvrent la pente jusqu'à mi-hauteur. On dirait du monastère, vu de près, une ruche d'abeilles maçonnes ou un gigantesque pigeonnier. Chacun des pavillons qui le composent a sa figure particulière : celui-ci blanchi, et cet autre non; celui-là large et bas, son voisin étroit et haut; ici des galeries, là une terrasse avec de grands arbres, et puis une position unique.

Le couvent, assis en nid d'aigle sur le roc, commande toute la vallée qui se déroule profonde à ses pieds, avec ses eaux, leur bordure de platanes, et ses puissants contreforts de montagnes.

Nous traversons la dernière terrasse; nous nous arrêtons devant la haute porte surmontée d'une peinture bysantine à fond doré. Vingt ou trente moines à barbes vénérables, à robes bien fourrées se chauffent au soleil. Leurs visages resplendissants parlent dès l'abord en faveur de la vie contemplative. Nous nous asseyons près d'eux tandis qu'on nous annonce au supérieur. Nous échangeons quelques signes affectueux. On vient nous chercher, nous montons par les escaliers intérieurs appliqués contre le roc. Le supérieur nous attend dans un petit salon destiné aux étrangers.

Le supérieur est un homme de cinquante à soixante ans, de l'air et des manières les plus joviales du monde. Il nous reçoit avec bienveillance.

François interprète, et c'est tout dire! Les intercalations de sa fabrique arrivent entre chaque phrase. Il les place avec un imperturbable sérieux, et nous, pris à l'improviste, de rire en vrais fous au nez du supérieur.

Mais ni le supérieur ni les moines ne se piquent d'ascétisme: ce sont de joyeux vivants, qui ne s'en cachent pas, et qui ont au moins le mérite d'une sincérité d'or.

On sert le café, accompagné du glico — les confitures et l'eau à la glace. — Nous questionnons le supérieur sur la règle. Suit-il celle de saint Basile, suit-il une constitution particulière? Non. — Ce que j'ai tiré de plus clair, c'est que les moines de Mégaspilion ne relèvent que de Mégaspilion. Tant qu'ils n'ont pas reçu les ordres de la prêtrise, ils peuvent rentrer dans le monde, et usent quelquefois de cette liberté. Ils choisissent eux-mêmes leur supérieur qui est confirmé par le saint synode; la charge est à vie, mais le saint synode a le droit de destitution en cas de fautes graves. Chaque moine conservé la propriété et la direction de sa fortune; chacun doit se fournir son vêtement. Le couvent donne le vin, le pain, l'huile, le laitage, les légumes frais et secs; ce qu'on veut de plus, friandises ou autres objets, on l'achète de ses deniers. — Les cellules, garnies de tapis, ornées de fusils et de poignards[1], reçoivent chacune trois moines; ils prennent là leurs repas qu'ils font apprêter à leur gré par les *convers*.

On nous montre la mesure de vin; elle est propre à satisfaire le gosier le plus altéré. — De règle, il y en a peu, ou point; on se relève pour chanter matines; on va dans l'église pour célébrer certains offices, ou l'on n'y va pas; le reste est *ad libitum*.

Ce qui est *ad libitum* aussi, ce sont les coups de bâton. — Je demande au supérieur quelle pénitence il inflige à un religieux désobéissant; il répond par un geste significatif accompagné d'un rire homérique. Nous lui offrons, ce nonobstant, d'entrer tous dans son couvent; il accepte: hilarité générale.

Autour de lui, sont rangés des moines à grandes barbes, à cheveux longs et un peu raides, à traits fins et réguliers: on dirait des figures détachées de quelque toile du Ghiotto.

[1] Germanos, supérieur de Mégaspilion au temps de la lutte grecque, donna le signal de la guerre de l'Indépendance, et se mit avec ses moines en état de défense contre Ibrahim-Pacha.

Nous visitons le monastère sous la direction de l'un des pères. Depuis seize ans serviteur du supérieur en qualité de frère convers, il vient d'être ordonné prêtre, et va jouir des délices de cette paternité conquise à grand'peine. Bon, le voilà qui prend une plume, et qui écrit ici le nom qu'il portait dans le siècle, celui qu'il a reçu en se faisant moine. Toujours avec des éclats de rire, et une candeur inouïe.

Les corridors sont remplis d'enfants de dix à douze ans qu'on forme à la vie monastique. Ces pauvres êtres ont quelque chose d'éteint, d'hébété pour mieux dire, qui me fait peine à voir. — On ne reçoit personne au couvent passé l'âge de douze ans. Les novices servent vingt-cinq ans en qualité de frères convers. Admis après à la prêtrise, ils sont servis à leur tour.

Le père Hyacinthe nous conduit au four. Jadis, chacun des frères convers y faisait à son tour cuire le pain; cette opération donnait lieu à tant de querelles, qu'on a pris un boulanger *ad hoc*.

Nous descendons à la cave. — Elle contient environ quarante-huit mille bouteilles de vin.

— Père Hyacinthe, le monastère vend-il son vin?...

Père Hyacinthe fait un geste d'horreur.

— Cela est défendu par la règle!

— On le boit donc en totalité?

Père Hyacinthe porte la main à ses lèvres, en guise de coupe, renverse la tête, compte les étoiles comme dit Sancho Pansa, et rit de toutes ses belles dents blanches.

Certes, il serait difficile de trouver des compagnons de façons plus vraies et plus simples; mais on se demande pourquoi ils sont là; ce qu'ils y font; et comment l'idée ne leur vient pas, à eux, les antipodes de la contemplation, de sortir, de se marier, de rentrer sous le joug des devoirs communs, et de laisser là une vie dont l'inutilité doit, il me semble, leur paraître un péché ou une folie.

Mais de quelles illusions notre pauvre âme ne parvient-elle pas à se bercer! Je suis sûre qu'on scandaliserait fort les moines de Mégaspilion, si on mettait en doute la sainteté religieuse de leur existence. Je suis sûre que de très bonne foi, plusieurs d'entre eux croient se consacrer à Dieu.

Le courage nous a manqué pour leur adresser quelques questions sérieuses. Il est vrai qu'avec François pour interprète. la chose était presque impossible. Nous nous sommes bornés à leur remettre un livre pieux.

Nous avons toujours trois ou quatre *pères* et *frères*, en contemplation dans notre chambre. A l'instant même, l'un d'eux, penché sur ma plume, suit tous les mots que je trace ici. Oh, que je voudrais lui faire lire dans mon cœur l'intérêt vrai qu'ils nous inspirent tous. Oh, que je voudrais lui exprimer les vœux que nous formons du fond de l'âme, pour qu'ils échangent la loi qu'ils se sont forgée, ou plutôt la tromperie d'une vie sans but, contre le joug si large et en même temps si positif du Seigneur Jésus!

On dit dans le pays que le couvent a deux millions quatre cent mille francs de revenus. La somme est exagérée; mais les possessions du monastère n'en restent pas moins immenses.

Le supérieur se plaint à nous des récoltes de cette année, magnifiques partout; il gémit de la dureté des temps. C'est le seul moment où sa physionomie ouverte se voit voilée d'un peu de tartufferie.

Nous trouvons là deux saints hermites de chats, très accoquinés au bon feu de notre salon. Si les caloyers faisaient mystère de la vie facile qu'on mène à Mégaspilion, leurs chats les trahiraient. L'un d'eux sent le poisson comme s'il sortait d'un vivier, tous deux refusent obstinément le pain, le *pain frais!*... Quelle révélation!... Mais, ici, les moines se révèlent à qui veut les entendre. Seulement, qu'ils ne prennent plus le nom de *moines,* que Mégaspilion ne s'appelle plus *monastère,* qu'on se contente d'écrire sur la grande porte : *communauté de bons vivants,* et que les longues robes, que les signes de croix, que les litanies, que ce qui jette, en un mot, les âmes dans la fausse idée qu'elles *font leur salut,* que tout cela disparaisse.

L'église, taillée dans le roc, n'a de remarquable que sa Madone de saint Luc, noire à son ordinaire, mais sculptée cette fois et non peinte, comme celles des cinq ou six villes d'Italie qui prétendent posséder le portrait original. Pourquoi on a fait de l'apôtre, du *médecin* Luc un peintre et un peintre de *négresses*, c'est ce qui reste inexplicable.

VOSTIZZA.

Vendredi soir, 5 *novembre* 1847. — Le supérieur nous a quittés hier au soir en nous souhaitant mille prospérités, entre autres celle de dormir *tranquillement sur les deux oreilles*. C'était bien notre compte, mais de vigoureuses tentatives faites à notre porte pour l'ouvrir nous ont brusquement arrachés à notre premier sommeil. Nous nous sommes écriés, récriés. La lumière jaune qui passait par le trou de la serrure et par la chatière a disparu; les pas se sont éloignés; nous les avons entendus monter l'escalier, s'arrêter à l'étage au-dessus, et tout est rentré dans le silence.

La nuit, on a l'imagination lugubre. J'avoue que je me suis rappelé des circonstances inquiétantes. D'abord la porte d'une *armoire*, par laquelle j'avais vu, à ma grande surprise, entrer et sortir des moines... pour nous apporter du fruit, il est vrai; et puis, le vol de deux cents colonnades, opéré il y a quelques mois aux dépens de François, dans le couvent même. — Une heure après la tentative, les coups de marteau sur une planche, qui appellent les caloyers au premier office ont retenti. Comment des gens qui vont dire *primes* songeraient-ils à mal? Me voilà rassurée... ce qui ne m'empêche pas de tenir les yeux fixés sur la porte aux poires et aux raisins! Quelle folie! Ce matin encore, n'est-il pas sorti de cette même porte trois belles grenades que le supérieur nous a données avec une grâce toute paternelle?... Cependant François, qui dormait avec trois moines n'a plus trouvé sur la table son verre de cuir qu'il y avait placé le soir... Mais brisons là : il y a partout des drôles mêlés avec d'honnêtes gens.

Nous quittons le monastère, les caloyers, la cour remplie de poules picotant, de canards caquetant, et de dindons piaulant. Nous suivons la vallée en tournant à droite, nous gravissons le col qui nous sépare de Vostizza, et, là, nous avons un admirable aspect de mer.

Les montagnes nous séparent encore du golfe, taillées à pic de notre côté et profondément déchirées; nous voyons par ces déchirures de grands lambeaux de mer, la base du Parnasse qui tient sa tête cachée dans la nue, l'Hélicon et le Cythéron.

Chemin faisant, nous rencontrons quelques moines montés sur des chevaux garnis de housses et de porte-manteaux bien bourrés; ils viennent de présider à leur récolte de raisins de Corinthe. Nous en voyons encore qui inspectent la culture des vignes du couvent, dans la riche plaine qui précède Vostizza. La campagne est couverte de ces vignes dont on taille et rattache les rameaux, de façon à ce qu'ils forment une treille élevée de deux pieds au-dessus du sol.

Les abords de Vostizza se ressentent de l'aisance qu'y répand le commerce du raisin de Corinthe. Partout dans le Péloponèse on voit des habitations en ruines, tristes restes de la domination des Turcs, de leur départ qui a dépeuplé la Grèce; ici, on ne rencontre que maisons neuves, sans compter les jardins d'orangers dans la ville.

De certains indices marquent la date récente de la domination turque. Ainsi, les femmes et les hommes âgés savent la langue de leurs anciens tyrans; les hommes de la campagne portent presque tous le turban, les femmes se voilent le front et la bouche avec le mouchoir qu'elles attachent sur leur tête; dans les villes, elles sortent peu, et ne se montrent ni dans les boutiques, ni dans les marchés; on offre partout la pipe, le café et le glico au visiteur; on rencontre souvent des nègres ou des négresses, anciens esclaves; les plaines, autrefois possessions turques, appartiennent au gouvernement grec, la petite propriété n'est pas encore créée; de nombreux villages ont la moitié de leurs maisons abandonnées quoique habitables moyennant peu de frais; le couvent de Mégaspilion ne se sert pas encore de cloches; on s'appelle aujourd'hui comme autrefois, *Dimitri* fils de *Christòdoulo;* maintenant, le nom propre du père tend à devenir le nom de famille du fils: encore une génération, et l'ancienne appellation orientale aura disparu.

Point de barques: elles sont toutes, ou dans le haut du golfe, ou à Patras, pour le chargement du raisin de Corinthe. Il n'y a dans le port que deux briks anglais qui viennent chercher de quoi farcir tous les plumpuddings d'Albion. — On attend des embarcations cette nuit.

La patience dans le repos m'est une vertu facile.

VOSTIZZA.

Samedi, 6 *novembre* 1847. — Pas plus de moyens de transport aujourd'hui qu'hier. Nous vivons d'espérances déçues.

Un gros bateau qui vient d'arriver, offre de nous mener à Scala. Nous acceptons. Désappointement: le gros bateau est loué jusqu'à lundi par un gros marchand, dont il doit décharger les ballots avant de se remettre sur *l'élément perfide*.

Un pêcheur propose de nous passer à la rame. Cela suppose une mer unie, et le vent contraire souffle. De plus, le pêcheur ne demande guère que cinq fois la valeur du prix ordinaire.

Le bateau à vapeur passe demain. Faudra-t-il le prendre pour retourner à Athènes? Faudra-t-il recommencer la triste nuit de Lutrachi, et la traversée de l'isthme, et la navigation sur la mer Égée? Faudra-t-il, après un voyage assez complet dans le Péloponèse, sacrifier l'Attique et le nord de la Grèce?...

Dieu le sait. Ce que nous avons de mieux à faire, c'est de nous soumettre.

En attendant, nous nous promenons dans Vostizza. Je ne sais si c'est que nous sortons des montagnes, mais les habitations me semblent des palais.

Pour nous, nous n'occupons qu'une mauvaise petite chambre sans vitres, dans la maison de la poste. Les courriers pédestres qui arrivent, partent, et crient toute la nuit, nous ôtent jusqu'à la pensée du sommeil. N'importe; si nous n'avons pas de vitres, pas de plafond, à peine une table et une chaise, les autres en ont : c'est toujours consolant.

Hier au soir, une mandoline, notre voisine, nous a régalés d'un air fort simple que je note ici; parfois la voix accompagnait à l'unisson.

Ainsi de suite pendant deux heures.

Les mélodies grecques se composent en général de quatre notes bizarrement coupées ou tenues. Les paysans que prend François pour nous guider chantent presque tous, et presque toujours en *ut mineur*. L'air est invariablement renfermé entre l'ut et le sol. Il s'orne d'une multitude de *grupetti*, selon que le demande le rhythme des paroles. La messe, nasillée par des capucins, peut seule donner l'idée de ce chant. Et pourtant, entendu au travers des bruyères en fleurs, ou le soir au campement, près d'un feu clair, il a du charme.

Nous venons de visiter deux statues récemment découvertes. Chose rare, elles possèdent leurs têtes et leurs nez; mais elles sont romaines, celle de l'homme comme celle de la femme. La coiffure de cette dernière ne le dirait pas, que la raideur de la pose, que la pesanteur des draperies le montreraient assez. Ici, on retrouve *le faire* des artistes Romains. Les Grecs ne connaissaient pas *le faire ;* ils rendaient ce qu'ils voyaient; ils n'usaient ni de procédé ni de méthode. Si vous reconnaissez une statue grecque entre mille, ce n'est jamais par la forme invariable du moule, c'est toujours par la simplicité et par la vérité.

SCALA.

Dimanche, 7 *novembre* 1847. — Le gros marchand s'est ravisé; il permet à sa barque de nous transporter ici.

François renvoie ses chevaux, y compris *Cochon-de-lait*, son père *Dimitri* et *Porteur-de-malice*, la plus vertueuse des bêtes.

Nous prendrons à Scala des animaux quelconques pour achever notre voyage et nous porter à Casa, où nous ferons venir une voiture d'Athènes.

Nous nous embarquons. Notre vaisseau a neuf matelots d'équipage; plus, un petit homme de cinq ans qui travaille en Hercule, et qui se donne les allures d'un marin consommé. Notre vaisseau, en outre, possède un coq, un cochon et un chat.

Le coq, noir, avec une belle crête rouge, salue de son chant guerrier ses rivaux de Vostizza. Il est en liberté, mais il traîne après lui la marque de l'esclavage : un bout de ficelle attaché à la patte.

Le chat, tricolore, effarouché, fait piteuse mine; je le soupçonne de préférer les souris de terre aux rats de mer... sans calembourg.

Le cochon, lié par le milieu du corps, se livre aux emportements de sa nature colère et gloutonne. Il crie quand on passe près de lui, grogne quand on lui donne à manger; renifle, fouille dans les ordures, se comporte en vrai porc qu'il est.

Pendant que les matelots déploient les voiles, une noce citadine, musique en tête, se dessine en brillante caravane sur le coteau. — En bas, le long de la mer, des paysans conduisent leurs chevaux par la bride; ils viennent d'acheter à Vostizza, les couronnes de papier doré que portent les mariés de village; leurs chevaux sont chargés de pièces d'étoffe, de tapis, d'ustensiles, de jolies pantoufles rouges. Chacun, depuis la vieille mère jusqu'au jeune fiancé qui s'en retourne avec ses emplettes, porte à la main des cierges qui brilleront le jour de la cérémonie.

Partout donc il y a fête, excepté sur la mer.

Vent contraire. Nous nous asseyons sur des sacs. On court deux ou trois bordées; je n'ai que la force de me jeter à fond de cale. Mon mari, un peu plus vaillant que moi, reste sur le pont. Supplice. — Nous louvoyons, nous avons tantôt la tête en bas et tantôt les pieds; nous entendons les grains de maïs dont la barque est chargée, passer de bâbord à tribord et de tribord à bâbord. Dans les moments lucides, je vois danser les étoiles par le trou du fond de cale : on dirait des fanaux attachés aux voiles. Mon mari est bientôt malade; je n'ai pas même la force de lui adresser un mot. Le timonier chante, non pas en ut mineur cette fois : voici sa mélodie, elle s'est incrustée dans ma mémoire.

Quatorze heures tombent pesantes, l'une après l'autre[1]. Les premières lueurs du matin blanchissent le ciel. Après avoir vingt fois reçu cette réponse « — *In tre ore!* » nous entendons ces mots bénis : « *siamo arrivati!* »

Nous débarquons. Nous nous logeons dans un des cinq magasins déserts qui composent le hameau de Scala. — En jetant un regard en arrière, vers la douce maison paternelle, un autre en avant, sur la grande traversée de Grèce en Égypte, je sens

[1] Avec un vent favorable, on fait cette traversée en deux heures.

monter à mes yeux les larmes de l'enfant prodigue... ces larmes qui ont coulé souvent et que je verserai plus d'une fois encore.

Au moins, si nos souffrances servaient à quelque chose! mais Dieu envoie-t-il jamais une souffrance pour rien? et si, par sa grâce, nous pouvons le louer au milieu même de l'angoisse, si nous pouvons posséder nos âmes par la patience, n'est-ce pas un grand bien?

Que nous avons goûté de joie, après cette triste nuit, à lire sa parole! Quoiqu'il arrive, nous sommes à notre Dieu, et notre Dieu est à nous. Que ne traverserait-on pas avec cette assurance?

Ce soir, les nuages s'allument au couchant. Les montagnes pierreuses de la baie en reçoivent un reflet pourpre, et la mer semble charrier du feu. Cela dure quelques minutes, et puis le ciel se plombe, les montagnes redeviennent grises et la mer revêt une teinte livide.

ISMENO.

Lundi soir, 8 novembre 1847. — On nous amène ce matin des mulets. On nous juche, nous et nos bagages, sur les bâts. Nous voilà aussi haut perchés que si nous étions sur ce chameau qui arrive de l'isthme à Scala, et qui se régale de caprier.

Nous montons à Crisso, joli village qui domine le golfe. En cheminant, nous voyons les dernières maisons de Salona, à demi cachées derrière la montagne. Crisso a de charmantes habitations blanches, propres, entourées de jardins. Au fond de la vallée, des oliviers; autour de nous, la vigne en terrasse. Nos agoyates sont de Crisso, tous en belles fustanelles, en vestes plus ou moins trouées mais toujours brodées. Celui qui conduit mon mulet vient de se marier. Il quitte sa femme pour une semaine : aussi chante-t-il des airs mélancoliques, entremêlés pourtant de grands éclats de rire, chaque fois que je prononce quelqu'une des trois phrases grecques que m'a enseignées François.

Je mets ici le chant du nouveau marié :

La mère de notre guide, sa jeune femme nous apportent des oranges à notre passage. Nous continuons notre route : la montagne est aride, mais c'est le Parnasse; d'ailleurs, le sol a cette belle teinte jaune qui s'harmonie si bien avec le ciel de Grèce.

Nous n'avons pas marché une heure, qu'au détour du chemin nous découvrons Delphes. Il s'échelonne au pied de deux rochers immenses d'où sort la fontaine de Castalie. Voici la voie sacrée; des tombeaux creusés dans le roc la bordent à gauche. — Nous mettons pied à terre. Les blocs antiques servent d'assises à toutes les maisons; on en retrouve dans chaque mur. Un amas de colonnes cannelées s'élève près d'une habitation neuve : on suppose que l'antre de la Pythie était là. — Nous buvons, cela va sans dire, l'eau de Castalie. Hélas! nous n'en devenons pas plus poëtes.

Cette position est admirable : les maisons blanches semées sur la pente rocailleuse; un peu plus bas, le clocher du couvent qui ressort au milieu des oliviers; les rochers à pic profondément déchirés, se dressant en forteresse derrière; et puis, les grands souvenirs planant sur ces lieux. — Que de fois les bandes pillardes, les armées avides, ne se sont-elles pas abattues sur les richesses du temple et sur le trésor; depuis le bandit de l'île d'Eubée, jusqu'à Néron, qui lui enleva cinq cents statues de bronze! — Les Orchoméniens, Pyrrhus, une partie des troupes de Xercès, les Phocéens, les Gaulois sous les ordres de Brennus, viennent tour à tour fondre sur la riche Delphes. « Les Gaulois, dit Pausanias, n'étaient pas habiles dans l'art de la guerre, mais d'une audace et d'un courage inouïs. Ils ne savaient que se jeter sur l'ennemi avec une impétuosité aveugle, comme des bêtes féroces. Pourfendus à coups de hache, ou tout percés de coups d'épée, ils ne lâchaient pas prise ni ne quittaient l'air menaçant et opiniâtre qui leur était naturel. Ils étaient furieux jusqu'au dernier soupir; on en voyait qui arrachaient de leurs plaies le trait mortel dont ils étaient atteints, pour le lancer contre les Grecs et pour en frapper ceux qui étaient à leur portée. » — Un tremblement de terre, la foudre, la *neige* et la glace effraient l'armée de Brennus; les habitants de Delphes en profitent pour faire une sortie, Brennus est blessé, et les Gaulois prennent la fuite. — Pausanias voyait encore à Delphes une multitude de statues et de peintures, sans compter les sentences écrites sur les parvis du temple par les sept sages de la Grèce.

Que de mensonges sont sortis de ces lieux! que d'âmes, hélas! y sont accourues altérées, et s'en sont retournées abreuvées d'illusions! — Maintenant, de ces processions, de ces horreurs du trépied, de cette magnificence du trésor, il ne reste qu'un village riant, au pied de deux pics abruptes.

Nous nous élevons toujours; nous traversons Arakòba, village caractéristique jeté sur les flancs du Parnasse. De là on en voit le sommet... quand on le voit. Il est aujourd'hui plié dans un manteau de brouillards. Le vent qui chasse et déchire parfois les nuages, nous montre, ici une forêt de sapins, là une paroi de rocher, partout une abondante couche de neige. Ce vent nous apporte les frimas. Nous nous sentons glacés.

Apollon et les muses, qu'ils habitent l'Hélicon ou qu'ils se promènent sur le Parnasse, doivent, contre leur ordinaire, être vêtus à cette heure de bonnes robes de chambre bien fourrées.

Pour nous qui n'en avons pas, nous descendons de nos mulets, et nous courons, au travers de la plaine et de la froidure, jusqu'au han d'Ismeno : bâtiment solitaire, dans une sombre gorge de la montagne.

HAN DE MASI.

Mardi soir, 9 *novembre* 1847. — Onze heures de marche, sur des mulets et des bâts à rompre des os de fer.

Caragoun, *Diose*, *et Couquïn*, sont des machines à torturer.

Nous tournons autour de l'immense Parnasse, sous un ciel d'hiver. Il y a de la neige dans l'air; il y en a sur les pics du Parnasse. Dieu, dans sa compassion, permet que quelques rayons de soleil viennent nous réchauffer.

Nous descendons vers la plaine de Chéronée. Elle s'étend plate, entourée de montagnes. Nous y cheminons longtemps, sans voir de vestiges antiques. Enfin, les gradins bien conservés du théâtre taillé dans la roche vive se montrent à notre droite, tandis que les murs de l'acropole se dessinent sur la hauteur qui couronne le théâtre. Un aqueduc porte l'eau à la fontaine; des femmes vêtues de la tunique, ceintes d'un pièce d'étoffe rouge et les jambes nues, y lavent leur linge. Un peu plus loin, au fond d'un grand creux, gît le lion gigantesque. La tête est presque intacte, les membres, quoique brisés, nous semblent complets; avec peu de frais et quelque intelligence, on le redresserait; alors, posé au niveau du terrain, et non plus enfouis comme il l'est, il produirait un effet grandiose.

Il est deux heures. Un des propriétaires des mulets de charge ne veut plus marcher. Il conduit sa bête à Livadia, et prétend recevoir le prix de sa journée; tout cela, au mépris de l'engagement contracté avec François. Grande et juste querelle. François la termine d'un coup. Il saute à bas de sa mule, tire à moitié son couteau.

— Il faut, s'il vous plaît, *que nous nous coupions un peu.*

L'autre qui, de même que Sganarelle, *n'a pas de gorge à se couper*, sourit à l'instant; il se soumet, cabriole, passe sa gourde à François et nous accompagne jusqu'à Masi.

François se prend la tête en songeant à l'imprudent voyageur qui se hasarde au milieu de pareils gueux sans un courrier. — *Quels écorchements, quels écorchements!* s'écrie-t-il.

A la plaine de Chéronée, succède la plaine du lac Copaïs, boueuse à perte de vue. Nous essayons de faire quelques pas pour changer de supplice. On enfonce jusqu'à mi-jambe. Nous rencontrons des caravanes de bergers nomades avec leurs troupeaux de chèvres noires et de moutons dorés. Le lac Copaïs a dû remplir toute cette vallée; l'hiver, il en recouvre une partie.

Lorsqu'on compare ce terrain vaste et plat aux montagnes dont le reste de la Grèce est hérissé, on comprend que les armées envahissantes aient choisi ce chemin pour arriver dans le Péloponèse, et que les grandes batailles se soient livrées dans les plaines de Chéronée et de Thèbes.

La nuit tombe; des feux s'allument de tous côtés : ce sont les feux des campements des bergers nomades.

Nous marchons une heure et demie dans les ténèbres, en silence. Le jeune marié seul entonne de temps à autre sa chanson plaintive. La route n'est qu'un large ruban de boue, avec des creux et des ornières à s'y enterrer; les mulets mettent les pieds dans tous les trous et tombent plus que jamais. Le mien s'est agenouillé quatre fois aujourd'hui, sans compter les fléchissements. Nous, femmes, nous sommes brisées.

Lorsqu'on souffre à ce point, lorsque chaque mouvement de la monture cause une douleur, il ne reste guère de place pour l'admiration, il n'en reste pas même pour une pensée quelconque.

Pourtant l'espérance du bon feu, de la bonne petite chambre du han, nous soutient.

Nous y touchons enfin : il en sort une vague clameur; il est plein à ne pas s'y tourner.

François trouve moyen de nous faire céder une écurie. Il entasse dans un coin la paille infecte sur laquelle les premiers occupants dormaient déjà.

On chante, on crie : c'est un pêle-mêle indescriptible de gens, de chevaux et de mulets. On dirait du vaste hangar sur lequel ouvre notre écurie, un tableau de Bassano ou de Gherardo della Notte. Cinq ou six feux y sont allumés; leurs flammes vives éclairent les figures rangées en rond tout autour. Il y a là des faces de brigands qui me feraient trembler sans le grand couteau de François. Nègres, blancs, teints cuivrés, yeux farouches, physionomies étranges et barbares : tout cela est frappé de rouges reflets. On gesticule, on parle des langues bizarres, on rit d'un rire sauvage; les gourdes circulent, les chants deviennent ultra-bachiques.

Ces braves gens sont des pêcheurs de sangsues, venus là des quatre coins du globe. Ils se rendent chaque matin aux marais de Livadia. Quand l'occasion se rencontre, ils prennent autre chose encore que des sangsues... tout à l'heure nos manteaux et le talagani de François.

S'approprier ce qu'on trouve sur son chemin est, dans ce pays, une coutume assez généralement adoptée. On le croirait du moins, à voir avec quelle liberté le voleur procède, et combien peu le volé s'étonne.

Si nous n'étions pas moulus, cette page de notre voyage nous paraîtrait la plus originale.

Les clochettes des mulets accompagnent de leurs tintements, les chansons et les éclats joyeux des habitants du han. Le vieux propriétaire, assis par terre devant notre porte; un pot plein de vin dans une main, un verre dans l'autre, plus que gris, le malheureux, répète, pour la millième fois, le même refrain monotone. Une planche, retenue seulement par un pieu poussé contre, nous sépare du grand hangar. François a suspendu un tapis entre nous et la partie du han où se débite l'eau-de-vie, où s'abrite une autre bande de pêcheurs et de muletiers. Au-dessus de nous on chante à tue-tête, en marquant la mesure avec des claquements de doigts.

Franchement, on se sent bien seul de son espèce au milieu de ces hommes chez qui la même ivresse s'exprime par de l'extravagance ou par de l'abrutissement. La stupéfaction, la pitié, la gaîté provoquée par le burlesque de quelques scènes, se succèdent chez nous. Si je n'étais pas si fatiguée, j'aurais peur.

Et pourtant ce sont nos frères; ils ont des âmes que le Fils de Dieu est venu chercher. Oh! Seigneur, envoie-leur quelque messager qui leur dise ton amour; et si nous ne pouvons leur en parler, donne-nous au moins de prier pour eux.

THÈBES.

Mercredi, 10 *novembre* 1847. — Nous nous jetons tout habillés sur nos lits. La nuit se passe à être grimpés et dévorés par des insectes. Leur nom est *légion*. Il en tombe du plafond à chaque pas de nos turbulents voisins; les larges fentes qui laissent glisser sur nous la lumière de leur feu, laissent aussi échapper des trésors de poussière, de toiles d'araignées, et d'êtres animés dont nous ne vérifions pas l'espèce.

François et son grand couteau, que durant les nuits glacées nous avons recueilli dans le dortoir commun, vient se coucher en travers de la porte. — Impossible de dormir. Nous nous sentons parcourus, piqués, mangés en tout sens. Les premières lueurs de l'aube nous trouvent debout.

Le han est plus hideux ce matin qu'il ne l'était hier au soir. La clarté du jour en fait ressortir les détails. Il s'en exhale une odeur fétide; particulièrement du passage où l'on vend l'eau-de-vie et le fromage. Il fait froid; les pêcheurs de sangsues sortent du hangar, la tête enveloppée de linges sales. Les uns se dirigent vers les marais du lac Copaïs, les autres apportent dans un chaudron quelque nourriture nauséabonde. Ces pauvres gens, à demi-couverts de sordides haillons, pataugent dans la boue qui remplit le dehors et le dedans. Il y a là un ramassis de Turcs, de Russes, d'Arabes, de Bulgares, de Croates, de vingt nations. Le métier qu'ils font est lucratif, mais tel, qu'il faut, comme dit François, avoir la corde au cou pour l'entreprendre;... ceux-ci m'ont tout l'air de l'avoir eue en effet.

Le pêcheur de sangsues passe la journée dans l'eau du marais; il l'agite avec un bâton, les sangsues arrivent et s'attachent à ses jambes; dès qu'il sent leur morsure, il les arrache. L'oque, — deux livres trois quarts environ, — se vend trente francs.

La pensée ne se perd-elle pas, en face des conditions si différentes des hommes!

Quelle vie que celle-là : croupir le jour dans la boue pestilentielle d'un marais, la nuit dans la boue infecte d'un han; s'enivrer en brutes, tapager en sauvages!..... Hélas, s'ils savaient ce que Jésus est venu faire sur la terre; s'ils se reconnaissaient à eux-mêmes une âme, quelle transformation!

Il faudrait des missionnaires tout exprès, pour les individus que des professions abjectes rejettent en dehors du courant ordinaire de la société. Il en faudrait pour les chiffonniers de Paris, comme il s'en est trouvé pour les mineurs d'Angleterre ensevelis sous les voûtes de charbon, plongés dans les vices que favorise une nuit perpétuelle. A des misères très spéciales, un secours très spécial est indispensable.

François, touché de ma piteuse figure, m'a trouvé un cheval. Je suis au troisième ciel, et je déclare les mulets des bêtes contre nature.

Nous quittons la plaine pour monter à droite, sur les plateaux élevés de Tespia et de Leuctres. Le ciel est toujours gris, l'air froid. C'est l'arrière automne de nos pays. Nous passons auprès d'un campement de bergers nomades : quelques tentes de laine s'élèvent au milieu des lentisques; les chevaux, les poulains paissent autour, les enfants jouent à l'entrée; plus loin, nous rencontrons les troupeaux de chèvres bigarrées et de moutons jaunes, déjà en marche pour la station de la nuit prochaine. Ils descendent du Parnasse et se rendent au vallon d'Éleusis.

Nous traversons plusieurs plateaux. Tous ont le même aspect. Ce sont de vastes champs, les uns en jachère, les autres labourés. Au loin, quelque paysan jette la semence, la charrue qui le suit recouvre le grain, c'est là toute la culture. De rares villages se montrent sur les hauteurs.

Les restes de Tespia sont disséminés sur l'une de ces plaines élevées. Une fontaine, antique dit-on, répand là ses eaux; les femmes y lavent. Quelques assises, quelques colonnes brisées, voilà ce qui reste de cette Tespia qui refusa la terre et l'eau à Xerxès, et fut rasée pour son courage. Le hameau de Erèmo-Càstro couronne la colline voisine, une tour franque, dentelée par le temps, est debout à droite.

Nous allons chercher l'emplacement de Leuctres à l'extrémité du plateau qui regarde le Cythéron: on dirait un tumulus. D'innombrables fragments de vases antiques indiquent seuls que là fut une ville. Singulier contraste que celui de la durée de ces monceaux de poteries, avec la disparition des monuments et des peuples.

Un horizon de montagnes nous entoure: l'Hélicon, le Parnasse, cachés dans les nuages; plus près, les montagnes de Thèbes, et, dans l'éloignement, les cimes neigeuses de l'Eubée. La plaine de Platée s'étend à nos pieds. Les aspects ont beaucoup de majesté, mais sous un ciel brumeux, sous une atmosphère humide; ces plateaux sans arbres, sans habitations, ces chemins de boue pâteuse ont quelque chose de profondément triste. Sans les montagnes, sans les souvenirs, on dirait les champs déserts de la Bourgogne, entre Villeneuve-les-Convers et Chanceaux,... et l'on se demande en vertu de quelle extravagante fantaisie on se trouve là, à cheval, par un jour d'arrière-automne, piétinant dans ce labour, tandis que la diligence part de Dijon!...

Il y a une intime relation entre un ciel nuageux, une terre qui a revêtu la robe de novembre, et les idées de cité, de chez soi, de bon feu, de travaux sédentaires. — Si par ces jours froids et mélancoliques, l'on erre en voyageur dans la campagne désolée, les plus pauvres réduits citadins : cette ruelle où il fait sombre, mais où il y a des boutiques; les plus humbles habitants des villes : cet homme qui rôtit des marrons au coin d'une place; les laideurs même des cités : ces maisons à six étages, entassées l'une derrière l'autre; tout cela vient sourire à l'imagination et lui redire les mots magiques de famille, de bonheur domestique, de bien-être autour du foyer.

Mais, que le printemps couvre la terre de verdure, les prés de fleurs; que le soleil brille dans un ciel bleu; que les oiseaux chantent, que les villageois chantent aussi en se rendant à l'ouvrage; et les lointaines rives apparaissent toutes parées de leurs charmes étrangers. Voici la fanfare de la chaise de poste, et la barcarolle du gondolier, et là bas, les voiles doucement gonflées du vaisseau, et plus loin les minarets, le Nil jaune qui serpente sous les palmiers, la caravane qui passe les déserts... et l'on part. — Pour moi, je crois bien que je ne partirai plus.

Tout cela est indigne de Leuctres.

Nous redescendons vers Thèbes. Un moine portant le costume, laboure un champ. Les couvents ont tous de ces frères convers. Mégaspilion compte bon nombre de bergers qui gardent les moutons du monastère, en robe, en barbe et en bonnet rond.

Thèbes recouvre un mamelon; elle a derrière elle une haute montagne; à sa droite, le mont du Sphinx, et dans le lointain, faisant le fond du tableau, une grande cime blanche : le Mont-Blanc de l'Eubée.

Il y a quelque chose de riant dans la position de Thèbes. Quelle ville d'ailleurs ne nous sourirait pas? Toutes les fois que nous voyons quatre toits rouges rapprochés les uns des autres, notre cœur se dilate.

De ce côté-ci, la plaine de Thèbes est profondément sillonnée de déchirures; on dirait tantôt les fossés d'une ville fortifiée, tantôt les bouleversements produits par un tremblement de terre. Le sol s'y creuse en abruptes ravins, aucune plante n'en tapisse les parois vives; les plaies y semblent faites d'hier. Le sentier s'enfonce dans chaque crevasse, remontant pour redescendre, descendant pour remonter, jusqu'à ce qu'il passe sous l'aqueduc qui forme la porte de Thèbes. — Ici, il y a des déceptions. Et où n'y en a-t-il pas? Les habitations, de loin si jolies, sont, de près, sales et dépenaillées; point de vitres, des trous au mur, masures après masures, et des cochons partout. — Mais l'emplacement de l'antique Thèbes est là; là est la patrie d'Épaminondas, de Pélopidas, de Pindare : cela suffit... cela doit suffire.

La très courte distance qui sépare Thèbes de Platée, donne une idée de la petitesse de ces États qui occupaient le monde entier de leurs guerres. Sans doute, ces guerres étaient importantes; sans doute, elles donnaient lieu à de hauts faits d'armes : les héros grecs étaient de grands héros; les luttes contre la Perse en témoignent; mais les Grecs savaient parler, savaient écrire, ils savaient chanter leurs exploits : cet art-là n'a rien gâté à leur gloire.

Que de prodiges de vaillance et de génie militaire, l'ignorance des barbares n'a-t-elle pas ensevelis!

ATHÈNES.

Jeudi soir, 4 novembre 1847. — Ce matin le ciel est d'un bleu pâle, mais il est bleu. Nous descendons de Thèbes par une pente unie. Le fond de la plaine de Platée est une fange pâteuse dont nos montures ne peuvent arracher leurs pieds. Nous faisons de grands détours pour éviter la route, fondrière où nous enfoncerions jusqu'au cou.

L'agoyate qui m'avait fourni un cheval, déclare au moment de partir qu'il n'ira pas plus loin; la selle de dame est insupportable à sa bête. François pense un moment à lui couper le nez avec son grand couteau... mais ce nez-là n'en vaut pas la peine. Il le laisse subsister, se met en quête de deux montures, m'amène une espèce de rat gris, et à mon mari une espèce d'animal couleur *prune monsieur;* tous deux avec des queues retroussées et tordues à plaisir. Ce sont de vertueuses bêtes, et sans elles, nous nous verrions réduits aux mulets, aux ânes, ou à nos propres jambes.

Oh! voyageur dépourvu de courrier, *quels écorchements!*

Nous montons à pied le Cithéron. Ici, il y a une route, une route qui n'est pas de la boue, une route sur laquelle on passe; une route qui se dégrade il est vrai, faute d'entretien, mais une route consistante, large, unie par moments. Nous y marchons avec délices. Toute la vallée de Thèbes s'étend au-dessous. Lorsque nous nous retournons vers elle, nous voyons à notre droite la montagne blanche de l'Eubée, passer sa grande tête conique par-dessus la chaîne bleuâtre qui nous en sépare. Au fond, le Parnasse bien découvert aujourd'hui, étale son dos immense éclatant de neige. L'Hélicon, avec les monts de Lutrachi et de Calamachi, forme le côté gauche du tableau.

Qu'il fait bon voyager ainsi par une belle journée... surtout lorsqu'on doit arriver le soir.

Nous avons commandé une voiture pour Casa, han situé à la moitié de la descente du Cithéron du côté d'Athènes. La lettre sera-t-elle parvenue, trouverons-nous *una buona carozza;* serons-nous ce soir dans notre salon d'Athènes; faudra-t-il coucher encore au han, et demain, passer huit heures à cheval?... — Nous demandons des nouvelles de cette *benedetta carozza* à tous les gendarmes que nous croisons. — On l'a vue, elle nous attend. Nous respirons... et pourtant j'ai encore peur.

Nous voici au sommet du Cithéron. Adieu, plaine de Thèbes ; un autre horizon s'ouvre devant nous : les monts Athéniens, avec l'Icare, dont la pyramide est neigée. Quelques pins rabougris croissent ici et là. Cinq minutes avant le han de Casa, nous gravissons la montagne à notre gauche pour visiter les antiques fortifications d'Éleuthère. — Je ne sais si cet acte de vertu, après deux heures de marche, me rétablira dans l'opinion de François, indigné de ce qu'hier au soir, je suis demeurée accroupie près du brazero, au lieu d'aller examiner les murs de Thèbes : — « Il paraît que Madame, *il* aime mieux un bon feu que les monuments. »

Les fortifications d'Éleuthère sont de construction hellénique : blocs de pierre carrés, taillés, posés l'un sur l'autre sans ciment. Cinq tours restent debout. On retrouve des portes entières, étroites mais élevées. La terre a comblé en grande partie l'intérieur de l'Acropole. Il y aurait là, comme à Leuctres, comme partout, de riches fouilles à faire.

Les anciens tiraient un merveilleux parti des ressources naturelles. Ils creusaient les gradins de leurs théâtres dans le roc ; le roc aplani leur servait de tribune ; sur le roc ils élevaient leurs murs de défense ; la plupart des antiquités grecques portent les traces de ce système.

François nous a livrés à nous-mêmes, pour vérifier la présence de la voiture; nous n'apercevons rien encore: tout à coup, quatre chevaux blancs sortent du han, un cri de joie nous échappe. Deux minutes et nous sommes en bas.

Une voiture! une voiture! quelle merveille de la civilisation! — Nos agoyates sont rangés autour de cette voiture, de ces quatre chevaux, la bouche ouverte et sans respiration. Nous leur disons adieu jusqu'à Athènes où nous les reverrons. Nous nous entassons pêle-mêle avec les sacs de nuit, les parapluies et les manteaux. Nos cochers: le conducteur des chevaux et le *governatore della carozza*, comme en Sicile, montent avec François sur les deux siéges; et nous partons. — Nous sommes magnifiques à voir, ainsi flanqués de fustanelles, avec nos costumes à nous, ultra-pittoresques.

Et nous roulons!... Rouler après quatre semaines d'équitation!... Pendant cinq heures et demie que dure ce *roulement*, nous ne pouvons faire qu'une chose: le savourer. Lire, impossible; penser, difficile; mais sentir, oh oui! sentir qu'on roule et qu'on ne cavalcade plus; qu'on roule, et que pendant quinze jours, on va goûter la vie toute unie de la tortue et de l'escargot!

Et les lettres d'Europe qui nous attendent! — Et ces bénédictions du Seigneur, qui nous ont sans cesse accompagnés!

Pas un accident durant ces quatres semaines; quelque mauvais moments toujours suivis de délivrance, et des jouissances sérieuses, que le cours de la vie, que les études subséquentes rendront plus vives.

La bonté du Seigneur s'est montrée admirable. Jamais nous n'avons regardé à lui du fond de notre faiblesse, que nous n'ayons été exaucés, sauvés de ce que nous redoutions. S'il y a eu des souffrances, c'est qu'elles étaient nécessaires. Ne fallait-il pas les regrets de la maison paternelle, ne fallait-il pas les fatigues de quelques traversées des montagnes, le froid glacial de l'Érimanthe, la pluie, le mulet, le poids de notre inutilité, pour nous faire sentir le prix de ces trésors inappréciables : le travail au service du Christ; les joies et les devoirs de la famille ; la valeur du *statu quo?*

Oui, je le répète : la sollicitude de l'Éternel pour le plus chétif de ses enfants, dépasse en tendresse, en délicatesse, si j'osais, je dirais en gâterie, celle de la meilleure des mères. Quelle sagesse dans cet amour! quelles leçons dans ces expériences! comme nous sommes amenés à reconnaître du plus profond de notre cœur, que la réalisation de nos désirs n'est pas ce qui constitue la félicité; mais que le bonheur est partout où est la soumission à la volonté de Dieu; qu'il n'est que là.

Nous fermons notre grand cercle à Éleusis. Ce

qui, en partant, me paraissait masure inhabitable, me semble élégant *cottage* en revenant. Nous retrouvons l'île de Salamine, le golfe, et la mare d'eau douce où s'ébattaient les tortues, et Daphné avec son église franque, et Athènes, et sa belle vallée coupée par le bois d'oliviers, son acropole, son temple de Thésée, son Licabètus, son Hymète. C'est bien ici la couronne de la Grèce; ici le caractère le plus classique, ici les monuments les plus parfaits, ici la couleur la plus chaude. — Il nous semble rentrer dans une patrie. Mon Dieu, nous te rendons grâce.

« Béni soit l'Éternel, mon rocher... qui déploie sa bonté envers moi, qui est ma forteresse, ma haute retraite, mon libérateur, mon bouclier, et je me suis retiré vers lui... Oh Éternel, qu'est-ce que l'homme, que tu aies soin de lui ? »

Samedi, 13 novembre 1847. — Nous avons retrouvé notre Louis en bonne santé. Il nous attendait, un paquet de lettres à la main. Celles-là sont tristes, on va se battre en Suisse. Cette belle soirée s'est passée à lire, le cœur gros, à savourer les amertumes de la séparation et à pleurer.

L'expédition que nous venons de terminer nous laissera des souvenirs précieux. Cependant, sans le passé et sans l'avenir, je la trouverais trop chèrement achetée. La saison y est pour quelque chose.

Le printemps vaut mieux; à condition de ne pas partir avant le milieu d'avril, à cause du froid dans les parties montagneuses; et de ne pas pousser au-delà de mai, à cause de la fièvre dans les plaines.

Les cimes rocailleuses qui recouvrent la presque totalité de la Grèce, doivent, en avril et en mai, se revêtir d'un éblouissant tapis de fleurs. A la fin d'octobre, en novembre au contraire, la dernière récolte, celle du maïs, disparaît du sol; les champs sont déserts, plusieurs arbustes perdent leurs feuilles, le ciel devient gris; la magie des couleurs, cette première beauté de la Grèce n'existe plus, et la physionomie de l'hiver se rencontre trop souvent; sans compter les souffrances.

Il me reste de notre voyage en Grèce, l'impression d'un travail qui n'est pas tout à fait en proportion avec le résultat. Il est vrai qu'on trouve selon ce qu'on apporte, et que mon bagage scientifique se réduit à zéro. Du côté pittoresque il y a quelques aspects admirables, comme partout où ces deux éléments : la mer et les montagnes, se trouvent en contact. L'Arcadie, la Messénie, la Laconie, de nos jours de même qu'aux temps antiques, sont le jardin de la Grèce. Mais, que d'étendues pierreuses, désertes, que de croupes osseuses et décharnées ne faut-il pas traverser pour rencontrer de tels tableaux!

Du côté des monuments encore, il y a disproportion entre le plaisir et la peine. Athènes, Corinthe,

Mycènes, Hiéronne renferment, dans un petit cadre, les plus beaux restes antiques.

Parcourir la Grèce pour ne voir que ce qu'elle renferme à l'heure présente, sans jeter un regard en arrière, sans jeter un regard en avant, c'est faire une mauvaise opération.

Le voyage ne prend sa valeur que jour après jour. Chaque lecture lui donne du prix.... en reçoit de lui, pour mieux dire. Il communique un caractère de réalité à ce qui n'était guère qu'abstraction. On s'accoutume involontairement à lire l'histoire grecque comme on lirait un poëme épique. On croit bien à l'existence des guerriers, des philosophes, des législateurs; mais ils agissent dans un monde imaginaire, ils participent du vague de ce monde-là. Après le voyage de Grèce, les événements prennent des proportions vraies. Tout cela secoue sa poussière, vit, marche dans notre planète, sous notre soleil. Aussi la physionomie du pays, l'emplacement des grandes cités, la configuration des États, offrent-ils un intérêt plus réel que les monuments ou que les beautés de la nature. Là sont les richesses du voyage, et comme ces richesses ne se découvrent que rétrospectivement; comme, au moment même, on tient un plus grand compte de ce qui parle aux yeux que de ce qui parle à la pensée, il en résulte que, sur l'heure, le voyage ne répond pas tout-à-fait à ce qu'on en attendait. Pour moi, je le sens déjà qui se colore.

Aujourd'hui comme au temps de Thémistocle, la Grèce nous paraît devoir tourner ses forces du côté de la mer. Dépeuplée qu'elle est, ses vallées suffisent, et au delà, à nourrir sa population; mais jetez dans le pays encore un million, deux millions d'habitants, où trouverez-vous, sur cette charpente osseuse, de quoi les alimenter, de quoi les occuper? — Et puis, je ne ne sais si le travail très suivi, très modeste, des ateliers ou des champs, convient au caractère grec. Cette intelligence lumineuse, ce vif sentiment d'égalité, cette soif de jouir, cet orgueil, ne s'en accommoderaient guère. Les aventures de mer, au contraire, les explosions d'activité avec les longs loisirs qui caractérisent l'existence des marins, ces vues perçantes, cette hardiesse, ce mépris de la vie, cette ambition que demandent les entreprises maritimes, mettraient en valeur les qualités et presque les défauts des Grecs.

Du reste, il y a bien des orages sur cet horizon. — Il n'est pas commode de gouverner un peuple qui s'est en partie créé son indépendance, qui pense l'avoir seul conquise, qui prétend au fait comme au droit de la souveraineté, et qui, tout jeune, tout inexpérimenté qu'il est en matière de gouvernement et de constitution, pénètre aussi bien qu'on le ferait en France, tous les *arcani* de la politique.

Chacun, en Grèce, s'occupe de la chose publique; par goût, par fierté nationale et par souvenir. Chaque Grec a une lettre de noblesse : le passé, qu'il constate, en reproduisant, autant qu'il le peut, le caractère antique. Il s'intéresse donc aux affaires, il en examine les ressorts, il juge. Au han de Masi, les pêcheurs de sangsues, tout avinés qu'ils étaient, renversaient et reconstruisaient le ministère.

Le Grec, en outre, est jaloux de son indépendance intérieure, jaloux de l'indépendance de son pays à l'égard des puissances étrangères. Il voit des menées là où il y en a; il les suppose là où elles ne sont pas. Reprendre les armes et changer le pouvoir, lui semblera, dès qu'il se croira trompé, l'opération la plus juste comme la plus simple.

Avec ces éléments, de même qu'avec tous les éléments, une politique droite, large, ni anglaise, ni française, ni russe, mais grecque, paraît être la seule politique en mesure de sauver le pays.

On peut en Angleterre, en France ou ailleurs, se frotter les mains pour des élections faites dans un sens ou dans l'autre; tout cela, ce sont des rides sur la surface de la mer, le fond reste le même : les Grecs restent grecs; profondément hostiles à qui veut les mener, enregistrant avec soin leurs griefs, jusqu'au moment où la coupe étant comble, ils courront s'enrégimenter sous leurs *capitaines* et feront un coup de main.

Ce peuple a d'étonnants rapports avec le peuple Corse. Hardiesse, pauvreté, ambition, défiance : ce sont là des traits communs à tous deux. Tous deux ont aussi ces pouvoirs dans le pouvoir, ces petites royautés de localités, si difficiles à satisfaire comme à contenir : la Corse, ses familles de *Caporali*; la Grèce, ses *Capitaines*.

Le *Caporale* fait voter les vingt ou trente voix qui lui appartiennent, et, au besoin, ces voix qui se transforment en bonnes carabines, se haussent à la puissance de détonation. Le *Capitaine* fait voter aussi, mais il y est encore malhabile; il fait plus volontiers tuer. Un signe de lui, et les palycares accourent dans les montagnes, le fusil sur l'épaule.

En temps de paix, le *Capitaine* tient table ouverte, ses amis ont droit aux grains de maïs bouillis, et, dans les jours gras, au mouton rôti tout entier sur la braise. Les amis ont-il besoin d'argent, le capitaine leur en fournit; ses revenus vont à grossir sa troupe : c'est là sa force comme sa gloire.

En temps de guerre, un mot, et le gouvernement a vingt foyers d'insurrection sur les bras.

Ce n'est pas en gagnant ces chefs l'un après l'autre, qu'on fera de la Grèce un tout homogène. La pêche à la ligne, qu'il y ait au bout de l'hameçon des poissons ou des hommes, sera toujours une pauvre pêche. Ce n'est pas davantage en leur faisant une guerre d'extermination ; le caractère grec est de fer, il ne plie pas; l'explosion en serait plus prompte et plus fatale. La ligne droite, le bien quand même, les bonnes et grandes choses exécutées sans s'accrocher aux petites; le mépris des difficultés prochaines, les vues longues : voilà ce qui peut mettre à flot la Grèce. On y périra peut-être, mais ne périra-t-on pas autrement? Et puis, il y a des défaites qui, sans parler de l'honneur, sont plus profitables aux justes causes que certaines victoires. Le triomphe de la pensée, des idées; le seul vrai, parce qu'il est le seul solide; marche souvent avec l'insuccès de fait. Aux yeux de tous, on a perdu : dans la réalité, on a gagné.

Le ciel est toujours gris, l'air froid. Nous gelons un peu dans notre grand salon : ce qui ne nous empêche pas de le préférer aux hans, même au han de *Masi*. D'ailleurs, nous sommes rentrés en possession de l'intimité.

L'excursion que nous venons de terminer, ne la favorise guère. Le jour, on marche à vingt pas l'un de l'autre. Le soir, au han, on est entassé dans le réduit commun. Femmes et enfants s'établissent au milieu de la chambre, qui, au bout du compte, est *leur* chambre. On pourrait les renvoyer, mais comment faire? ils ont tant de plaisir à voir déplier, monter, accommoder ces machines étranges nommées lits, tables, et chaises; ils vous accueillent avec tant de grâce, ils vous font la conversation avec une si imperturbable persévérance! On lit, on écrit, on cause en public; tout ce que l'on peut sauver de la vie sociale, c'est la toilette, le repas et le sommeil : encore n'y réussit-on pas toujours.

Nous gardons François jusqu'au moment où il aura trouvé quelque voyageur pour l'Égypte. — Si nous n'avions pas pris des arrangements avec Antonio Akaoe, grec-arabe, drogman très distingué qui a suivi mon frère et ma belle-sœur dans un précédent voyage en Égypte et en Syrie, nous ne nous serions pas séparés de François.

François se présente à nous chaque matin, sous les aspects les plus pittoresques. Hier, c'était un vaste pantalon blanc, retenu par une écharpe de Damas; aujourd'hui, c'est un espèce de burnous noir, chargé de glands de soie rouge, jeté autour de lui avec une grâce sauvage.

Il a repris son imperturbable gravité, sa tenue officielle. Ce n'est plus le temps des interprétations illustrées ou des conversations du soir, au han.

Et à ce propos — en voici un échantillon.

Nous sommes assis autour du brasero d'un paysan qui nous reçoit chez lui. Entre la sœur du propriétaire. Elle nous adresse la parole.

— Que dit-elle, François?

— Des choses qu'*ils* n'en valent pas la peine, Madame.

— Mais encore? quoi?

— Cette femme, Madame — qu'*il* est bête comme trente-six mille bécasses — *il* vous *accable* de ses bénédictions. *Il* vous apprend que cette maison est de bon augure, que l'épouse du propriétaire, *il* a... *il* a toujours, toujours... fait deux à la fois...

— Accouché de jumeaux?

— Oui, c'est ça. Le propriétaire, il a maintenant dix enfants, et son épouse, *il* nourrit le onzième et le douzième. *Il* souhaite à Madame le même bonheur.

— Dites-lui que je la remercie sincèrement.

— *Il* vous prie — cette vieille folle — de lui écrire, quand Madame *il* en sera là.

— Dites-lui qu'à la naissance de mon dixième enfant, je ne manquerai pas de lui adresser une lettre.

Là dessus, la vieille tante saisit un de mes brodequins et prononce un long discours en l'agitant.

— *Il* se contente, si Madame lui annoncera la naissance de son premier fils. *Il* souhaite qu'il soit baptisé dans l'église de Mégaspilion, et *il* s'engage à faire sans souliers le pèlerinage jusqu'au couvent. — Cette vieille sorcière n'en pense pas un mot; c'est pour se faire donner un cadeau... Je ne serai jamais content que je n'aie pendu deux ou trois de ces coquines.

— François, taisez-vous donc; elle ne sait pas de quoi nous rions ainsi!

François prend un air agaçant qui suffirait sur sa figure bronzée, à nous jeter dans un rire inextinguible. — Il remplit un verre de vin.

— Vous allez voir comment *il* va boire... bon!... il y a une mouche!... Je parie qu'*il* l'avale.

— Mais François, vous n'avez pas de conscience!

François, avec un sourire décevant, présente le verre à la vieille fille. Elle se défend un peu. François redouble, insiste. Elle boit le verre à petits coups.

François se penche sur le verre.

— La mouche, *il* est restée; la mouche, *il* faut qu'*il* passe.

— François, c'est indigne.

François remplit de nouveau le verre, le pose devant la tante, et recommence gravement la conversation. Second sourire séducteur. Il lui offre de boire à notre santé, à sa beauté, que sais-je!... — Cette fois, la tante ne se fait pas prier, et le verre se vide d'un trait. François regarde.

— La mouche, *il* n'y est plus... La mouche, *il* est descendue.

Et nous de perdre la respiration, et la pauvre fille de s'émerveiller de notre belle humeur.

S'agit-il de quelque moine barbu, les mots: figure de chèvre, grand vaurien, arrivent avec les expressions saugrenues et nous prennent si fort à l'improviste, qu'aux moments les plus graves nous faisons explosion.

Une femme tire-t-elle de dessous son bonnet quelque tresse de cheveux pour me la montrer avec orgueil, François s'écrie : Queue de mulet ! — Et puis les : J'aurais *lui* coupé la tête, j'aurais *lui* coupé le nez, parsemés dans le discours, avec l'accompagnement du grand couteau !

Ces incartades ont plus d'une fois compromis notre réputation ; sans compter ce jour où le supérieur de Mégaspilion nous promettant de prier pour nous, François ajouta : « à condition que vous direz du bien de son couvent ; sans cela, il prie contre vous. » — Le rire nous prit de telle sorte, que le pauvre père s'empressa de demander à François *si nous croyions en Dieu !*

Tout cela se faisait sans méchanceté, voilà pourquoi le souvenir nous en égayera longtemps encore.

Je soupçonne François d'aimer assez peu les dames, et de nourrir au fond de son cœur un dédain tout oriental à leur endroit.

Les femmes ne valent à ses yeux qu'autant qu'elles sont mères ; celles qui n'ont pas ce bonheur baissent évidemment dans son opinion.

— Si ma femme, *il* ne m'avait pas donné d'enfants .. après deux ans de mariage, j'aurais lui coupé la tête.

— Mais François, avoir des enfants n'est pas le principal but du mariage.

— Comment! Madame, *il* s'est mariée pour autre chose que pour avoir de la famille?

— Je me suis mariée... parce que j'aimais mon mari.

— Ah! bien, Madame, *il* est en péché mortel.

— Ah! par exemple.

— Il n'est pas permis de se marier pour autre chose que pour avoir de la famille.

— La Bible ne dit pas cela, elle dit: « *Il n'est pas bon que l'homme soit seul, faisons-lui une aide semblable à lui.*

— C'est égal; le mariage, c'est pour les enfants.

Et François, disciple de Platon sans le savoir, n'osait pas achever sa pensée, en disant que les femmes ne servent qu'à cela.

Nous sommes à moitié chemin du pays des harems, du pays où le mariage n'est rien, où la paternité seule reste debout au milieu des ruines de la famille.

Je m'en suis aperçue plus d'une fois en voyage. La première question des paysannes, c'est: « Avez-vous des enfants? » J'en ai fait pleurer plus d'une, pleurer de tendre pitié en leur disant que j'en étais privée.

Quant à François, si jamais quelqu'un de nos

amis lui parle de nous, voici à peu près ce qu'il répondra.

« — Monsieur, c'est un monsieur bon, instruit, qui lisait des livres, qui connaissait pas mal les antiquités... on pouvait causer avec lui. — Mais madame, » ici une inflexion de lèvres impossible à rendre, « madame, je ne sais pas pourquoi *il* voyageait. Quand *il* voyait quelque chose, *il* ne disait rien, que : Voilà qui est beau ! — ou — : ça n'en vaut pas la peine ! — Quand *il* était arrivé, *il* se mettait tout de suite à lire son livre d'Evangile, ou à écrire... quoi *il* écrivait, moi je ne comprends pas, parce que madame, *il* ne savait rien. Jamais il n'étudiait un guide, c'est monsieur qui lui apprenait tout. Et puis, quand la journée *il* était trop longue, madame, *il* se fâchait. » — Et le pis est que, si Francois parle ainsi, François dira vrai.

Jeudi, 15 novembre 1847. — M. Piscatory est venu nous prendre hier pour nous faire faire une promenade. Il nous amenait ses chevaux. Je montais celui dont se sert habituellement Mme Piscatory. A cette occasion, j'ai été saisie d'un accés de poltronnerie, comme moi seule, je crois, sais en avoir. Je me défiais de mon cheval, que je ne connaissais pas. Je me défiais de moi, que je connaissais. Je sentais que mon cheval pénétrait à fond ma lâcheté.

Il y avait là tous les éléments d'une catastrophe.

Ce cheval est la meilleure bête du monde, avec les apparences de la méchanceté : la manie de mordre son voisin, les oreilles couchées le long de sa tête, en tigre, un trotillement perpétuel qui ressemble à de la fougue mal contenue, et la bouche dure. Au demeurant, un noble animal, rappelant par ses formes et par ses poses les coursiers du Parthénon.

Nous voilà partis : M. Piscatory et mon mari, marchant droit devant eux ; et moi, hélas ! montant sur toutes les buttes, descendant au fond de tous les fossés où il plaisait à mon cheval de me conduire.

Mon mari qui devinait mon angoisse, cherchait à me rassurer d'un regard. M. Piscatory, pour m'encourager, me disait que sa fille, charmante enfant de six ans, monte tous les jours ce terrible bucéphale : la confusion venait s'ajouter à ma peur pour en faire un martyre complet.

La bonté se révèle dans les petites choses. Un homme moins compatissant que M. Piscatory, écuyer consommé comme il l'est, certain de la sagesse du cheval auquel il m'avait confiée, n'aurait pas manqué de s'amuser de ma terreur en se lançant au galop dès le début. M. Piscatory, au contraire, intrépide et bouillant de sa nature, m'a supportée avec une patience parfaite ; il m'a laissé le temps de me remettre, de me familiariser avec mon effrayante monture, et n'a donné le signal de la course qu'au moment où il m'a vu complètement rassurée.

Cela n'a l'air de rien, et cela en dit plus en faveur d'un caractère, que de très grands services rendus avec éclat.

Aussi, la promenade est-elle devenue tout à fait agréable. Nous suivions le Céphise sous les vieux oliviers de l'Académie, le traversant, le retraversant, galopant quand il y avait un sentier, marchant lorsqu'il se perdait sous les arbres, admirant les monuments de l'Acropole.

Après deux heures de causerie équestre, nous sommes venus retrouver notre table d'hôte. Elle a changé de face. Samedi, elle était tout anglaise, c'est-à-dire, entourée de figures droites, immobiles, avec l'incessant murmure du parler plaintif d'Albion. On n'adressait pas un mot à ses voisins; le malheureux touriste solitaire, qui ne se trouvait *introduced* auprès de qui que ce fût, émiettait silencieusement son pain pendant deux heures que dure le dîner. Les Grecs en veste brodée, l'Albanais aux longues tresses noires qui nous servent, glissaient comme des ombres autour de cette table qu'on eût dit dressée dans le Tartare.

Hier, le paquebot de Syra a enlevé la presque totalité de nos Anglais. Le paquebot venant de Constantinople a neutralisé le reste en nous amenant des Russes, des Allemands, et jusqu'à des Chiliens.

La familiarité, le sans-gêne, me paraissent des ennemis redoutables contre lesquels il faut défendre la convenance, je dirais presque la poésie des rapports les plus intimes; mais n'y a-t-il pas aussi, dans l'excès de certaines précautions, quelque chose de contraire à la charité chrétienne, et d'hostile à l'humanité tout entière? Pour moi, je crois que la fraternité naturelle oblige, sans parler de christianisme. Il y a des circonstances où refuser une parole, où rester figé dans son respect de soi-même, me semble un acte aussi coupable que de fermer sa bourse à un pauvre.

Ah! si le grand : fais aux autres ce que tu voudrais qu'on te fît, était vivant dans les cœurs, que d'usages absurdes bannis; quelle vraie, quelle exquise politesse, au lieu de nos façons guindées et calculées!

Mardi, 16 novembre 1847. — Le ciel était gris, mais notre immobilité nous pesait, nous sommes montés au mont Licabètus. Comme nous arrivions au sommet, le vent a déchiré les nuages; un faisceau de rayons est descendu sur la mer qu'il a fait briller comme une large écaille de nacre; il a inondé de lumière le Panthéon qui sortait seul des murs de l'Acropole. La ville à demi enveloppée de vapeurs se pressait en bas, les trois ports se dessinaient au delà. Salamine, Égine, sortaient vers la droite; l'Acrocorinthe se dressait à l'horizon; le Péloponèse s'étendait à perte de vue, avec ses promontoires et ses golfes; l'Hymète élevait sa longue croupe à notre gauche; dans la vallée qui le sépare de l'Acropole, se dessinaient le stade et les colonnes majestueuses du temple de Jupiter. Celui de Thésée, au delà d'Athènes, semblait, à cause de sa petitesse, un bijou précieux posé sur le sol. Deux routes blanches conduisaient l'œil, l'une au mont Pentélique, l'autre dans la direction du cap Sunium. L'Icare toujours neigeux passait sa tête par-dessus la chaîne de montagnes au couchant. Près de nous, quelques lampes brûlaient dans la chapelle qui couronne le Licabètus, et l'on entendait les coups de pioche des mineurs, qui détruisent les rochers voisins pour construire la nouvelle Athènes.

Le soir, nous nous sommes rendus à Patissia. M. et Mme Piscatory nous y attendaient à dîner. M. et Mme Piscatory habitent une maison charmante; on y trouve l'élégance parisienne sous le ciel de Grèce.

Mme la baronne de Pluscow, Grande maîtresse, quelques hommes distingués, étaient réunis dans le salon de Mme Piscatory. On causait et l'on ne professait pas; il faut venir à Athènes pour voir ce phénomène. On ne faisait pas de phrases, on ne s'efforçait, ni de trouver aux choses des côtés qu'elles n'ont pas, ni de les voir à l'envers. On ne s'alambiquait point l'esprit, et l'on n'en était pas plus sot pour être naturel.... à coup sûr l'on en était plus aimable. Il y avait là des gens en place, qui ne se croyaient nullement obligés de trancher toute question à coup de hache, de casser bras et jambes à leur interlocuteur au moyen de ces massues de la conversation : — « il faut ne pas savoir un mot des affaires pour énoncer... » justement l'opinion que vous venez d'émettre; — « il n'y a qu'un sot qui puisse penser... » justement ce que vous venez de dire.

Et puis je l'avoue, moi qui suis la femme aux détails, il y en a un qui m'a gagnée : ce sont les bêtes de M. et de Mme Piscatory. A dîner, une gazelle, un gros chat, et un chien, se promenaient en faisant entendre de petits cris impérieux qui en disent beaucoup sur la bonté des maîtres de la maison.

La gazelle bondissait autour de la table; elle avançait son museau noir, flairait un peu les morceaux de pain qu'on lui donnait, les broutait d'un air mutin, puis, dès qu'on essayait de la retenir en passant la main sur son cou, elle dégageait vivement sa tête mignonne, donnait un petit coup de corne, et revenait impatiente, volontaire, demander ou prendre une nouvelle croûte de pain blanc.

Le gros chat, *Joseph*, assis tantôt vers M. Piscatory, tantôt vers ses deux filles, se tenait dans cette admirable pose familière aux *minets*, pose qui indique à la fois la vivacité du désir et l'empire de la patience : le gilet bien ouvert et bien propre, la tête droite, les oreilles pointues, les yeux brillants de convoitise; de temps en temps une prière à pattes jointes, accompagnée d'un miaulement expressif; avec cela gourmand... comme un chat. — M. Piscatory a d'autres bêtes : un chevreuil, une chèvre, un mouton, deux colombes. Voilà des traits qui font aimer les gens.

Nous avons essayé le *Désert* à quatre mains; mais il faut la puissance de la voix, son caractère à la fois terrible et vague pour dire ces mélodies de David toutes vibrantes de tendresses, infinies comme les scènes qu'il a rendues.

Mme Piscatory nous a fait entendre quelques pensées de Beethoven; elle les a exprimées avec son âme qui comprend les choses belles et simples.

Ce matin, visites. A la Grande maîtresse d'abord. Elle loge au palais; on en parcourt les vastes corridors en liberté. Je n'ai jamais vu d'habitation moins officielle; on dirait une maison particulière. Les pauvres circulent dans l'escalier et y attendent des aumônes qui sont abondantes.

La Grande maîtresse a cette bienveillance qui vient d'un cœur aimant, d'un esprit droit, et qui met tout de suite à l'aise les malheureux affectés de cette incurable maladie : la timidité.

Après madame de Pluscow, nous sommes allés voir, sans la trouver, madame Cork, l'institutrice d'une école évangélique fondée à Athènes par messieurs Korck et King; et puis M. Launds et sa femme, fixés ici pendant six mois pour l'impression de l'Ancien Testament en grec moderne.

La mission de Grèce semble, dans ce moment, succomber sous les préventions nationales et sous les mesures qu'oppose le gouvernement, non seulement aux œuvres de prosélytisme, mais au simple exercice de la liberté religieuse.

M. King, missionnaire à Athènes depuis vingt ans, s'est vu menacé par la population excitée, pour ce seul fait d'avoir extrait des Pères grecs et publié *sans commentaire*, des passages qui condamnent le culte de Marie. Il a demandé la protection de l'autorité : l'autorité la lui a promise, en lui faisant observer qu'il était une cause de trouble, et en l'engageant à quitter pour quelque temps la Grèce.

M. King est parti, laissant sa famille, le champ de son travail, le pays auquel il a consacré vingt ans de son existence. Il attend à Malte le moment où il pourra rentrer en Grèce sans donner de trop grands embarras à un gouvernement qu'il aime.

Il faut le dire; les partis politiques se sont emparés de cet incident; ils ont embrassé les esprits au sujet de Marie, comme ils l'auraient fait au sujet de Jean, de Pierre, ou de Jacques; cependant il n'en reste pas moins vrai qu'en Grèce, que dans le pays de la liberté, un homme n'a pu qu'au péril de sa vie, qu'en payant son audace de l'exil, imprimer sur un point de croyance religieuse, non son opinion à lui, mais l'opinion des Pères les plus vénérés de l'Église.

Que la véritable liberté a peu de vrais amis!

La liberté d'attenter à la *liberté* de son voisin, tout le monde la veut; mais la liberté qui, en vous rendant libre, vous, délie aussi votre prochain, nul ne la conçoit si mal, nul n'en a plus peur que les libéraux de nom.

Le Pirée vient de voir l'école de son missionnaire fermée par ordre du gouvernement.

La loi exige la demande d'une autorisation : cette formalité avait été négligée. Cependant l'école subsistait depuis deux ans. S'il ne s'agissait que d'une formalité à remplir, non du fond même des choses, n'était-il pas facile au gouvernement d'engager les missionnaires à se mettre en règle? Dans un pays où les lois sont bien écrites sur le papier, mais où elles ne fonctionnent pas encore avec une précision mathématique, il ne fallait que de l'impartialité pour maintenir les écoles du Pirée.

A côté de cela, je m'étonne toujours du peu d'aptitude des serviteurs de Dieu, évangélistes, colporteurs, missionnaires, à savoir le vrai sens, la portée des lois établies dans les pays où ils travaillent.

Quoi de plus simple, quoi de plus nécessaire que de se placer dès l'abord dans la légalité?

Si les missionnaires du Pirée avaient, au début, demandé l'autorisation, ou ils l'auraient obtenue comme l'a obtenue madame Cork, et l'œuvre serait à l'heure qu'il est sauvée; ou ils auraient essuyé un refus, et dans ce cas porté leurs forces ailleurs.

Est-ce dédain des moyens humains, est-ce inhabileté aux affaires? Je ne sais. — Quoi que ce soit, il n'y a qu'une chose à dire, c'est que saint Paul connaissait parfaitement ses priviléges et qu'il en usait largement, non qu'il se souciât beaucoup des avantages que lui assuraient les lois romaines; mais s'il se croyait le devoir d'être humble pour lui-même, il ne se croyait pas le droit d'être humble pour l'Évangile.

Il y a peut-être une autre cause à cette ignorance de la légalité. Très-peu de gens aiment les questions de principes, parce que très peu de gens aiment les positions nettes, surtout quand elles se nettoient contrairement à leurs désirs. — La vie au jour le jour nous plait à tous; elle nous met rarement en présence de ces grandes questions qui demandent de grandes résolutions. On nage entre deux eaux, très innocemment, avec un très bon but, mais par peur des principes, par horreur d'avoir à se décider; et l'on croule sous le premier choc de la loi, et qui pis est, l'on se met dans son tort.

M. Piscatory présente dans ce moment mon mari au roi; mon tour viendra demain. J'en tremble.

Ah! si les majestés savaient combien elles sont effrayantes,... je crois qu'elles en seraient effrayées elles-mêmes. C'est justement ce mot de *majesté* qui me tourmente! Comment le placer?... Et puis entrer, sortir comme il faut, faire le nombre de révérences voulues, et les bien faire;... ce sont de ces cas où l'on n'a plus de jambes, plus de voix, plus d'yeux, plus rien de ce qu'on doit avoir. Au fond, c'est absurde; mais qui est-ce qui se dirige d'après le *fond?* — Voici mon mari, il me dit que le roi et la reine rassurent les plus timides par leur bonté; tant mieux.

Mercredi, 17 novembre 1847. — Eh bien, cette terrible présentation, la voilà passée.

Mme Piscatory est venue me prendre. Le cœur me battait bien fort. Nous entrons dans les appartements de la reine : d'abord dans un premier salon en vue magnifique, où la Grande maîtresse vient nous rejoindre; puis, dans un boudoir meublé avec une richesse toute royale et une élégance toute artistique; enfin dans le salon où se trouve la reine. Après les cérémonies d'usage, la reine s'assied et nous fait placer près d'elle. La reine est jeune, très jolie et très gracieuse; mais ces deux épithètes rendent mal le charme qui s'exhale de sa personne. Ce charme indéfinissable vient d'un naturel exquis, d'une candeur d'enfant, d'une lumière pure et brillante qui éclate dans ses yeux veloutés, dans son sourire éblouissant, et qui donne à son front bien ouvert une grande majesté, unie à toute la modestie de la femme.

La reine ne songe pas un instant à représenter; elle a cent fois moins d'assurance que n'en aurait une femme du monde douée d'un esprit et d'attraits bien inférieurs aux siens. En elle, rien de tâché, rien d'appris, point de ces bontés officielles qui tombent de haut et vous écrasent.

Elle nous a parlé de la Grèce, qu'elle aime du plus vrai de son cœur. Pour moi, je l'avoue, elle m'a fait en quelques mots comprendre le caractère de ces montagnes rocheuses, qui sont assez colorées, assez belles de leur propre beauté et de celle que leur verse le soleil, pour pouvoir se passer d'un vêtement d'arbres ou de gazon.

Ce que j'admire dans cette séduisante reine, c'est ce quelque chose de sincère, de naïf, uni à tant d'énergie, à de si riches dons intellectuels. Et puis je sais qu'elle aime tendrement son mari, qu'elle en est tendrement aimée, et ma pensée s'arrête avec bonheur sur ce couple qui a conservé au milieu de tant de piéges, une valeur morale qu'on retrouve jusque dans les qualités les plus extérieures.

Après une demi-heure d'entretien, la reine s'est levée, elle est rentrée dans ses appartements, et nous avons quitté le palais.

Que Dieu veuille la bénir, elle, son époux, et les guider par sa sagesse!

J'ai retrouvé dans l'abandon, dans les grâces de la reine, ce naturel plein de dignité, cette bienveillance vraie, qui donnent une valeur particulière aux moindres paroles de la Duchesse d'Orléans.

Il y a, sans parler de la profondeur et de la sensibilité, il y a, dans le caractère allemand, une expansion, une simplicité qui vont droit à mon cœur, où que je les rencontre..... combien plus lorsque c'est sur le trône, ce lieu haut élevé où se développent difficilement des plantes si délicates!

Jeudi, 18 novembre 1847. — Nous revenons du Pirée. Nous avons visité le port de Munichie, jolie petite anse bleue qui s'arrondit dans le jaune terrain de l'Attique. Les restes de l'ancien mur nous ont conduits vers les assises d'un temple ou d'un monument, tout environné de colonnes renversées; puis, à l'extrémité du cap, devant le tombeau de Thémistocle.

Nous marchions, tantôt sur le sol pierreux, agressif de la Grèce, et beau pourtant de sa riche couleur, tantôt sur les rochers qui bordent la mer. Elle était soulevée par le vent d'est ; son écume courait follement le long des falaises. Deux vaisseaux, l'un grec, l'autre anglais, entraient voiles déployées, banderoles frémissantes dans le port du Pirée. Tout près de nous, la mer lavait le sarcophage de Thémistocle. C'était le plus beau trait du tableau : de gigantesques tronçons de colonnes, un pavé de dalles que les eaux polissent, le sarcophage creusé au milieu, solitaire, en face de Salamine, éternellement battu par les vagues dont la voix tonnante se répandait en larges clameurs ! Elles arrivaient gonflées, bleues d'un bleu noir; elles se brisaient au sommet, répandaient sur lui leur éclatante écume, et puis elles se retiraient, glissant en nappe limpide sur les dalles, et laissaient le sarcophage comble à pleins bords de leurs transparentes ondes.

Non loin de ce site, quelques pêcheurs avaient tiré leur barque sur le sable et raccommodaient leurs filets. Il n'y avait pas d'autres êtres vivants sur le promontoire.

En rentrant au Pirée, nous avons retrouvé l'activité d'une ville en progrès. Des vaisseaux sur le chantier, des maisons en construction, partout des ouvriers au travail.

Le Pirée ressemble trop peut-être à l'une de ces villes qui arrivent de Nuremberg, que les enfants tirent de leur boîte de sapin, et dont ils alignent sur le sol les maisons jaunes, rouges et vertes; mais il faudrait un sceptre d'or pour faire, en douze ans de règne, sortir de terre une ville de marbre.

Nous tenions à voir au Pirée M. et Mme Buell, les missionnaires américains dont le gouvernement vient de fermer l'école. Nous avons trouvé Mme Buell et Mlle Valdo, jeune Américaine qui a quitté depuis quatre ans son pays et sa mère, pour se consacrer à l'instruction des enfants.

Voici le crime de nos missionnaires : avoir reçu chez eux des élèves que leur envoyaient les parents eux-mêmes, et leur avoir enseigné l'Évangile.

Le gouvernement peut être dans son droit légal; les missionnaires peuvent avoir eu tort de ne pas solliciter d'autorisation, ils ont eu tort de n'en demander que pour l'enseignement de la langue anglaise; mais ce fait n'en reste pas moins vrai, à la honte de la Grèce, que des écoles, où l'on instruisait les enfants d'après la Bible, sans faire intervenir le catéchisme d'aucune communion étrangère, que ces écoles ont été fermées. — Ceci n'est rien encore.

M. Buell faisait un culte, le dimanche, dans sa maison. Il lisait, il expliquait matin et soir la Parole de Dieu dans son salon. Le matin, les enfants qui naguère suivaient l'école prenaient part à ce culte; les adultes s'y associaient le soir. C'est pour cette cause qu'on intente un procès à M. Buell; et M. Buell, traduit devant les tribunaux du Pirée, y sera jugé demain.

Quoi, il me sera permis de lire la Bible avec des étrangers mes coreligionnaires, et mes amis grecs qui désirent la lire avec moi, ne le pourront pas? Il faudra, quand je prie, quand j'ouvre chez moi les saints livres, il faudra que je fasse sortir de mon salon tous ceux qui ne s'appellent pas *réformés*, *baptistes*, que sais-je? Il faudra qu'à ma porte, je place une sentinelle, pour en défendre l'entrée à cet enfant que son père m'amène, à ce jeune homme qui vient de sa propre volonté!

Je m'étonne que les Grecs d'aujourd'hui, soient plus curieux de ressembler à cet aréopage qui condamna Socrate, pour crime de liberté religieuse, qu'à cet aréopage qui écoutait saint Paul, saint Paul, l'annonciateur d'un Dieu étranger.

Les uns se moquaient, les autres disaient : *nous t'entendrons encore sur cela*, mais tous laissaient aux Juifs fanatiques, la honte d'emprisonner un homme pour avoir manifesté sa conviction.

Ce n'est pas auprès de ces dames que j'ai puisé mon indignation, c'est dans le fait lui-même. — J'ai trouvé ces dames tristes, mais résignées, et ne s'étonnant pas de rencontrer ici tournée contre elles, l'épée que Christ est venu apporter sur la terre.

Ces quelques moments d'entretien fraternel nous ont fait du bien.

Oh oui, les pauvres pécheurs rachetés par Jésus sont bien réellement frères. On ne s'est jamais vu, et l'on se reconnaît; on ne se reverra jamais, et l'on ne s'oublie point. — Que sera-ce, au jour de la grande réunion dans la maison paternelle?

Ne pouvant faire plus, mon mari va demain s'asseoir sur le banc des accusés, à côté de M. Buell. Il sera heureux de se reconnaître, à la face des juges, criminel comme lui. Il l'est d'ailleurs. N'avons-nous pas célébré notre culte chaque soir, et François, citoyen grec, ne s'y est-il pas chaque soir associé!... Sans compter les Nouveaux Testaments donnés sur notre chemin.

L'arrivée à Athènes par le Pirée est saisissante. L'Acropole seul se montre. Il présente de face le Parthénon qui sort entièrement des murs. Une colline cache Athènes; peu à peu les temples se dessinent; leurs colonnes se rangent sur la citadelle, et la gloire de la ville antique, isolée au milieu de la plaine, jette au voyageur tout le prestige du passé.

Ce pays est un pays de lumière et de lignes. L'une y est éblouissante d'éclat et de pureté; les autres y ont une majestueuse grandeur; — mais on ne vit pas de cela seulement.

En Grèce, tout est surface; l'œil se heurte contre des beautés de premier ordre, plutôt qu'il n'est attiré, qu'il n'est retenu par elles. Il n'y a pas de repos pour le regard. Ce qui fait rêver, ce qui parle au cœur, manque totalement. La lune elle-même y est presque brillante. La nature n'y porte que des couleurs chaudes et en quelque sorte royales : le pourpre, le jaune, le blanc, le bleu, et la teinte glauque des oliviers pour faire ombre. Il n'y a point de vert ; c'est une immense privation. Il faut promener son œil sur cette magnificence inexorable, pour sentir le grand vide que fait le vert. — Ceux qui, tous les jours, s'asseyent sur l'herbe ; ceux qui suivent le filet d'eau sous le fourré des campanules et des saules ; ceux qui s'étendent sous un grand arbre et qui ne voient arriver la lumière qu'au travers des transparentes feuilles, alors qu'elle descend paisible et blonde sur la paupière ; ceux devant qui les grands pics, les pics décharnés et neigeux des Alpes, les gigantesques contreforts de granit ne se présentent qu'embrassés à la base par une ceinture de mélèzes au feuillage délié, qu'enchâssés dans les croupes veloutées des hauts paccages alpestres, pendant qu'à leurs racines, le vallon s'étend herbeux, avec ses noyers, avec ses hêtres, avec ses lacs verts : oh ! ceux-là ne peuvent comprendre la fatigue, la tristesse de l'œil qui erre dans l'Attique, se promenant d'un horizon à l'autre, toujours émerveillé, jamais charmé. On admire du plus vif de son esprit ; car les magnificences y sont jetées à profusion... on n'aime pas.

Le sol de l'Attique ne se laisse pas fouler. Il est rude, crevassé, rocheux ; il repousse le pied ; aucun pas n'y laisse son empreinte. L'œil aussi rencontre cette inflexible dureté; il ne s'enfonce nulle part. Des frontons, des colonnes pures et nettes; les monts de pierre tout ruisselants de l'or du soleil; la mer qui renvoie au ciel ses clartés; les feux du couchant, la blancheur du jour qui éclate à tous les points de l'horizon : mais pas un pauvre petit coin à l'herbe épaisse, où les rayons n'arrivent que tamisés par la verte ramée, où le regard se perde et reste perdu, pendant que la pensée flotte incertaine.

Je sais bien que je dis des hérésies, et que parler ainsi, c'est se mettre la corde au cou... Puisque me voilà en si beau chemin, achevons de me pendre.

Je crois qu'il y a une étroite analogie entre le sol grec et le caractère grec. Beaucoup de lumière, des surfaces admirables, peu de profondeur. L'intelligence, les aptitudes, la hardiesse, une puissante sûreté de soi; tout ce qu'il faut pour faire des philosophes, des conquérants, ce qu'était la Grèce antique; — mais du côté de la sensibilité, des sympathies, des élans irréfléchis, des mouvements impersonnels, de ce qui est à l'âme ce que le *vert* est à la nature, — quelque vide peut-être.

Je m'arrête.

On me dira que la Grèce doit-être ainsi, que si elle n'était pas telle, elle ne serait plus la Grèce, que ses grands hommes ont été grands et sages justement par là, que là est son caractère, là sa poésie, là son passé, là son avenir; que, ne pas le comprendre, c'est ne pas entrer dans l'esprit de ce peuple, c'est vouloir tout envisager du milieu de sa propre atmosphère... l'on aura peut-être raison.

Hélas! je sens bien que je porte mon atmosphère avec moi, et ma coquille encore, en véritable escargot. Et pour se mesurer avec les beautés de la Grèce, pour planer haut dans ce ciel brillant, pour nager dans cette lumière et s'y baigner, et s'en enivrer, il faut les grandes ailes de l'aigle, il faut son ardente prunelle.

Samedi, 20 *novembre* 1847. — M. Buell a été condamné, condamné à cinquante drachmes d'amende[1].

Le procureur du roi paraissait embarrassé de son rôle. Il a parlé les yeux baissés, et a conclu au minimum de la peine.

On s'est obstiné à considérer le culte public que M. Buell rend à Dieu le dimanche, comme une école; on a taxé de délit le prêt qu'il a fait de quelques livres religieux. Les ouvrages incriminés figuraient là : c'étaient de petits précis d'histoire naturelle, écrits pour les salles d'asile; puis deux ou trois traités d'édification, publiés par la société de Paris.

Les voies de fait, les calomnies, les procès contre

[1] L'arrêt a été cassé depuis.

les missionnaires n'éclatent guère que depuis quatre ans en Grèce. Jusqu'en 1843, les missionnaires ont joui d'une assez grande tranquillité. — On se demande d'où vient cette recrudescence d'esprit illibéral. Cela est triste à dire; elle vient du triomphe des principes libéraux. — La persécution date en Grèce de l'établissement de la constitution. La raison en est simple, la voici. En Grèce, l'intolérance est plus dans la nation que dans le gouvernement. Le gouvernement instruit, éclairé, laissait les missionnaires en paix. Le peuple souverain, intolérant sans attachement à sa foi, intolérant par grand orgueil, intolérant par grande ignorance, et aussi, faut-il dire, par politique, sévit contre les missionnaires, ferme les écoles, décrète l'*uniformité de croyance*.

La religion grecque, il est vrai, a conservé au pays son individualité, une individualité puissante et vivace jusque dans l'esclavage. C'est par elle que les Grecs ont excité la sympathie des nations européennes. Ils lui doivent en grande partie leur résurrection.

Mais pourquoi dire la religion *grecque*. N'est-ce pas plutôt le *christianisme*... ce qui vit encore de christianisme sous les traditions humaines? Serait-ce donc ôter à ce peuple sa force et son caractère, que de rendre à leur pureté, les croyances qui justement ont fait son caractère et sa force? Et puis, qu'est à cette heure la religion grecque? Je n'entends pas la religion de ces hommes qui vont triant quelques vérités de ci, de là, ou de ceux qui, laissant les erreurs au vulgaire, se font une croyance à eux, très différente de celle à laquelle ils affectent d'appartenir. J'entends la religion du peuple, la religion de tout le monde ; celle-là, dans tous les pays, est la seule avec laquelle il faille compter. — Eh bien, ici, en quoi consiste-t-elle ? que fait-elle des âmes et pour les âmes ?

Le dimanche, la messe ; la lecture de quelques portions du Nouveau Testament, sans explication, débitée sur le ton d'une chanson monotone. Une fois l'an, aux approches de Pâques ; une confession qui se pratique, m'a-t-on dit, comme suit. Le prêtre se rend dans les familles, il écoute ce que chaque membre veut bien lui raconter de ses fautes, il évalue les péchés d'*après le tarif :* tant pour un mensonge, tant pour un vol ; il fait l'addition, reçoit le montant de la somme, absout son monde, et passe à la maison voisine où recommence la même cérémonie[1]. La communion vient après. Ces détails sont de notoriété publique.

Il faut que la conscience d'un peuple soit engourdie à un haut degré pour marcher vers l'éternité sous une telle égide.

[1] L'amende ne peut être considérée que comme pénitence, puisque la religion grecque ne reconnait pas de purgatoire...... et pourtant elle a des prières pour les morts.

Pour nous, ce que nous avons vu partout, c'est le clergé ignorant, et le clergé traité fort à la légère. Il faut entendre le mot de *caloyer* prononcé dans les villages, pour se faire une idée de cette absence de respect. La vie dissolue que mènent les moines l'explique surabondamment.

Le *papas*, lui, a des mœurs irréprochables; mais, dans les petites localités, qu'est-il? — Je ne parle pas des exceptions, il y en a sûrement de fort honorables. — Le papas est un homme qui sait lire, tout au plus écrire, qui dit les offices, et qui se présente souvent chez ses ouailles une assiette d'étain dans les mains, quêtant pour la cire des cierges, quêtant pour l'autel, quêtant pour l'eau bénite, quêtant pour lui. — Que de gens m'ont refait sans s'en douter, le petit écrit intitulé: *La religion d'argent*. — M. Capo d'Istria, douloureusement frappé de l'inaptitude du clergé à ses saintes fonctions, avait fondé un séminaire qui subsiste encore. Plusieurs prêtres suivent avec zèle les divers cours de l'Université; du côté du savoir, il y aura bientôt progrès. Mais j'ai pour ma part cette conviction profonde, que l'avenir spirituel de la Grèce est tout entier dans la dissémination des saints livres.

La génération nouvelle saura lire; elle possédera le Nouveau Testament, répandu dans un grand nombre de gymnases par les missionnaires. — Ils en ont placé plusieurs milliers d'exemplaires en

Grèce. — Elle l'étudiera, et ses yeux s'ouvriront.

Je sais bien que les yeux peuvent s'ouvrir, et que le cœur peut rester fermé. Je sais bien que sans le secours du Saint-Esprit, nul ne peut s'écrier : « Christ, Sauveur. » Mais je sais aussi que Dieu a dit : « Ma parole ne retournera point à moi sans effet. » J'ai foi.

Du vert! Quelques brins de blé dans les champs qui s'étendent entre le théâtre d'Hérode et la mer. — Le soleil est brûlant, nos croisées restent ouvertes du matin au soir. En novembre!

Dimanche, 21 *novembre* 1847. — Tristes nouvelles de la Suisse. Les confédérés sont aux mains; il y a dans le canton de Vaud une recrudescence d'intolérance religieuse.

Pourtant, les Vaudois ont les Écritures.

Ils les ont, mais ne les lisent plus. La prospérité a engraissé leurs cœurs. Depuis longtemps la vieille Bible de famille aux crochets de cuivre, reste couverte de poussière sur quelque armoire vermoulue. Depuis longtemps on vit bestialement. On laboure, on sème, on moissonne, on vendange, on nourrit son corps; et le jour commence et le jour finit, sans qu'une voix s'élève pour prier. — La Bible fermée équivaut à *point de Bible.* Même fait, mêmes résultats.

L'associé de notre hôte s'est marié ce matin. On

nous a demandé notre salon pour y célébrer la cérémonie. A deux heures, il s'est garni de femmes grecques, à la veste de velours brodée, à la jupe de soie, au mouchoir de gaze tourné autour de la tête avec les cheveux noirs.

Le cortége de l'époux, qui s'avançait en bel ordre dans la promenade, a fait son entrée.

L'épouse, jeune fille d'Argos; l'époux, — c'est notre Albanais aux longues tresses, — s'approchent de la table qui sert d'autel. Leurs parents et leurs amis les entourent; le parrain — notre hôte — se tient à la droite de l'époux. On place sur la table un flacon de vin, un pain blanc, une pièce d'étoffe, deux couronnes de papier d'or et de fleurs artificielles, recouvertes d'un voile de gaze rouge. Debout se tiennent deux papas, un diacre, un enfant de chœur vêtu du costume des novices de Mégáspilion : haut bonnet noir, cheveux flottants, grande robe bleue.

Les prêtres mettent leurs chasubles, ouvrent les livres. Tout en lisant, tantôt la liturgie, tantôt l'Évangile ou l'Épître; ils allument les cierges, les mouchent, éteignent avec le pied les flammèches qui tombent. Chacun porte un cierge allumé. Les papas vont chantant, ou pour mieux dire, nasillant les Évangiles; ils se relayent l'un l'autre, faisant à de certains mots le signe de la croix que répètent les assistants. Ceux qui ne lisent pas, poussent de temps en temps une espèce d'interjection rhythmée. — Le chapitre achevé, la prière commence; elle se chante comme le reste. Le tout débité au plus vite et sans l'apparence de gravité.

Cependant les époux restent immobiles : la mariée, parfaitement belle et modeste, ses beaux cheveux noirs à demi cachés sous le fezzi smyrniote, la veste de velours pressant son sein que recouvre une chemise de mousseline brodée, les mains entrelacées autour du cierge, ses grands yeux noirs baissés, et le visage un peu pâle. Parfois, les doigts de sa mère, placée derrière elle, viennent lisser ses nattes et caresser son front.

Le prêtre prend les anneaux, les pose sur les Évangiles pour les consacrer, les porte à plusieurs reprises au front du marié et de la mariée, faisant maints signes de croix et répétant les phrases sacramentelles de la même voix précipitée, monotone, dénuée de sentiment. Il passe les anneaux aux doigts des époux : nouveaux chants et nouvelle litanie bredouillée. Le papas met la main gauche de l'épouse dans la main droite de l'époux; ils restent ainsi jusqu'à la fin de la cérémonie.

Le papas prend les couronnes, leur fait toucher les Évangiles, les place sur la tête des époux, les enlève, les croise, les recroise, toujours en récitant la liturgie, et les laisse définitivement; le parrain les maintient par derrière sur la tête des époux.

Le papas verse le vin dans un verre, y trempe deux morceaux de pain et les fait manger aux époux.

On étend sur eux la pièce d'étoffe qui est censée les envelopper. Un enfant chante à son tour un chapitre de l'Évangile avec la même voix nasillarde.

L'époux, l'épouse, le parrain, le père de la mariée et sa mère font quatre fois le tour de la table. Le marié, qui tient d'une main la main de sa femme, de l'autre un cierge, est conduit par le prêtre; la mariée est soutenue par son frère; le parrain et la mère se hâtent derrière, et s'efforcent de maintenir les couronnes en équilibre; l'enfant de chœur encense les promeneurs.

Tout le monde éclate de rire, les papas comme les autres.

Enfin le papas fait baiser les Évangiles aux époux. S'il les leur donnait au moins!

Il prend la couronne de l'époux, la lui fait baiser, la fait baiser à la mariée, et la repose sur la tête de l'époux; de même pour celle de la mariée.

Le mariage est célébré. Les parents s'approchent, baisent l'une après l'autre les couronnes en les replaçant chaque fois sur la tête des époux, embrassent la mariée et le marié sur la joue. Les amis viennent après, qui ne baisent que les couronnes.

Pendant ces baisers, très joyeux et très bruyants,

les prêtres, tout en récitant leurs prières, ôtent leurs vêtements sacerdotaux, les replient, et éteignent les cierges.

La mariée va s'asseoir, l'époux à côté d'elle; tout le monde en fait autant, et l'on sert le glico avec des plateaux chargés de dragées.

La mariée recevait avec une grâce charmante les vœux qu'on allait lui porter. C'est bien du fond du cœur que je lui ai offert les miens, et que, pendant la consécration de cette union, j'ai prié le Seigneur de la bénir.

Mais qu'y avait-il là pour l'âme?

Ces formes renferment une pensée, je veux le croire; qui va la chercher? à quoi bon la cacher sous des dehors qui l'absorbent, qui la dévorent? — Vous dites que c'est pour la rendre plus saisissable au peuple. — Non; le peuple s'arrête à l'enveloppe; il ne voit qu'elle, elle devient tout pour lui.

Les religions de fabrique humaine ont toujours donné les rites grossiers au peuple, gardé la spiritualité pour les initiés. Le paganisme égyptien avait ses monstrueuses idoles pour le peuple, sa langue sacrée pour les classes élevées; le paganisme grec, ses dieux pour celui-ci, ses mystères pour ceux-là; les altérations du christianisme jettent au peuple les images, les processions, les croyances grossières, réservant pour les esprits d'élite le mot de toutes ces énigmes. Jésus seul, a promulgué une seule loi pour les riches et pour les pauvres, pour les ignorants et pour les hommes de science. Oubliera-t-on éternellement que ce Jésus, qui voulait des adorateurs *en esprit*, ne s'adressait ni à des philosophes, ni à des académiciens, mais à des pêcheurs et à des femmes de village?

Pauvre peuple... hélas! pauvre peuple et pauvres individus, et pauvres *nous tous!* Oh oui! pauvres et perdus, tant que le Seigneur ne nous a pas donné le cœur nouveau. — Pauvre Grèce, pauvre Suisse, pauvres, cruellement pauvres, toux ceux qui se croient riches.

Mme Piscatory est venue me prendre plus tard pour me faire entendre la musique militaire qui joue tous les dimanches sur le Cours. Là était réuni le monde fashionable : des équipages élégants, des chevaux de race, de très belles dames, une foule en costume pittoresque; mais je n'avais pas le cœur disposé à jouir de cet éclat.

La lecture du beau psaume CXLIII, dans notre culte de famille, la prière ensemble pour ma patrie, voilà ce qui m'a fait du bien.

« A qui irions-nous qu'à toi, Seigneur, tu as les « paroles de la vie éternelle. »

Mardi, 23 *novembre* 1847. — Nous avons vu, dimanche soir, les temples et l'Acropole au clair de la lune. M. Thouvenel, secrétaire de l'ambassade française, nous a fait faire cette belle promenade. Sa conversation remplie d'idées et de faits, en augmentait le charme. On apprend énormément avec M. Thouvenel ; il ne parle pas pour parler, tout ce qu'il dit signifie; et puis il rencontre, ou plutôt il possède le mot propre : ce diamant d'une eau pure qui jette tant de lumière dans l'entretien.

La lune dans son plein frappait de sa calme et blanche clarté les colonnes du temple de Jupiter. Ses ombres tombaient aussi tranchées que dans le jour. Il y avait un silence profond autour de nous. Les lignes du temple, ses architraves brisées, les profondes cannelures des colonnes se dessinaient nettement sur le ciel, bleu du bleu d'une mer profonde. De temps à autre, suivant que nos pas se rapprochaient ou s'éloignaient, nous voyions quelque étoile reposer sur le chapiteau d'une colonne, ou scintiller au travers d'un portique.

Et l'Acropole ! comme la sérénité des cieux comme la clarté noble, un peu froide de la lune, s'alliait bien avec la sérénité, avec la clarté un peu froide aussi de l'art et de la pensée grecque !

Les grands décombres qui jonchent le sol devant les Propylées, autour du Parthénon, étaient plus magnifiques encore, ainsi baignés des lueurs de l'astre de la nuit.

Le soleil est pour les vivants, mais la lune est pour les morts.

Hier, ascension du mont Pentélique.

François nous fait traverser Athènes au galop : un galop échevelé. Les chiens aboient, les chevaux s'excitent, les passants qui cherchent à se garer de François, tombent sur *Porteur-de-malice,* et *Cochon-de-lait* les achève : la caravane entière passe comme un ouragan. François manque de se rompre les jambes contre une charrette : cela seul réussit à modérer son ardeur.

Nous traversons la plaine plantée d'oliviers qui sépare Athènes d'un village nommé, je crois, Halandri. Les blés poussent ; il y a un peu de vert.— Nous prenons à droite, nous voilà galopant sur une belle route qui monte doucement au milieu des pins et des bruyères encore en fleurs. Leur parfum, le bon air du matin dilate nos cœurs. Nous sentons vivement le plaisir d'une course rapide dans la libre campagne.

Non loin du couvent, nous trouvons une petite place plantée de peupliers d'Italie à la feuille tremblante. Il y a là un cours d'eau et de l'herbe. Plus haut, encore des peupliers, des ondes abondantes ; le monastère pittoresquement assis sur la pente ; à nos pieds, le château de la duchesse de Plaisance ; et puis la plaine, la mer, et les îles, et les montagnes.

Mais c'est du sommet qu'il faut promener son regard sur cette étendue.

Nous nous arrêtons longtemps aux carrières antiques, devant ces roches de marbre taillées à pic, dorées, non par le soleil, mais par le suintement des pluies qui les couvre d'une jaune écaille.

Les traces du ciseau grec sont là, délicates et fermes. Quelques déchirures laissent voir la blancheur étincelante du marbre. La terre est couverte de ces débris, les uns brillants de mica, les autres légèrement rosés. Au fond, s'ouvre une grotte immense; des lianes s'attachent à son front, et laissent pendre leurs longs rameaux à l'entrée.

La route qui mène aux carrières n'est que marbre concassé.

Au travers des buissons, à droite, à gauche, en haut, en bas, toujours marbre. La noble structure de la montagne reparaît partout.

La cime du Pentélique est enveloppée de brouillards; nous persévérons pourtant. Nous arrivons à cheval jusqu'au plus haut sommet.

Il fait humide, il fait froid, il fait gris. Tout à coup, le brouillard se déchire; chassé par le vent du nord, il glisse des deux côtés de la montagne : on dirait de gigantesques ombres qui traînent après elles les plis de leur linceul.

A mesure que le vent pousse devant lui ces flottantes draperies, la terre, avec ses montagnes, avec ses vallées, la mer et ses îles, paraissent éclatantes de couleur. C'est un nouveau *fiat lux*.

Voici le canal de l'Eubée, et voici l'Eubée,

ses pins, ses rives, que dessine par place une brillante ligne d'écume.

Voici le golfe de Marathon; il s'arrondit, il est entièrement à découvert : le voilà, avec son immortelle plaine.

De l'autre côté, c'est la vallée d'Athènes; c'est le Licabètus qui semble toucher la mer, c'est le Pirée, ses vaisseaux dans le port; c'est Salamine, Égine, le golfe, les montagnes de Mégare et de Corinthe.

A notre gauche, l'Hymète.

Toute l'Attique est là, embrassée par la mer qu'on retrouve au détour de chaque cime.

Un navire entre au port du Pirée; deux colonnes de fumée sortent de ses flancs. Nous attendons, l'air vibre sous les salves; elles nous arrivent sonores, majestueuses, et le vaisseau glisse toujours. A ce moment, le voile un instant soulevé retombe; d'abord diaphane, on saisit encore les traits du tableau; et puis épais et lourd.

Quelle grâce de notre Dieu que ce magique spectacle!

Le soir, bal chez la reine.

La réunion était élégante; malheureusement les toilettes françaises dominaient parmi les femmes; il y avait pourtant quelques beaux costumes du pays : la veste de velours ou de moire, la jupe tout unie, le fezzi smyrniote brodé d'or, ou le simple bonnet à la longue houppe bleue, plus caractéristique encore.

Mais le costume à mon avis vraiment beau, vraiment noble, c'est le costume des dames d'Hydra. La femme du maréchal de la cour le portait dans toute sa rigueur ; une demoiselle d'honneur de la reine, et deux jeunes filles, l'avaient légèrement modifié. Un grand mouchoir de toile d'or, enrichi de broderies de soie éclatantes de couleur, encadre largement la figure, autour de laquelle il forme une auréole. Il cache la racine des cheveux et ne laisse passer que les noirs bandeaux. Il les accompagne le long des joues, vient se nouer avec une chasteté monacale sous le menton qu'il voile un peu, et se noue derrière la tête, par-dessus sa longue pointe qui descend étincelante d'or jusqu'au-dessous de la ceinture. Une veste de velours rouge ou noir, très courte, ouverte devant, aux manches collantes terminées par des broderies qu'on dirait faites de la main des fées, s'agraffe au-dessous de la poitrine. Une chemise de baptiste recouvre celle-ci. — La jupe que portait la maréchale était d'une épaisse étoffe de soie verte, plissée du haut en bas à petits plis transversaux, et terminée au bas par un large passe-poil de velours rouge. C'est là le costume pur.

Les jupes des demoiselles étaient d'étoffes riches, sans plis, et de couleurs variées.

Il est difficile de rendre la majesté de cette coiffure. Les traits admirables de la maréchale, ainsi drapés, me rappelaient les plus belles sibylles du dominicain.

Rien de gracieux comme les trois jeunes filles d'Hydra : toutes trois debout derrière la reine, la tête prise dans ce voile d'or, sur lequel la fraîcheur veloutée de leur teint, leurs brillants yeux noirs et leurs lèvres rouges ressortaient comme sur le fond d'une peinture bysantine; toutes trois les mains croisées, la taille un peu fléchissante, mais avec une grâce indicible : on eût dit trois perdrix effarouchées.

Leurs Majestés sont entrées; elles ont adressé quelques mots aux principaux invités. On a présenté une jeune fille à la reine. L'étiquette, dans ce cas, et ici l'étiquette a bien de la poésie, veut que la jeune fille présentée baise la main de la reine pendant que la reine la baise au front. Il y a là quelque chose de simple à la fois et de royal.

Le bal s'est ouvert comme toujours, par la polonaise, sorte de marche solennelle à laquelle ne prennent part que leurs Majestés, les membres du corps diplomatique et quelques sommités gouvernementales. On fait trois fois le tour du salon, et chaque fois avec une personne différente. Ainsi, Mme Piscatory fait le premier tour avec le roi, le second avec le ministre d'Autriche, et le troisième avec un dignitaire grec. La reine, pour le troisième, donnait la main au président du sénat, vieillard à la longue robe de cachemire blanc bordée de fourrure.

La soirée s'est écoulée promptement; l'accueil plein de bonté du roi, a promptement dissipé les derniers vestiges de mes terreurs à l'endroit des *majestés*. On ne peut causer quelques instants avec lui sans deviner la droiture et l'élévation de son caractère. Et puis cette précieuse bienveillance allemande, cette grâce du cœur, comme elles mettent à l'aise!

La reine danse avec une élégance parfaite, jointe à une parfaite dignité; elle danse avec cette vivacité de plaisir qu'elle apporte à tous les exercices du corps. Je l'ai vue hier au soir de bien près, elle a eu la bonté de m'adresser quelquefois la parole; je l'ai entendue causer avec plusieurs dames, et toujours j'ai retrouvé cette simplicité exquise, ce charme d'ingénuité, et pourquoi ne le dirais je pas, cette bonne et belle nature qui m'ont séduite au premier abord.

Je ne danse pas. — « Quel dommage! toute la marine française était là! » — Réflexion d'un jeune officier. — Assise par conséquent durant trois ou quatre heures, libre de porter mes pensées sur les sujets les plus sérieux, je me suis sentie pressée de demander à Dieu ses bénédictions pour ce couple royal.

Quelle tâche!... mais aussi quel bien à faire!

Quelle mission que celle du roi, dont l'âme loyale peut imprimer, imprimera je l'espère à la politique grecque une direction très droite, très pure; qui se fera ainsi le noble instituteur de son peuple, et qui élèvera de plusieurs degrés le niveau de la moralité.

Cette mission, qui a de grandes difficultés, est d'une grandeur bien faite pour captiver un esprit consciencieux comme le sien. — Mais que la mission plus cachée de la reine est belle aussi! L'éducation des femmes peut recevoir d'elle un élan nouveau, et l'éducation des femmes, c'est l'éducation d'une nation tout entière. Il y a là des devoirs de mère à exercer, et aussi les beaux priviléges de la maternité à conquérir. Oui, les misères du corps, les misères de l'âme, ces deux grandes pauvretés, demandent la main d'une femme. Une femme seule a le secret de faire vouloir sans ordonner. — Faire vouloir à tout un peuple le progrès moral: quelle œuvre vraiment royale!

Quand les racines de la royauté vont ainsi plonger dans le cœur, dans la vie intime d'une nation, elles sont bien fortes.

Le Seigneur qui a ouvert cette grande carrière devant les pas du roi et de la reine de Grèce, leur donnera d'y marcher d'un pied ferme, en se soutenant l'un l'autre; c'est la prière de beaucoup d'amis humbles, mais sincères.

Dans ce moment-ci, l'état de la Grèce laisse énormément à désirer. Les moyens d'influence adoptés ne semblent pas être ceux qui conviendraient à un caractère tel que celui du roi.

La prospérité, le commerce ont fait des progrès

immenses, et les revenus, qui devaient s'accroître en proportion, ont diminué au contraire.

Le pourquoi n'est pas difficile à trouver.

Ici, on laisse les hommes en place abuser de leur pouvoir; là, on se sert de la perception des impôts pour assurer des voix au gouvernement. Le résultat, c'est le discrédit jeté sur l'administration, l'abaissement du sentiment moral, et dans l'ordre matériel, la négligence forcée des travaux de première nécessité : routes, assainissement de plaines, etc.

Il est de notoriété publique, que les élections se font de manière à rendre absolument illusoire le fait du vote universel.

Je ne parle pas de violences exercées sur les électeurs; des agents armés de gourdins qui entourent la salle, qui se font montrer les billets, et qui donnent au votant l'option entre tel candidat ou vingt coups de bâtons. Ce moyen ne paraît avoir été mis en usage que dans quelques localités.

Je ne parle pas non plus des manœuvres électorales, telles qu'achat des voix, déplacement des chefs de l'opposition, promesses, désordre volontaire, qui permet à tel électeur gouvernemental de voter douze fois de suite. Ces moyens inqualifiables sont malheureusement usités dans des pays fort éclairés.

Je parle d'un fait inouï, connu de tous : *des*

urnes à double fond. Elles existent à peu près dans tous les colléges. On les commande d'avance, sans trop se gêner, sous prétexte de précaution de ménage contre la femme, contre les serviteurs; et le jour des élections, elles assurent la majorité au pouvoir.

De là vient cette étrange anomalie, d'un pays où l'opposition existe très prononcée, très vivace, très palpable, et d'une chambre *en entier* gouvernementale.

Les adversaires du pouvoir ne vont plus voter; ils ont raison.

Abstraction faite du côté moral, élevé de la question, il y a un danger immense à priver l'opposition de son droit. En la muselant ainsi, en lui interdisant les voies légales d'influence, on la pousse à prendre les voies illégales et violentes. C'est ce qui est arrivé déjà. — Vous avez réprimé : c'est bien. — Réprimerez-vous toujours?

Il y a des brigands en Grèce; il faut les saisir, il faut les punir. Mais vient encore ici la question des moyens.

Le moyen qu'on emploie maintenant me paraît plus propre à *barbariser* la Grèce — qu'on me pardonne ce *barbarisme* — qu'à la civiliser.

On envoie le fameux Tzino à la poursuite des brigands. Tzino brûle, saccage les villages qui refusent de dénoncer les voleurs. Tzino se sert de la torture pour obtenir des délations. — On parle de femmes cousues dans des sacs avec des chats. — Tzino sale des têtes et les expose dans les localités suspectes. Tzino exerce un pouvoir absolu, et Tzino purge la contrée de ses bandits. Mais n'est-ce pas là une école de cruauté? Encore une fois, ces voies illégales n'enseignent-elles pas le mépris des lois, et s'il y a des brigands de moins, n'y aura-t-il pas une grande immoralité, une immoralité générale de plus?

— Vous en faites autant en Algérie.

— Quand nous l'avons fait, nous avons eu tort; et toutes les fois que nous agissons en Arabes au lieu d'agir en Français, nous excitons l'indignation publique.

Regardons de plus haut, l'horizon s'agrandira.

Gagne-t-on, à blesser la conscience publique; à la familiariser avec le mal?

— Mais ce sont des blessures qu'elle ne sent pas; elle est cautérisée. Ce que nous faisons, l'opposition au pouvoir l'a fait, elle a fait pis. L'opposition ne ménageait ni les coups de gourdin, ni les destitutions. L'opposition malversait. L'opposition avait des urnes à fond double. Il faut la combattre par ses armes.

Voilà le vice du raisonnement.

Que l'opposition ait employé de mauvais moyens, qu'elle soit prête à les employer encore, je n'en doute pas un instant. Mais que le gouvernement, qui doit être l'ami véritable du pays, l'éducateur de la nation, le type de l'honnête; que le gouvernement, qui représente la conscience publique, emploie de tels moyens, c'est ce qui me paraîtra toujours, et dans tous les sens, une faute.

Au point de vue moral elle est évidente; elle ne l'est pas moins au point de vue politique.

Il y a d'honnêtes gens au pouvoir. La position la plus élevée est occupée, de l'aveu de tous, par l'âme la plus consciencieuse et la plus noble. Eh bien, les natures de cette trempe seront toujours mal habiles à manier les armes des coquins. Il s'ensuit que, nonobstant de petites victoires partielles, des moments de triomphe plus ou moins longs, les coquins auront le dessus.

Et puis, je le répète: gagne-t'on à laisser le taux de la morale très bas, à l'abaisser pour mieux dire? — sur ces pentes-là, il n'y a pas de point d'arrêt. — Se prépare-t-on un gouvernement aisé? N'accumule-t-on pas devant soi des difficultés monstrueuses?

Nous ne voyons qu'aujourd'hui. Au point de vue d'*aujourd'hui*, le système adopté peut à la rigueur se soutenir. Mais demain ! demain si petit, si méprisé tant qu'il n'est que demain; si redoutable quand il devient aujourd'hui !

Aujourd'hui, l'on achète telle influence à tel prix; on paralyse telle autre par telle violence. Mais demain, il faudra doubler le prix, redoubler de violence; et les coffres se videront, et l'opposition trop réprimée éclatera, et le pied vous manquera sur ce sol marécageux de l'immoralité générale, dans lequel vous pouviez naguère jeter des rochers qui vous auraient soutenus.

On oublie toujours que la ligne droite coupe les lignes courbes. On oublie toujours qu'une ligne courbe mêlée à d'autres lignes courbes, ne produit que d'inextricables nœuds.

Point de faveurs, point d'injustices: la loi stricte pour règle, le bien pour but, et le gouvernement serait très fort en même temps qu'il serait très élevé.

Les Grecs ont une intelligence; ils ont une âme aussi : au fond de cette âme, il y a l'idée du bien et l'idée du mal, — enveloppée si l'on veut, grossière encore, mais vivante, au moins théoriquement.

Placez au-dessus de ce peuple un gouvernement impartial, qui réprime sévèrement les illégalités de quelque côté qu'elles viennent; qui ne s'en permette jamais, même l'apparence; qui ne soit, si l'on veut, que l'interprétation rigoureuse, armée, de la loi: et j'ose répondre que ce gouvernement sera puissant, qu'il sera respecté. — Sans compter l'action morale exercée sur la nation!

Quand il n'y aurait que les finances, déjà, qui reprendraient le chemin des coffres de l'État; n'est-ce pas là une force?

Croit-on que des routes, que de bons établissements, que des travaux d'utilité publique, prisons, hôpitaux, etc. n'amènent pas plus de voix et des voix plus sûres au gouvernement, que les doubles fonds des urnes, que les dilapidations, ou que les places données à qui ne les mérite pas?

Les Grecs y voient, ils y voient très clair; dès qu'ils seraient convaincus des intentions du gouvernement, dès qu'ils trouveraient pour tous et toujours la même règle inflexible, leur confiance serait acquise au pouvoir. Ils s'appuyeraient sur lui, et en s'appuyant sur lui, ils l'appuyeraient à leur tour.

Le gouvernement ne peut se rendre indépendant qu'en puisant sa force en lui-même; et le gouvernement ne calmera les défiances des Grecs, que lorsqu'il sera parfaitement indépendant [1].

[1] Il existe en Grèce un établissement qui est la démonstration parlante du pouvoir des principes: je veux dire la Banque.

La Banque qui marche, et qui marche bien, marche par la seule force que lui donne son obéissance aux lois qu'elle s'est imposée.

Elle avait à transporter des montagnes: accoutumer à la règle une nation naissante, indisciplinée; résister aux tentatives de désordre; opposer un inexorable *non* à toutes les demandes de faveurs, à toutes les offres de protection illégale; c'était une de ces difficultés, qu'en politique, on appelle des impossibilités.

Cette impossibilité, la Banque l'a résolue. Grâce à M. Stauros, son directeur, grâce aux conseils de M. Eynard, grâce à la fermeté des administrateurs, la Banque est restée sourde à tout ce qui n'était pas son règlement, exigeante dans la mesure de son droit, ne voulant d'autre appui que le principe; et le principe l'a sauvée. C'est l'institution la plus florissante, la plus solide de Grèce. Plus solide que la constitution, plus solide que..... très solide en un mot.

La Grèce a beaucoup à gagner au point de vue moral. Elle a à gagner dans le sens de la vérité, de la droiture, de l'honnêteté. Mais quel peuple, après des siècles de servitude, aurait conservé une pratique bien pure de la vertu? — Comparez la Grèce à d'autres pays longtemps esclaves : au royaume de Naples... hélas, au canton de Vaud; comparez-la même à des nations toujours libres; — je ne parle pas de celles où une religion éclairée, en travaillant constamment sur les individus, a relevé le niveau général; — y a-t-il beaucoup plus d'honnêteté? beaucoup moins de scrupule à dire la *chose qui n'est pas?* beaucoup moins d'escroqueries, là, qu'ici?

Pour moi, j'ai la conviction que le cœur est partout le même : en France, en Espagne, en Grèce. L'étoffe ici, vaut autant que l'étoffe là : il s'agit seulement de la passer au foulon.

Il ne m'appartient guère d'aborder de tels sujets.

Toutes les fois que je me surprends à me mêler ainsi de questions au-dessus de ma portée, je pense, pour me réconcilier un peu avec moi-même, à la

Elle a une succursale à Chalcis, une autre à Syra. A mesure que ses fonds s'accroîtront, elle en fondera dans les autres villes de la Grèce.

Voici un exemple de sa rigidité. A Syra, elle lutte contre les habitudes de laisser-aller qui règnent encore parmi les négociants. Les négociants payent avant l'échéance, payent après l'échéance..... plus souvent après qu'avant j'imagine. La Banque, qui a fait à ces messieurs plusieurs sommations inutiles, va leur donner un délai de trois mois; si, ces trois mois écoulés, ses lois ne sont pas mieux obéies, la Banque refusera les signatures des récalcitrants. On criera, mais on se soumettra; le principe aura triomphé, et l'avenir se déblayera d'autant.

servante de Molière : ce n'est qu'en qualité de servante de Molière, que j'exprime ici mon opinion.

Mercredi, 24 *novembre* 1847. — Nous venons de recevoir la visite de M. et Mme Buell. On affirmait, dans le monde athénien, que M. Buell ayant demandé l'autorisation d'ouvrir une école, le gouvernement s'était empressé de la lui accorder, à la condition qu'il passerait un examen comme tous les instituteurs, que M. Buell avait refusé d'accomplir cette formalité, et que le procès venait de son refus.

Il n'en est rien. — Je ne connais pas de pays où l'on arrive si difficilement au vrai qu'en Grèce. Le fait avancé par celui-ci est nié par celui-là, affirmé de nouveau par un troisième et nié de plus belle par un quatrième. Décidément, la vérité habite encore son puits.

M. Buell, qui n'a jamais demandé d'autorisation, à qui l'on n'a jamais imposé l'obligation de passer un examen, et qui, par conséquent, ne s'y est jamais refusé, va néanmoins solliciter l'autorisation d'ouvrir une école, moyennant examen. Nous verrons le résultat. Il est décidé à remplir toutes les conditions, sauf celles qui blesseraient sa conscience.

Ainsi, il ne souffrira pas qu'un prêtre grec vienne enseigner le catéchisme grec à ses élèves. Ce catéchisme, qui renferme de graves erreurs : le baptême, le saint-Chrême et la communion, représentés comme apportant avec eux, d'une manière magique, la rémission des péchés, n'ordonne cependant ni le culte de Marie, ni l'adoration des images; mais ce que tait le catéchisme, les explications des papas le diraient.

M. Buell ne suspendra pas sur les murs de son école une image du Christ. Dans les pays où il n'y a pas de catholiques, où l'adoration des images n'existe donc pas, cela pourrait se faire à la rigueur : l'image n'y a pas une signification spéciale et dangereuse. Mais, dans les contrées catholiques, l'image est autre chose que la représentation d'un objet; l'image est le drapeau d'un mensonge; l'image dit aux catholiques, dit aux Grecs : il n'y a pas de mal à s'agenouiller devant un tableau, à présenter ses prières à telle madone, à tel saint. L'introduire dans une école qui a pour but l'enseignement de la vérité, ce serait favoriser l'aveuglement des âmes.

Bien des gens s'indignent d'une telle rigidité de principes.

— Avec quelques concessions, on ferait tant de bien : avec cette raideur, on rétrécit le champ de travail.

S'il ne s'agissait que d'élever de bonnes ménagères, on aurait raison; mais un missionnaire doit avant tout, faire des chrétiennes. En travaillant pour l'avenir éternel des individus, il travaille pour leur avenir temporel; il en est heureux, il y applique ses soins; là pourtant n'est pas son premier but. Celui qui sait que l'éternité est proche, qu'elle ne finit pas, qu'il n'y a qu'un chemin pour arriver à la vérité unique, celui-là peut-il compromettre par une concession, par une seule, le grand résultat que son maître lui a ordonné de poursuivre? Mais ce n'est que pour y arriver qu'il est missionnaire, qu'il a quitté son pays, qu'il souffre la persécution! De bonnes ménagères, des femmes instruites, il suffit souvent de l'honnêteté mondaine pour en créer; le chrétien seul peut former des chrétiennes.

Ces quelques moments d'entretien nous ont paru doux. Il y a chez Mme Buell, chez son mari et chez Mlle Waldo, une doctrine inflexible jointe à un amour pour les âmes, qu'on sent vibrer dans toute leur conduite. Ils sont soumis à la volonté de Dieu, confiants en sa fidélité, résolus à travailler à l'avancement de son règne partout où il les mettra. Il en résulte qu'au milieu de leur affliction présente, ils goûtent une profonde paix.

Dimanche, comme ils étaient réunis autour de leur Bible ouverte, et qu'ils pensaient avec tristesse aux chers enfants qui naguère venaient écouter cette parole de vie, la porte s'est ouverte, ils ont vu entrer une de leurs élèves. « Ne perdez pas courage, leur a-t-elle dit, le Seigneur vous éprouve; il vous soutiendra; ne nous quittez pas. » Ils ont ensemble lu, prié; cette visite leur a semblé une réponse de Dieu au soupir de leur cœur.

Le soir. — M. Thouvenel, avec son obligeance ordinaire, nous a conduits ce matin à la Chambre et à l'Université.

La salle des députés est petite, fort simple, mais convenable. Elle ressemble à la nôtre; c'est la même distribution, sauf les pupitres, qui n'existent pas ici; les ministres seuls ont des tables devant eux.

L'aspect est pittoresque, malgré l'habit européen qui fait malheureusement invasion, et qui ne sied pas aux Grecs. Ces traits prononcés, ces teints bruns, ces cheveux noirs demandent l'éclat de la veste aux vives couleurs et le prestige du costume national.

Un sans-gêne absolu règne dans l'assemblée. On discutait quelques articles du budget, on parlait de sa place, de la tribune, souvent tout le monde à la fois, comme il arrive ailleurs.

— Mon frère, tais-toi, laisse-moi dire.

Ce tutoiement, cette belle expression : mon frère, sont d'usage habituel en Grèce et dans le reste de l'Orient; ils amènent de piquants contrastes. « — Mon frère âne! disait M. R. au cocher qui nous conduisait, tu es un imbécile! »

Il y avait là des députés couverts du manteau blanc à longue laine; d'autres portaient le manteau rouge d'Hydra. — On jouait avec la *corona*; l'un de ces messieurs discourait le cigare à la main.

Ce qui nous a frappés, c'est l'extrême facilité d'élocution. Les députés se levaient à tous les coins de la chambre, et les uns comme les autres, s'exprimaient avec une aisance remarquable, même pour les oreilles d'un étranger. Point d'hésitation, point de balbutiement, point de doigts crispés qui tourmentent le dossier des bancs ou le marbre de la tribune. Les paroles se suivaient faciles, abondantes: on eût dit une discussion au coin du feu. — Je crois bien que les députés grecs ne s'imposent guère l'un à l'autre; je crois même que les questions purement politiques ne les préoccupent pas outre mesure; ils ne se font peut-être pas un grand scrupule d'avancer des idées hasardées sur les matières qu'ils traitent, parce que leur science gouvernementale n'est pas encore bien profonde, et qu'il n'y a rien de tel que d'ignorer les écueils pour naviguer avec hardiesse; que ce soit cela, que ce soit autre chose, il reste certain qu'en France, l'on n'entend pas parler avec cette liberté d'énonciation.

On a voté tout d'un accord les émoluments du ministre de la justice : dix mille drachmes par an — environ neuf mille francs. — Les ministres logent chez eux; ils ne sont pas astreints à des frais de représentation.

On a voté l'ameublement du cabinet du ministre. Le ministre s'est levé; il a transmis à la chambre le catalogue très court du mobilier actuel. « Une table, une chaise, et un fauteuil. » — M. Coletti avait réuni dans ses mains trois ou quatre portefeuilles; celui de la justice était un de ceux-là. Pendant l'intérim, les meubles s'en sont allés.

La même chose est arrivée pour le théâtre. On avait bâti, décoré, meublé une salle de spectacle. On s'en était servi durant quelques hivers. Deux ou trois ans s'écoulent pendant lesquels il n'y a pas d'acteurs, partant, pas de représentations. — Cependant une *Compagnia del teatro* arrive à Athènes. On court à la salle; elle y est bien encore, mais vide. Jusqu'à la glace qui ornait la loge de la reine, tout avait disparu. La reine a déclaré qu'elle ne retournerait pas au théâtre qu'on n'eût retrouvé sa glace: la glace n'a été ni retrouvée, ni remplacée, et la reine n'est pas retournée au théâtre.

Il est impossible de voyager, de séjourner en Grèce, sans s'apercevoir que le vol est entré dans les habitudes du pays. Le voleur ne rougit pas, et le volé ne s'indigne guère.

Il existe dans la Carnanie, un village qui a consacré je ne sais quel jour de l'année au vol, au vol généralement considéré comme innocent en Grèce: au vol des comestibles. Ce jour-là, on ne mange que ce qu'on a volé : poules, dindons, fruits, vin.

C'est la coutume. — Après cela, une fois que c'est convenu, que tout le monde y consent, la question change de face. — Seulement je doute que cette coutume, appliquée aux 365 jours de l'année, fût du goût de tout le monde.

M. Lévêque, élève de l'école d'Athènes, vient de publier dans la *Revue des deux Mondes*, un premier article sur l'Université. Il dit trop bien tout ce qu'il faut dire, pour que je m'en mêle.

Un mot seulement sur la bibliothèque. — Elle est arrangée par ordre de matières ; la littérature française n'y occupe qu'un très petit espace.

Il y aurait là du bien à faire. M. Tibaldo, bibliothécaire, a toujours deux mille volumes au moins, en circulation. La salle de lecture est en outre fréquentée par un grand nombre de jeunes gens. On demande des livres français, et M. Tibaldo, dans sa pauvreté, ne sait que donner.

On a fait en France de généreux sacrifices à l'indépendance de la Grèce; n'en offrira-t-on pas à ce qui assure cette indépendance : à l'émancipation, au développement des idées?

Ce qu'il faudrait à la bibliothèque, ce ne sont pas des livres futiles ou mauvais; ceux-là sont partout, à Athènes comme ailleurs; ce sont des livres sérieux, des œuvres d'imagination aussi, mais propres à élever l'âme, non à l'empoisonner.

Si le bien ici est évident, il est facile. Qu'on agisse

individuellement ou par voie d'association, il n'y a rien de s'y aisé que d'entrer chez un libraire, que d'y faire un bon choix de livres, et que de l'expédier à Marseille, au consul grec, qui se charge de l'envoi.[1]

Nous sommes revenus chez nous après avoir pris le *glico*, dans la jolie habitation que M. Thouvenel partage avec le comte de Las Navas.

Vendredi, 26 *novembre* 1847. — Voici quatre jours que, sans pouvoir y parvenir, nous essayons de visiter les écoles grecques, l'école de Mme Cork, et celle de Mme Hill. — M. et Mme Hill sont missionnaires au service de la société épiscopale de Londres.

Toute la semaine est fériée. Saint Jacques hier, saint Jean aujourd'hui, saint je ne sais qui demain.

[1] M. Tibaldo fait dans ce moment une publication du plus haut intérêt. Il y a quelques années qu'un prêtre grec mourut à Athènes, après avoir passé la moitié de sa vie dans les Indes. Il était entré si avant dans l'intimité des Brahmes, que ceux-ci lui avaient laissé prendre connaissance de leurs livres ; ce sont ces livres, inconnus jusqu'ici, que M. Tibaldo fait traduire en grec et imprimer. Le premier volume a paru ; on travaille au second : le *Jta* ou *Ghita*, qui renferme la haute philosophie indoue. Chose étonnante, et qui s'accorde du reste avec ce que j'osais avancer à propos de Socrate, M. Tibaldo y a retrouvé, pensée pour pensée, les conceptions les plus élevées de Platon. Tant il est vrai que toutes les philosophies arrivent aux mêmes grandes vérités : vérités que Dieu a gravées au fond de la conscience humaine. — « Ce qui se peut connaître de Dieu, » dit saint Paul en parlant des Gentils, « est manifesté en eux ; car Dieu le leur a manifesté. » Et plus loin : « Or quand les Gentils, qui n'ont point la loi, font naturellement les choses qui sont de la loi ; n'ayant point la loi, ils sont loi à eux-mêmes, et ils montrent par là que l'œuvre de la loi est écrite dans leurs cœurs ; leur conscience leur rendant témoignage, et leurs pensées s'accusant entre elles, ou aussi s'excusant. »

Je ne connais pas de peuple qui célèbre plus dévotement ses saints.

L'école de Mme Hill contient quatre cents élèves. On a laissé le catéchisme grec qui, par une concession fâcheuse y avait été trop longtemps employé, pour ne se plus servir que de la Parole de Dieu comme moyen d'enseignement chrétien. Cependant les sous-maîtresses suivent encore le rite grec.

Bien que l'*Eon*, journal aux tendances russes, et par conséquent hostile aux missionnaires, signale aujourd'hui l'école de Mme Hill à l'antipathie nationale, comme il l'a fait des autres œuvres chrétiennes; c'est de tous les établissements du même genre, celui qui a le moins soulevé d'opposition, celui dont on répugne le moins à reconnaître les bons résultats.

L'école de Mme Cork, dame grecque de naissance, est fréquentée par une cinquantaine de jeunes filles. Mme Cork, en outre, reçoit des pensionnaires chez elle. Dieu a fortement éprouvé cette femme pieuse en retirant à lui M. Cork, dont le zèle et les travaux pour l'instruction sont bien connus en Grèce. Mme Cork se trouve dans une situation pécuniaire extrêmement difficile; elle marche par la foi. Le Seigneur, jour après jour, lui envoie ce qu'il faut pour continuer son œuvre. Sans la coopération puissante de M. et de Mme Eynard, de ces excellents chrétiens qui versent abondamment leurs dons partout où se fait entendre cette prière : « au nom de

Jésus, » Mme Cork n'aurait pu, ne pourrait suffire à sa tâche. Cette tâche est accomplie avec une parfaite fidélité [1].

Parmi les écoles nationales, on cite l'école normale de Mme Manno comme l'une des plus distinguées. Mme Manno forme des institutrices qui seront employées dans le pays, à la fondation d'écoles pour les jeunes filles. — Il en existe partout pour les garçons.

On est très avide, en Grèce, de livres français. Les missionnaires ne possèdent pas de bibliothèques, et cependant on leur demande à chaque instant des ouvrages écrits dans notre langue. Nous allons nous adresser à la Société de Toulouse pour obtenir un envoi de ses publications; et encore ici, nous prions nos frères de ne pas oublier cette branche d'évangélisation grecque. Ces bibliothèques-là, on le sent, doivent avoir un caractère essentiellement chrétien.

Nous relisons l'Iliade. Au point de vue de la poésie, de la vérité dans l'art, c'est admirable. Mais au point de vue théologique! — Sans parler de la conduite infâme des dieux; qu'est-ce que ces êtres divins, jouets des passions de l'envie, de l'orgueil, du dépit, de la *peur;* sujets à nos infirmités, blessés

[1] J'ose supplier ici tous ceux qui s'intéressent aux progrès de la vérité en Grèce, de n'oublier l'œuvre de Mme Cork ni dans leurs libéralités ni dans leurs prières.

dans la bataille par des hommes, et remontant aux cieux tout sanglants, tout honteux, criant de douleur. Ainsi Vénus, ainsi *Mars lui-même*, atteints par Diomède.

Comment osait-on représenter ainsi faits, les *Dieux*, le type de ce qu'il y a de plus grand en tout sens?

Par quel inexplicable renversement d'idées arrivait-on à les adorer?

Vicieux, ils le sont dans la plupart des théogonies; ceux qui les ont fabriquées y avaient intérêt; mais faibles, mais battus par un homme, mais arrêtés par ce qui nous arrête!

Jupiter, après s'être occupé tout le jour des Troyens, tourne ses yeux ailleurs, et Neptune profite de ce *qu'il regarde d'un autre côté* pour voler au secours des Grecs: voilà la *toute-science*, la *toute-présence* du roi des dieux!

Neptune attache fortement ses chevaux dans une caverne. entre l'île d'Eubée et Ténédos, car *il voulait être assuré de les retrouver à son retour*... sans cela il n'eût pu revenir chez lui: voilà la toute-puissance divine!

Au point de vue poétique encore, la théogonie d'Hésiode que nous venons de parcourir offre quelques beautés, bien inférieures toutefois à celles d'Homère: ce sont des lueurs plutôt qu'un éclat soutenu. Les œuvres du même genre qui nous viennent du Nord ou de l'Orient, sont cent fois plus riches de créations idéales. — A côté de cela, point de conception, point d'ordre, rarement une pensée philosophique.

C'est le chaos, ou, si l'on veut, c'est la terre qui donne naissance à tous les dieux il n'y a rien là de spirituel.

Le destin est aveugle : idée désolante, mais sans élévation. D'ailleurs le destin semble plutôt obéir lui-même, que vouloir ; il est la bouche qui parle, bien plus que le cerveau qui pense.

Les prières boiteuses, filles de Jupiter, sont une charmante pensée ; mais on la trouve dans Homère, non dans Hésiode.

Il y a certainement des beautés dans la guerre des Titans. L'image de l'enclume qui roule pendant dix-huit jours du ciel au tartare est une grande image, quoiqu'elle ne rende pas l'infini ; rien de tout cela pourtant ne me semble porter le cachet du génie.

J'en reviens au dieux. Quels sacripants !... voilà le mot lâché. On pourrait écrire sur la tombe de Jupiter : mauvais fils, mauvais père, mauvais époux !

Minerve, la *sagesse même*, est vindicative, orgueilleuse, rusée et méchante. Parmi ses admirateurs, qui en voudrait pour femme?

Qu'on lise Hésiode au coin de son feu, comme on lirait une fable, et qu'on le trouve beau, cela peut être. Je ne le comprends pas, je l'admets. Mais dès qu'on se met en présence des faits, y a-t-il un autre sentiment possible, que le sentiment de la tristesse, que celui d'une généreuse indignation?

Ces dieux, tels que les voilà, ont été présentés à l'adoration des âmes; on leur a rendu un culte souvent conforme à leur caractère; on leur a adressé des prières, on a regardé à eux comme aux maîtres du temps et de l'éternité.

Ici, vient le grand argument de la spiritulisation des rites et des croyances. — Les philosophes passaient outre!

J'en suis charmée pour eux; mais le peuple! — le peuple a une âme aussi.

Tant mieux si Socrate, si Platon, si leurs disciples sont arrivés à l'idée de Dieu. Mais, pendant que franchissant la zone ténébreuse, ils arrivaient au soleil; le peuple gelait dans le brouillard et n'y voyait goutte : voilà ce qui me touche.

Quant à Homère, je retrouve en lui ce qu'on trouve chez tous les grands génies : Molière, Shakespeare, Dante, Cervantès, Corneille; — la naïveté, la vérité.

Qu'il nous raconte l'entretien du vieux Priam et d'Hélène, sur les portes Cées; qu'il nous fasse assister au conseil des rois, tous le sceptre en main, alors qu'Agamemnon et qu'Achille laissent éclater les transports de leur haine; que le sage Nestor s'enivre du plaisir de conter des histoires; que chez

Achille, nous voyions Patrocle faire rôtir l'agneau, accommoder les lits; toujours il est vrai, toujours il est simple.

Homère ne décrit pas ces héros, il les fait agir. L'imagination sait gré à qui lui ouvre les plages merveilleuses de la rêverie ; elle ne sait pas gré à qui ne la mène promener, qu'après lui avoir mis le mors et passé la bride. — Homére a un cœur. Où trouver, dans toute l'antique littérature grecque, un cri de l'âme pareil à celui-ci, quand la veuve d'Hector dit, en se tordant les mains: « Le jour qui rend un enfant orphelin, éloigne de lui tous ses compagnons : il va toujours la tête baissée, et ses yeux sont trempés de larmes. Dénué de tout, l'enfant aborde les amis de son père, tirant l'un par son manteau, l'autre par sa tunique; et il reçoit de leur pitié quelque petite coupe, et il y mouille ses lèvres, mais il ne peut y mouiller son palais. Et quelque enfant, ayant encore son père et sa mère, le chasse de la table, en le frappant des mains et en lui disant des injures: Va-t-en à la male heure! ton père ne partage plus nos repas. Et Astianax reviendra pleurant, vers sa mère veuve... »

Où trouver une page semblable à l'entrevue de Priam et d'Achille, quand Priam se glisse la nuit sous la tente du meurtrier d'Hector, et vient lui redemander le cadavre de son fils le plus aimé? « Il venait d'achever son repas, et la tasse était encore devant lui. Le grand Priam entre sans être aperçu d'eux, et s'approchant d'Achille, il lui saisit les genoux, et baise ces mains terribles et homicides qui lui tuèrent tant de fils... « Respecte donc les dieux, « Achille, et aie pitié de moi-même, te souvenant de « ton père. Je suis encore plus à plaindre que lui, « car j'ai pu faire ce que n'a fait en ce monde aucun « autre mortel, j'ai approché de ma bouche la main « de l'homme qui a tué mes fils... » Il dit, et Achille, au souvenir de son père, sent naître le besoin de pleurer. Il prend le vieillard par la main et l'écarte doucement de lui; et tous deux se ressouvenant, versent des larmes. »

Homère était d'un pays où il y a *du vert;* il était de Smyrne, de l'Asie Mineure aux grands arbres, aux belles fontaines, aux épaisses feuillées... Voilà pourquoi Homère a écrit les adieux d'Andromaque, l'entrevue de Priam et d'Achille.

Samedi, 27 novembre 1847. — Grâce à la parfaite bonté de M. de Las Navas, et à l'obligeance de M. Roque, nous avons vu des écoles, malgré la pluie, et malgré le samedi, jour de congé.

Une école primaire a reçu notre première visite.

Chaque paroisse a la sienne, gratuite, renfermant cent soixante enfants. Le système mutuel y est adopté. Deux maîtres la dirigent. Le premier touche cent trente ou cent quarante drachmes par mois; le second, cent drachmes. D'ordinaire, la commune subvient au traitement en totalité ou en partie; dans ce dernier cas le gouvernement complète la somme.

La lecture, l'écriture, l'arithmétique, la géographie, l'histoire grecque, le dessin linéaire, forment les diverses branches d'enseignement. L'instruction religieuse y est donnée d'après un abrégé d'histoire sainte, le catéchisme grec et le Nouveau Testament.

Parmi ces figures d'enfants, pas une n'annonce la bêtise; l'intelligence rayonne dans tous les yeux. Six ou sept mois suffisent à ces élèves pour apprendre à lire.

Après l'école primaire, nous voyons une école particulière payante, spécialement destinée à l'étude du grec, du latin et du français; puis le gymnase, bel établissement gratuit où se donne un enseignement supérieur.

Nous entrons dans les classes d'histoire et de mathématiques : les salles sont combles. Les élèves de tout âge s'y montrent profondément attentifs. Il y a là des papas à barbe grise, des laïques de trente à quarante ans, mêlés aux jeunes gens de dix-huit à vingt. Ce zèle pour apprendre dit beaucoup en faveur d'une nation; il est beau de le voir amener sur les bancs d'un collége, des hommes parvenus à l'âge où l'on enseigne les autres. *Quiconque cherche trouve.* Dès que les Grecs voudront chercher la vérité religieuse comme ils cherchent la science, ils la trouveront. Le gymnase reçoit quatre ou cinq cents élèves.

Nous aurions désiré voir l'établissement de Mme Manno, mais les classes étaient fermées. Mme Manno, sœur de Mme Mavrocordato, nous a reçus avec beaucoup de grâce; elle nous a montré les ouvrages de ses élèves; c'étaient de fort jolies broderies, des tapisseries, des bourses au crochet et des chemises bien cousues que, pour ma part, je préfère à tout le reste. C'est, en effet là, ce qui convient le mieux à des institutrices de village. L'école normale de Mme Manno est soutenue par une association; elle renferme quatre-vingts élèves internes, outre un nombre considérable d'externes.

L'école de Mme Hill était fermée. Nous en avons vu le local, c'est quelque chose: des versets de la parole de Dieu, écrits sur les murs ou sur les tableaux de lecture; le Nouveau Testament pour base unique de l'enseignement religieux; point d'images, rien qui blesse le moins du monde la conscience la plus scrupuleuse. Mme Hill, outre les sciences élémentaires, enseigne à ses élèves les ouvrages à l'aiguille, l'anglais et, je crois, la musique à celles qui le désirent.

Dieu veuille maintenir et accroître cet établissement qui reçoit quatre cents jeunes filles!

Avec ce développement général de l'intelligence,

avec cet enseignement général de l'Évangile, ici mélangé des erreurs de l'Église grecque, là, très pur; avec le livre de Dieu mis dans les mains de tous, la Grèce ne peut manquer de marcher rapidement du côté de la pleine lumière.

Aujourd'hui, elle chasse les missionnaires; ils ne lui demandent qu'une chose: de garder et de lire la Bible. Demain, elle rappellera ceux qu'elle rejette aujourd'hui, ou mieux, elle se fera missionnaire elle même. C'est le vœu le plus cher de ces hommes qui ne sont venus à elle, que pour hâter le moment où elle n'aura plus besoin d'eux.

Depuis cinq jours le ciel est gris; il pleut, il vente, il fait un froid glacial. C'est le temps *qu'on n'a jamais vu,* cet inconnu qui revient partout, et *toujours inconnu,* aux mois de novembre, de décembre et de janvier. — Nous avons hier passé une douce soirée chez Mme. King, au sein de la famille du missionnaire exilé, avec sa pensée présente au milieu de ses enfants. Demain soir il faudra nous embarquer pour Syra. De Syra, trois nuits et deux jours, peut-être trois, pour arriver en Egypte.

Dimanche matin, 28 *novembre* 1847. — La bonté de Dieu est immense; aussi admirable dans l'infiniment petit que dans l'infiniment grand, comme sa puissance.

Hier, la pluie tombait à torrents, le vent soufflait avec violence. Nous dinions chez Mme Piscatory, et quelques marins réunis avec nous à Patissia nous prédisaient une mer effrayante. Nous étions là, écoutant M. Piscatory, qui nous peignait avec toutes les saillies de son esprit si parfaitement naturel, les délices du mal de mer. Un bon feu pétillait dans la cheminée; des gens aimables causaient et riaient avec une douce liberté. Et puis, c'était sur terre! les lampes ne balançaient pas, les meubles ne vacillaient pas, le sol ne fuyait pas sous les pieds, on ne s'enfonçait pas jusqu'aux abîmes pour remonter jusqu'aux cieux.

Hélas, au sortir de ce bon salon, nous retrouvons la pluie, la nuit noire, les sifflements de la raffale.

Oh! comme nous avons prié Dieu d'avoir pitié de nous! — Oui, nous lui avons demandé une mer calme, et dans sa miséricorde, il nous l'a donnée, car il sait qu'il a affaire à de faibles créatures.

Nous lui avons aussi demandé de la foi. C'est là le tout du chrétien. Avec la foi, on peut être joyeux, même au milieu du mal de mer. Avec la foi, on s'abandonne à la volonté de l'Eternel, car par la foi on sait qu'il est *père.* Hier au soir déjà, nous avons goûté cette douce confiance; et, ce matin, la bourrasque est apaisée. Pas une brise. De loin, nous voyons les mâts dans le port du Pirée; ils coupent l'horizon d'une ligne immobile.

Nous quittons Athènes, profondément touchés des bontés qu'on nous y a témoignées.

M. et Mme Piscatory, M. Thouvenel, M. de Las Navas, M. de Heldreich, jeune botaniste distingué, fixé dans ce moment en Grèce, nous ont comblés des marques de leur obligeance. Ils se sont dérangés pour nous, ils nous ont donné leur temps, ils nous ont facilité toutes choses; et cela, avec une cordialité que nous n'oublierons jamais.

Ah! quels retours nous faisons sur nous-mêmes, en présence de cette pratique des vertus chrétiennes! — Quand nous nous rappelons notre inhospitalité, notre égoïsme, notre attachement aux habitudes prises, notre respect pour des occupations qui n'ont souvent de valeur à nos yeux, que parce qu'elles sont l'exercice de notre volonté; nous nous sentons profondément humiliés. Plaise à Dieu que ce soit à salut!

Puisque je suis en train de rentrer en moi-même, je fais amende honorable au sujet des Anglais. Nous en avons rencontré ici de vraiment aimables; qui causaient, qui avaient de l'affabilité, qui reconnaissaient de bonne grâce les défauts de leur nation. — Il faut en convenir, lorsque les Anglais sont bien, ils sont mieux que d'autres. Il y a chez eux une dignité native, quelque chose de droit, de moralement comme il faut, une harmonie entre l'âme et l'expression qu'on ne trouve pas ailleurs au même degré.

Nous nous éloignons de cette Grèce que nous aimons, en priant pour elle du fond du cœur.

Notre prière est bien simple. Nous ne demandons pas le triomphe de nos idées, mais le règne de la Parole de Dieu.

SYRA.

Jeudi, 29 novembre 1847. — Traversée admirable, par la grâce du Seigneur.

Ce matin, le bruit de l'*arrivée* nous a seul réveillés. Que cela ressemble peu à ces nuits d'angoisse, où l'on demande d'heure en heure combien le supplice doit durer encore.

Nous nous sommes à regret séparés de François. Sa femme, allemande bienveillante et gracieuse, nous a comblés de ses dons : petits gâteaux faits par elle, confitures, raisins de Corinthe, rien n'y manquait. Il a fallu se dire adieu; ce n'a pas été sans chagrin.

Avant de nous embarquer, nous avons été serrer la main de nos amis, les missionnaires du Pirée.

M. Buell a demandé l'autorisation d'ouvrir une école; il est prêt à passer l'examen, mais la loi, à ce qu'il paraît, exige la suspension d'une image du Christ, pour le moins, dans la salle; de plus, la présence et l'enseignement facultatifs d'un prêtre grec.

C'est contre cet obstacle que devra nécessairement reculer la bonne volonté de M. Buell.

Il faut le dire, la mission, même telle qu'elle était possible en Grèce avant les derniers événements, ne me paraît pas répondre à son nom. Elle consistait, elle consiste encore, à l'heure qu'il est, en écoles tenues par des femmes. Celles d'Athènes par Mesdames Hill et Cork ; celle du Pirée par Mlle Waldo. Or, que reste-t-il au missionnaire? La prédication, la dissémination des livres saints, l'instruction religieuse donnée le dimanche, et peut-être les jours ordinaires, aux enfants. Ce n'est pas assez. En Grèce surtout, cela ne peut nullement suffire à employer les forces, le temps d'un missionnaire, cela ne peut nullement satisfaire son zèle.

Si la prédication, si la dissémination des Écritures, emportaient avec elles l'*évangélisation*, l'évangélisation telle que la pratiquent nos missionnaires du sud de l'Afrique, telle que la pratiquent M. Lacroix et ses collègues aux Indes, telle que la pratiquent les Moraves, telle qu'on la pratique partout où il y a moyen; si cette évangélisation entraînait des voyages habituels dans l'interieur du pays; si elle entraînait la dépense de soi-même du matin au soir et souvent du soir au matin: des conversations sérieuses avec une multitude d'individus avides de s'instruire; de nombreuses visites à domicile; si, en un mot, c'était une œuvre vive, répondant à un besoin senti; elle occuperait, elle déborderait l'activité d'un homme. Mais en Grèce, elle est bien loin d'atteindre à ces proportions. L'opposition nationale la mutile dans toutes ses branches. Les écoles sont le travail le plus positif, et la prédication, tant qu'elle reste fixée au domicile du pasteur, ne peut pas remplir la vie d'un missionnaire, même en y ajoutant quelques visites, quelques entretiens pieux, quelques instructions aux enfants. Il y a ici un excédant de forces; les écoles une fois fermées, la position ne sera plus tenable.

On comprend le dévoûment quand-même, dans un pays païen, où, à défaut de convictions, on a la chance d'obtenir quelques réformes dans les habitudes; où l'on endure beaucoup de souffrances pour l'amour du Seigneur; où l'on prépare le sol; où la vie seule du missionnaire sert de prédication, par le contraste qu'elle présente avec les mœurs des indigènes; mais dans un pays civilisé, et à moins de circonstances toutes spéciales, à moins de principes engagés, d'une lutte entamée, d'un double travail: celui-ci sur le terrain des œuvres positives, celui-là sur le terrain des idées; rester lorsque les horizons se rétrécissent, rester lorsque les portes se ferment; rester vis-à-vis d'une tâche qui n'occupe que la moitié, que le quart de l'existence, ce serait faire du mal au lieu de faire du bien.

Si un changement complet ne se manifeste pas dans les idées grecques, les missionnaires de ce pays, cédant la place à des agents bibliques très suffisants pour l'œuvre actuelle, s'en iront remplir ailleurs quelque poste plus favorable au déploiement de leur activité. Le champ est toujours vaste et la moisson toujours prête.

Hier au soir, au moment où nous gagnions notre paquebot, le port offrait un coup d'œil qui nous aurait captivés sans le fond du tableau : la mer.

Au signal de la trompette, les matelots de deux navires russes ont grimpé jusqu'à la pointe des mâts. En un instant, les cordages se sont trouvés garnis d'hommes ; on eût dit des araignées suspendues au milieu de leurs fils. Un second signal, et ils se sont laissé glisser sur le pont. Pendant ce temps, de longs canots fendaient les ondes au mouvement régulier de cinquante rames. *L'Inflexible*, vaisseau français à trois ponts, s'illuminait à tous les étages, tandis que sa musique militaire faisait retentir l'air de fanfares. La nuit tombait; les étoiles, broderie de diamants jetée sur le ciel, commençaient à briller, et nous sommes partis.

Syra s'appuye contre une petite chaîne de montagnes rocheuses. La ville neuve enchâsse le fond du golfe ; la vieille ville s'élève derrière en pain de sucre et semble ne former avec la neuve qu'une seule cité. Il n'en est rien cependant ; une vallée les sépare.

Nous retrouvons ici un ciel pur et un soleil étincelant. Les montagnes sont arides mais colorées; la ville si originalement groupée est éclatante de blancheur, on y sent palpiter la vie. Les rues pavées en dalles plates, comme à Venise, sont des deux côtés bordées de boutiques. La population afflue, chacun court à ses affaires. Ici domine le large pantalon des îles, que je commence à trouver plus beau que la fustanelle albanaise, un peu théâtrale.

Nous traversons la nouvelle ville; nous y remarquons une propreté qui nous charme: des vitres limpides; des toits en terrasse garnis de fleurs ou couverts de vignes; des habitations bien situées, soigneusement blanchies, qui annoncent cette prospérité qu'amène toujours l'activité.

La vieille ville à laquelle nous montons est sale: les porcs y règnent, c'est tout dire. On les retrouve vautrés dans la fange, grognant le long des ruelles où il rencontrent à chaque pas une abondante pâture.

Nous prenons un sentier qui longe la colline, pour nous rendre à la fontaine où se réunissaient jadis les nymphes de l'île. Je ne sais si les nymphes y viennent encore; mais à cette heure, les femmes et les jeunes filles de l'île se hâtent vers la source, l'urne antique penchée sur l'épaule. Elles y vont chercher l'eau qu'on boit à Syra; on les voit à toutes les hauteurs, suivre les détours du chemin taillé en corniche; leurs beaux cheveux noirs tressés et roulés avec le mouchoir sur leur tête, les bras élevés pour soutenir l'amphore, les pieds nus, la démarche fière, les traits larges et beaux. Celles qui reviennent s'avancent un peu courbées et s'asseyent souvent; celles qui vont courent légères, l'urne vide à peine soutenue d'une main.

Nous buvons à cette source, qui coule par trois bouches au fond d'une grotte grillée. Elle est pure, mais sans fraîcheur.

La mer s'étend devant nous bien bleue, bien calme, couverte de son archipel d'îles, et coupée par la vieille ville surmontée de son église. Les montagnes grises se détachent sur le ciel derrière nous; toute leur base est cultivée en terrasses.

A notre gauche, nous avons l'île de Tinos avec ses villages blancs; à côté d'elle, dans le lointain et d'une teinte bleu foncé, l'île de Skiros; plus près, l'île de Miconos; devant, celle de Délos; en face de la ville, Naxos; à droite, Paros, et vis-à-vis d'elle Antiparos. Le premier plan, formé par la vieille ville, donne à ce tableau, un cachet de poétique originalité.

Nous redescendons au chantier où se construisent les navires. La mer est cachée par les carcasses des vaisseaux pressés en double rang sur ses bords; les coups de hache retentissent avec le chant des charpentiers; le sol est couvert de poutres; on marche sous les flancs des navires qui se touchent tous. Cette activité fait plaisir à voir.

www.ingramcontent.com/pod-product-compliance
Ingram Content Group UK Ltd.
Pitfield, Milton Keynes, MK11 3LW, UK
UKHW012010240726
13965UKWH00001B/275